VENTURE CAPITAL DEVELOPMENT IN CHINA 2023

中国创业投资发展报告 2023

主 编 刘冬梅 解 鑫 贾敬敦

科学技术文献出版社
SCIENTIFIC AND TECHNICAL DOCUMENTATION PRESS
·北京·

图书在版编目（CIP）数据

中国创业投资发展报告. 2023 = VENTURE CAPITAL DEVELOPMENT IN CHINA 2023 / 刘冬梅，解鑫，贾敬敦主编. —北京：科学技术文献出版社，2023. 10
ISBN 978-7-5235-0926-5

Ⅰ. ①中…　Ⅱ. ①刘…　②解…　③贾…　Ⅲ. ①创业投资—研究报告—中国—2023　Ⅳ. ① F832.48

中国国家版本馆 CIP 数据核字（2023）第 213529 号

中国创业投资发展报告2023

策划编辑：郝迎聪　　责任编辑：刘　硕　　责任校对：张永霞　　责任出版：张志平

出 版 者　科学技术文献出版社
地　　址　北京市复兴路15号　邮编　100038
编 务 部　(010) 58882938，58882087（传真）
发 行 部　(010) 58882868，58882870（传真）
邮 购 部　(010) 58882873
官方网址　www.stdp.com.cn
发 行 者　科学技术文献出版社发行　全国各地新华书店经销
印 刷 者　北京时尚印佳彩色印刷有限公司
版　　次　2023 年 10 月第 1 版　2023 年 10 月第 1 次印刷
开　　本　889×1194　1/16
字　　数　252千
印　　张　14.5
书　　号　ISBN 978-7-5235-0926-5
定　　价　150.00元

委员会

主编

刘冬梅　解　鑫　贾敬敦

副主编

张　旭　郭　戎　郑健健　张明喜　张俊芳

常务编委（按姓氏笔画排序）

马秀娟　马俊理　马德庆　王　娜　王　元
王　衡　王征宇　王树勋　王秋颖　王洪荣
王晓强　王冀芳　元文芳　卞　刚　艾　静
史大棱　冯雅芝　成　功　曲恬松　朱欣乐
刘小燕　刘名祝　刘晓鹏　刘海锋　次仁平措
孙东伟　寿学平　苏　牧　李　诚　李　庆
李　静　李文雷　李希义　李爱民　李家丰
李培林　李雪婧　杨敏华　吴　健　吴勇利
何国杰　沈文京　宋黄俊　张　岚　张　华
张　弛　张　念　张　捷　张书军　张世豪
张俊芳　张彦红　陈　玉　陈　莉　陈　伟
陈　勇　陈君玉　陈晓明　林宏权　周代数
郑　博　孟凡宝　孟凡博　胡　敏　钟家安
胥和平　骆献文　秦浩源　贾维红　郭滕达
曹敏慧　崔宝川　崔稷华　章　立　葛　晶
董　梁　韩　亮　韩　梅　韩　瑜　鲁　毅
蒙　巍　褚文捷　谭海斌　黎苑楚　黎集怡
戴朝敏　魏世杰

调研分析组

组　　长：郭　戎　　副组长：张俊芳

执笔分工：

第 1 章　张俊芳　　第 2 章　朱欣乐
第 3 章　周代数　　第 4 章　魏世杰
第 5 章　朱欣乐　　第 6 章　李希义
第 7 章　郭滕达　　第 8 章　苏　牧
第 9 章　苏　牧
　　　　英　英
　　　　王秋颖

创业投资调查员（按姓氏笔画排序）

马　宁　马　宇　王　雁　王海宁　王海鹏
王鑫磊　韦艳莎　牛珂珂　邓　玲　邓　敏
邓韵然　申　龙　白　静　兰定成　邢慧婧
毕亚华　刘　阳　刘　丽　刘　淼　刘雨娇
刘朝旭　闫东升　关倩雯　江文君　祁　锡
阮　航　劳舒婷　李　森　李　诚　李　玲
李红玉　李宜璇　李思瑶　李莲靖　杨　蕊
杨　燕　杨文育　连　坤　连　静　吴叶红
何　磊　张　伟　张　鑫　张玉英　张艳丽
张雪梅　陈　娟　陈兴波　陈雪峰　陈静韵
武　赟　林　霞　罗小韵　周　萍　周立波
周灵峰　胡　祎　胡　舵　段　娜　俞玮鹏
姜宁朋　莫　玲　晋美诺布　贾　敏　夏思良
徐　佳　徐　涛　徐艺嘉　徐东升　徐亚鹏
高金玲　郭　晓　郭璐璐　唐孝举　唐启顺
曹　丰　曹庆海　曹建胜　彭俊峰　韩田慧
温欣言　谭轩嘉　薛　润　魏　帅　魏志谦
魏欣月

参与和支持单位（排名不分先后）

科学技术部资源配置与管理司
中国科学技术发展战略研究院
科学技术部火炬高技术产业开发中心
科学技术部科技经费监督管理服务中心
国家科技风险事业开发中心
商务部外国投资管理司
国家开发银行投资业务局
中国进出口银行业务开发与创新部
中国社会科学院金融研究中心
中国科技金融促进会
中国台湾创业风险投资商业同业公会
亚洲创业基金期刊集团（中国香港）
中国风险投资研究院
中国风险投资有限公司
《中国科技投资》杂志社
北京清科创业风险投资顾问有限公司
北京市科学技术委员会、中关村科技园区管理委员会
北京创业投资协会
北京市科技金融促进会
中关村创业投资和股权投资基金协会
天津市科技局
天津市科技创新发展中心
天津市创业投资协会
上海市创业投资行业协会
重庆市科技局
重庆市科技创业投资协会
河北省科技厅
河北省科学技术情报研究院
河北省科技金融发展促进中心
河北省石家庄高新技术产业开发区管委会
山西省科技厅
山西省创新创业服务中心
山西省科技基金发展有限公司
内蒙古自治区生产力促进中心
内蒙古自治区科技风险基金管理办公室
四川省科技厅
四川省高新技术产业金融服务中心
四川省成都生产力促进中心
四川省成都高新区财政金融局
四川省成都高新技术产业开发区管委会
四川省绵阳高新技术产业开发区管委会
四川省绵阳科技城科技创新局
贵州省科技厅
贵州省科技评估中心
贵州省贵阳高新技术创业服务中心
贵州省贵阳高新技术产业开发区管委会
云南省科技厅
云南省科学技术院
辽宁省科技厅
辽宁省重要技术创新与研发基地建设工程中心
辽宁省股权和创业投资协会
辽宁省沈阳市科技局
辽宁省大连市科技局
辽宁省大连高新技术产业园区金融办
辽宁省阜新市高新技术产业开发区管理委员会
辽宁省阜新市高新技术产业开发区管理委员会科技局
吉林省科技厅
吉林省长春市科技局
黑龙江省科技厅
黑龙江省科技资源共享服务中心
黑龙江省哈尔滨市创业投资协会
湖北省科技厅
湖北省创业投资同业公会
湖北省武汉市科技局
湖北省武汉市企业科技创新服务中心
湖北省武汉东湖新技术开发区科技创新与新经济发展局
湖北省科技厅创投引导基金管理中心
湖北省武汉东湖新技术开发区管理委员会
河南省科技厅
河南省科研生产试验基地管理服务中心
河南省郑州高新技术产业开发区管理委员会
河南省科技厅科技企业与现代服务业科技处
河南省科研平台服务中心
湖南省科技厅
湖南省技术产权交易中心
山东省科技厅
山东省科技服务发展推进中心
山东省青岛市科技服务中心
山东省青岛市科技局
江苏省科技厅
江苏省创业投资协会
江苏省高新技术创业服务中心

浙江省科技厅
浙江省创业投资协会
浙江省宁波市科技局
浙江省宁波市科技金融服务中心
安徽省科技厅
安徽省科技评估与监管中心
江西省科技厅
江西省高新技术产业促进中心
福建省科技厅
福建省高新技术创业服务中心
福建省厦门市科技局
福建省厦门火炬高技术产业开发区管委会
福建省厦门火炬集团创业投资有限公司
广东省科技厅
广东省风险投资促进会
广东省广州高新技术产业开发区科技创新局
广东省广州火炬高新技术创业服务中心
广东省佛山高新区管委会
广东省珠海高新区科技创新和产业发展局
广东省佛山高新技术产业开发区管委会
广东省佛山高新区火炬服务中心
广东省佛山高新区科技创新局
广东省广州高新技术产业开发区管委会
广东省珠海高新技术产业开发区管委会
广东省深圳市科技创新委员会
海南省科技厅
甘肃省科技厅
甘肃省兰州高科创业投资担保有限公司
甘肃兰白试验区创新创业投资基金管理有限公司
甘肃省兰州高新技术产业开发区管委会
宁夏回族自治区科技厅
宁夏回族自治区生产力促进中心
陕西省科技厅
陕西省创业投资协会
陕西科技控股集团
陕西省西安高新技术产业开发区管理委员会金融服务办公室
陕西省杨凌农业高新技术产业示范区地方金融监督管理局
陕西省宝鸡高新技术产业开发区管委会科技创新局
陕西省西安高新技术产业开发区管理委员会
陕西省杨凌农业高新技术产业示范区管委会
新疆维吾尔自治区科技厅
新疆维吾尔自治区新科源科技风险投资管理有限公司
广西壮族自治区科技厅
广西科技情报研究所
西藏自治区科技厅
西藏自治区科技信息研究所
青海省国有科技资产经营管理有限公司
青海国科创业投资基金（有限合伙）
青海汇富科技成果转化投资基金（有限合伙）

摘 要

2022 年中国创业风险投资市场分析

全国创业投资调查组[①]

中国创业投资发端于 20 世纪 80 年代，自 2000 年以来，以接近两位数的增速快速发展，到 2015 年规模首次超过欧洲，位居全球第二。2022 年，在国内国际宏观环境等不利因素影响下，我国创业投资行业受到较大冲击，增长乏力，市场发展困境更为凸显，亟待引起高度关注。

一、中国创业投资发展的现状

（一）创业投资管理机构总量下滑，管理资本总量增速放缓

据科技部专项统计，截至 2022 年底，中国在营的专业化创业投资机构为 4070 家。其中，管理机构 1041 家，同比下滑 2.9%；基金 3029 支，同比增长 21.3%。管理资本 1.45 万亿元，同比增长 11.4%，占 GDP 总量的 1.2%。

从历史趋势看，中国创业投资起步于 20 世纪 80 年代，2010 — 2018 年进入快速扩张期，近年来受宏观经济与外部环境影响，增速放缓（图 1）。

① 写作组人员：郭戎、张俊芳、张明喜、李希义、魏世杰、朱欣乐、郭滕达、周代数、苏牧等。本报告执笔人：张俊芳。

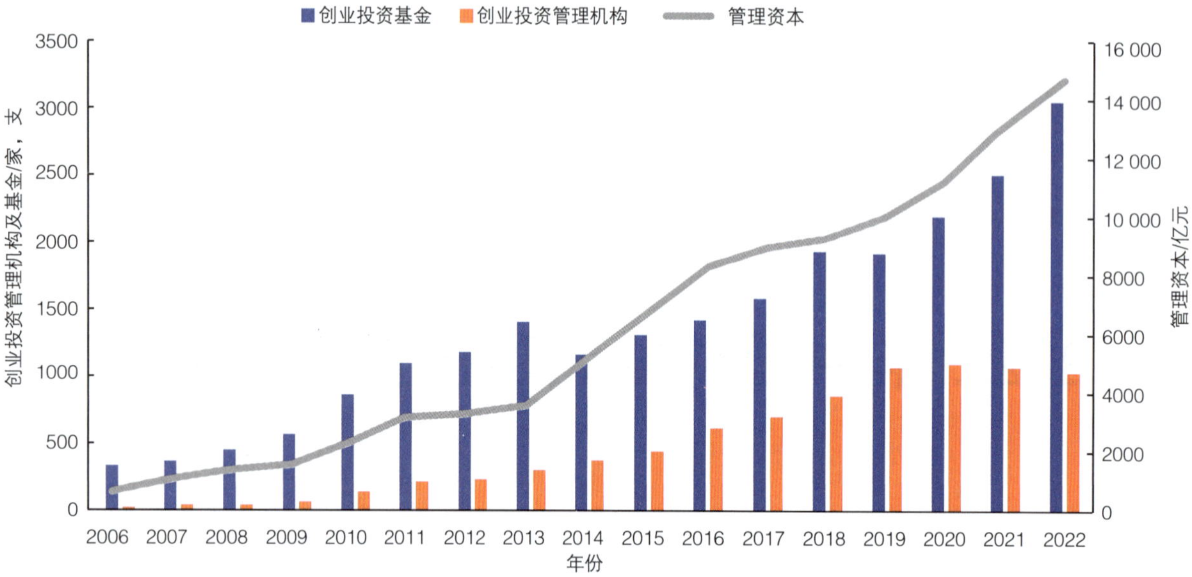

图 1　中国创业投资机构总量与管理资本（2006—2022 年）

（二）募资难凸显，新增资金募集大幅减少

据统计，2022 年新增创业投资基金 513 支，同比减少 2.3%；新增创业投资管理机构 126 家，同比减少 7.3%。新募集管理资本 2515.8 亿元，同比大幅下滑 20.1%，且募集资本主要来源于已有少数规模较大基金，募资 2366.2 亿元，来源于新增机构的募集资本仅 149.6 亿元。

从出资方来看，民营投资机构出资意愿下降，出资占比 17.94%，同比下降 3.58 个百分点；金融持牌机构（包括银行、信托、保险、证券）出资的绝对量和相对量均持续下滑，合计占比仅为 6.98%；外资出资大幅下滑，仅占 0.38%。相比而言，尽管各类国有资本出资的绝对量下滑，但相对占比持续上升，国有独资投资机构（31.61%）、政府引导基金（14.36%），以及其他政府财政资金（8.55%）合计占比超过 50%，同比增长 6.22 个百分点，成为行业主要的募资来源（图 2）。

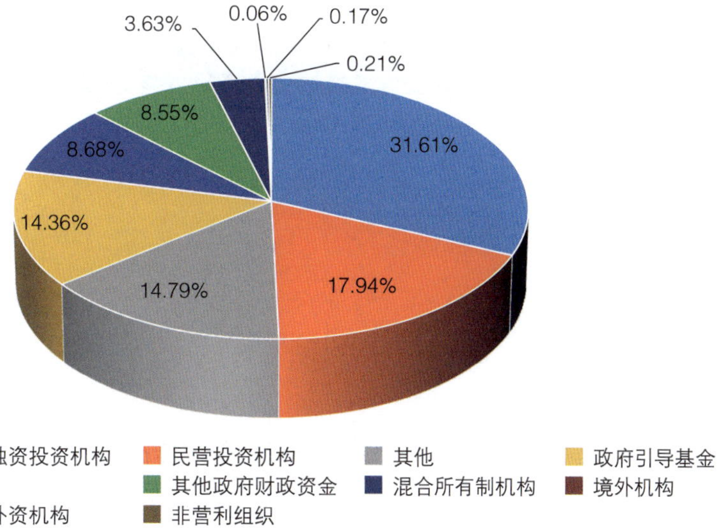

图 2 中国创业投资资本来源占比（2022 年）

（三）投资总量大幅下滑，投资行业更多转向硬科技

截至 2022 年底，创业投资累计投资项目数超过 3.5 万项。2022 年当年披露投资 3149 项，同比下滑 18.2%；披露投资金额 744.7 亿元，同比下滑 26.3%。与此同时，投资阶段持续后移，当年投资于种子期的投资金额仅占总量的 8.8%，同比大幅下滑了 4.83 个百分点；投资项目数占比达 20.2%，同比下滑了 0.6 个百分点。

在投资方向上，在国家相关政策引导下，中国创业投资不断向高新技术企业集聚。2022 年投资于高新技术企业项目 1490 项，投资金额为 341.5 亿元，占全部投资的比重分别为 47.3%、45.9%，较 2021 年有所提升。其中，新能源、高效节能技术，半导体和生物科技领域的投资增长尤为突出，投资金额占比分别为 14.0%、13.9%、8.1%（表 1）。

表 1 中国创业投资前十大领域（按投资金额）（2013—2022 年）

投资行业	2013 年	2014 年	2015 年	2016 年	2017 年	2018 年	2019 年	2020 年	2021 年	2022 年
新能源、高效节能技术	8.7%	2.9%	3.0%	2.0%	2.0%	5.2%	7.2%	3.1%	4.3%	14.0%
半导体	1.4%	1.4%	0.7%	1.0%	0.8%	3.0%	8.5%	10.7%	16.4%	13.9%
生物科技	2.3%	3.7%	2.1%	1.9%	8.0%	4.5%	3.7%	4.8%	5.2%	8.1%
新材料工业	7.1%	3.7%	5.7%	3.4%	1.9%	3.8%	6.1%	4.6%	4.8%	6.3%
医药保健	10.0%	7.4%	5.4%	3.7%	9.0%	10.8%	8.1%	14.3%	10.6%	6.1%
金融保险业	10.1%	2.9%	5.7%	7.0%	5.1%	3.6%	3.9%	2.1%	1.7%	3.8%

续表

投资行业	2013 年	2014 年	2015 年	2016 年	2017 年	2018 年	2019 年	2020 年	2021 年	2022 年
传统制造业	7.2%	7.6%	3.8%	2.0%	4.0%	5.8%	8.1%	2.2%	3.4%	3.7%
软件产业	2.0%	7.4%	7.5%	9.6%	2.2%	5.7%	3.5%	5.4%	5.2%	3.4%
科技服务	1.0%	2.2%	1.8%	1.6%	1.3%	2.9%	3.9%	3.4%	5.0%	3.4%
IT 服务业	3.6%	3.0%	3.0%	3.3%	2.7%	9.5%	3.6%	3.9%	4.9%	3.3%
合计	53.5%	42.1%	38.6%	35.3%	37.1%	54.8%	56.7%	54.7 %	61.3%	65.9%

（四）资本市场改革持续推进，上市退出环境逐步改善

2022 年，中国创业投资行业共披露了 1178 个退出项目，较 2021 年下降了 9.1%。然而，随着资本市场改革持续全面深化，全市场注册制正式实施，通过 IPO 方式实现退出的占比较 2021 年增加了 4.35 个百分点，达到 23.86%。境内科创板上市成为创业投资企业 IPO 退出的最主要渠道，在上市退出中的占比高达 44.40%，同比增加了 13.12 个百分点。

在此背景下，全行业的项目退出收益率达到 169.8%，较 2021 年大幅增加了 54.9 个百分点，行业年均收益率为 25.99%，比 2021 年增长了 3.15 个百分点（图 3）。

图 3　中国创业投资退出投资收益率（2013—2022 年）

（五）政府引导基金步入规范发展阶段，优化整合成为常态

截至 2022 年，我国累计设立政府创投引导基金 693 支，其中，2022 年新设立政府创投引导基金 46 支，同比下降 63.0%。近年来，全国多个地区陆续进行政府引导基金整合的尝

试与探索，部分地区还通过引导基金管理平台整合、管理机构联动、跨区域层级合作、打造基金矩阵等方式实现基金统筹管理与协调配合。此外，为进一步发挥政府引导基金对区域经济的支持效能，2022 年多地围绕基金的出资比例、返投要求、尽职容错与激励机制等方面进行了优化。苏州、南京等地设立了二手份额交易基金，探索政府引导基金退出的有效路径。

（六）城市集群效应明显，多数地区增长乏力

从区域布局来看，东南沿海和经济发达地区集聚效应明显，北京、江苏、浙江、广东依然是中国创业投资发展的重要区域。2022 年，4 个地区的机构数量合计占全国总量的 71.3%，同比提升 3.9 个百分点，管理资本总量合计占比 63.1%，略有下降（图 4）。在市场整体低迷的情况下，江苏、广东、浙江、天津、陕西等地区保持了相对的活跃。

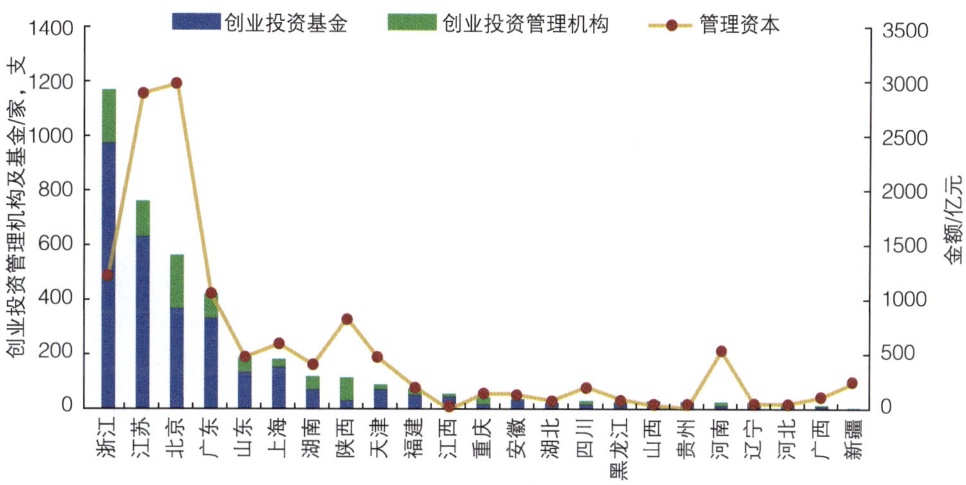

图 4　中国主要地区创业投资总量（2022 年）

（七）外商投资呈断崖式下跌，加速撤离中国市场

长期以来，中美创业投资市场相互渗透、相互影响。美国创业投资不仅带动了中国创业投资行业的早期发展，也推动了中国高科技产业发展，包括阿里巴巴、腾讯、百度等一大批独角兽企业。2018 年以前，美国投资约占中国创业投资市场的 16%，2018 年投资 194.4 亿美元。随着美国对华投资安全审查不断升级，来自美国的创业投资资本和投资美国的创投资本均跌至历史冰点。据美国荣鼎集团统计，2022 年美国对华直接投资为 82 亿美元，创 20 年来新低，其中对华创业投资仅为 13 亿美元，创 10 年来低点（图 5）。预计行政令的出台，将进一步加剧美国创业投资撤离中国市场，美国创业投资巨头红杉资本宣布将于 2024 年 3 月拆分成 3 个独立公司，剥离中国业务。

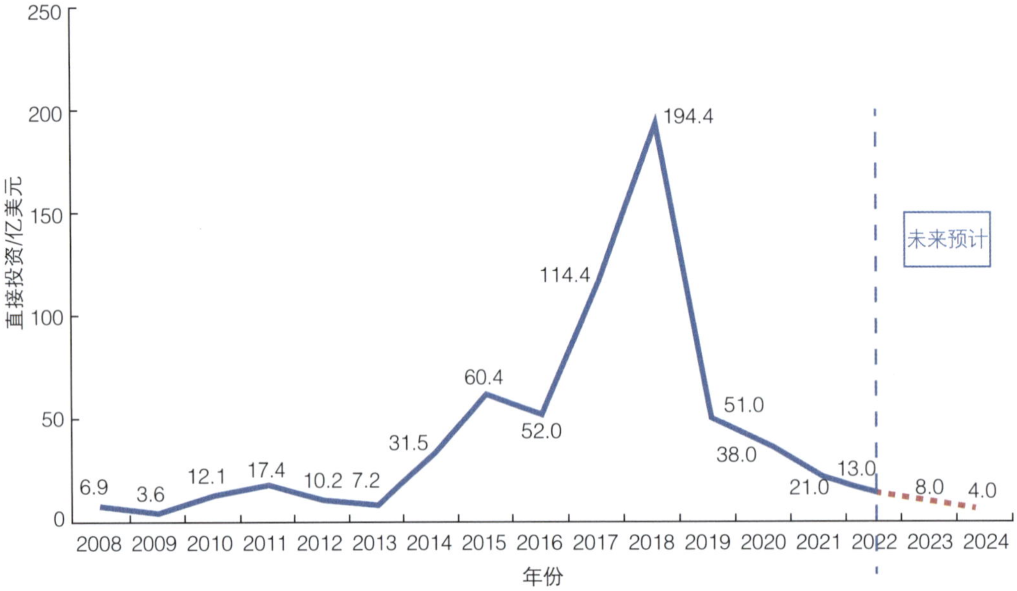

图 5　美国对华直接投资总量变化（2008—2024 年）

（资料来源：美国 Rhodium Group 数据库）

二、当前中国创业投资行业发展的主要障碍

据业内调查反映，当前我国创业投资行业发展的障碍突出表现在：

一是中国创业投资募资乏力且以短期资金为主，发展后劲不足。近年来，募资难的问题是业内反映的最为突出的问题。相关调查反映，募资难主要源于宏观环境的影响，对经济前景和政策持续稳定性的担忧。此外，各种政策制度障碍加剧了效用。从募资结构可以看出，我国创业投资资本来源越来越依靠国有资本，民间长期资本供给不足。银行资本受资管新规限制，难以流入创业投资行业，保险类等长线资金由于其低风险偏好、大额投资等导向与创业投资特征错配，较少进入创业投资领域。民间资本尽管不断扩大，但尚未有效转化为合格投资人。作为高质量长期资本的重要供给方，外资投资人受相关政策限制和影响也开始撤离中国。近期政策显示，作为出资人的国有企业和上市公司对创业投资的范围限制也越来越严格。募资是创业投资行业的“蓄水池”，募资难导致了累计可投资本继续下降，投资后续乏力。长期资本供给不足，导致了我国创业投资基金设立时一般只能按照 3 ~ 5 年存续期设立，难以持续有效投资初创期科技型企业和国家战略性产业。

二是国有创业投资和政府引导基金分散、泛化、重复现象严重。受体制机制限制，难以有效实现其功能定位。据调查，目前各部门和地区设立的政府引导基金存在“条块分割”

现象；相当一部分地方政府引导基金变相成为招商引资工具，造成了创业投资资金重复分散，行业无序竞争。受体制机制限制，大部分引导基金和国有创业投资机构较为关注资金的安全性，难以有效实现引导功能。2022 年，针对政府引导基金的调查显示，影响政府引导基金发挥作用的原因主要表现为：募集社会资本难（25.8%）、对投资地区限制过严（18.2%）、财政出资占比缺乏弹性（15.9%）、地方缺乏好的投资项目（15.9%）、财政资金使用效率偏低（11.9%）、财政拨款时间滞后（7.9%）等。

三是创业投资发展的退出环境仍存在改善空间。有效退出成为创业投资实现收益增值的最后一环。相关数据显示，中国创业投资退出高度依赖资本市场，2022 年，创业投资机构在资本市场的渗透率为 78.86%，北交所的渗透率高达 98.8%，科创板的渗透率为 95.12%。2018 年 3 月，证监会明确创业投资基金反向挂钩政策。2020 年 3 月，证监会对反向挂钩政策作了修订和完善。据行业反映，在实际操作中，减持新规落地难，创业投资机构往往退而求其次，采用询价转让的方式退出。此外，科创板的科创属性评价标准过细过窄，对科创企业 IPO 募集资金使用和信息披露机制管理过严过细，缺乏创业投资企业的上市安排制度，S 基金（私募股权转受让基金）发育尚不成熟，海外资本市场发审障碍等方面，均影响了创业投资企业退出收益和效率。

四是相关政策优惠落实不到位，行业获得感较差。差异化监管政策尚未落实。《国务院关于促进创业投资持续健康发展的若干意见》（国发〔2016〕53 号）对创业投资基金实行差异化监管的要求还未被真正落实，套用证券投资基金监管框架的情况依然没有根本改变。对创业投资设置的注册、备案、审查、年检、内部风控、资金开户及托管等管理规定过繁，与创业投资的非特许金融、自律管理等行业属性不符，影响创业投资应有效能的发挥。创业投资税收优惠政策落地难。2018 年，国家发布了鼓励创业投资的税收优惠政策。但调查显示[①]，目前享受税收优惠政策的企业不足 10%。专项税收政策的实施过程中存在优惠力度小、申请程序复杂、耗时费力、不了解政策、申报积极性不高等方面问题。外资入境投资仍然存在政策障碍。尽管近年来通过合格境外有限合伙人（QFLP）政策试点及相应的外汇结算等制度改革，已基本清除外资创业投资跨境运作障碍。但据调查，在政策执行层面细节性问题较多，在申请政策时需要满足各试点地方的包括资金、门槛、投资人、投资方向等规定；而各试点地方规定宽紧不同，且存在冲突。创业投资跨境合作是实现“开放创新”的催化剂和风向标，目前的情形和趋势应引起警惕。

① 数据来源于科技部 2021 年开展的专项统计调查，有效企业样本数为 2045 家。

三、对策建议

一是进一步培育多元化主体，放宽募资渠道，鼓励引导各类长期资本进入创业投资行业。打破各类制度障碍，畅通各类优质民间资本、国有资本、部分金融资本及社会捐赠等中长期资本进入科技投资主渠道。鼓励构建与创业投资相适应的投资评价体系与考核激励机制，积极引导保险资金、社保基金、养老基金，以及主权财富基金等长期资本进入行业领域。适度放开银行资本、国有资本的限制，积极培养合格高净值人群，通过税收优惠等政策激励措施引导各类资本合规流入创业投资领域。

二是充分尊重行业属性，构建与行业属性相适应的激励管理机制，引导行业管理向专业化精细化发展。尽快落实创业投资差异化监管政策，以解决机构注册难作为突破口，大幅减少过程干预。实行真正的行业自律，监管从目前的“行政性”为主转变为“法律性”为主，监管主要以超大型股权投资机构可能引发的系统性风险预警监控为重点。建立容错机制，明确政府引导基金采用长周期、“算总账”考核办法，强化创新类绩效指标导向，提高政府引导基金的风险容忍度，放宽子基金约束条件。优化国有投资和政府引导基金的人才激励与评价办法，规范管理费拨付等。积极推动相关税收优惠政策的落地，结合中关村试点、上海浦东试点等政策实施情况，适时扩大试点范围。提高抵扣应纳税所得额的股权投资比例，降低科创中小企业认定等程序的复杂性。

三是进一步完善与拓宽适宜创业投资属性的退出渠道，提高政策稳定性与精准性。进一步加强资本市场建设，增强市场与政策的稳定性，积极推动落实“反向挂钩”机制。研究优化科创属性判定机制和标准，提高科技证券市场对新兴及交叉业态的包容度。进一步放宽门槛型的财务指标。实行更具包容性的注册制。强化信息披露真实、准确、完整的基本原则，鼓励自愿披露。鼓励创业投资被投机构通过上市、挂牌、并购及协议转让等方式拓宽退出渠道。探索优秀创业投资企业的上市安排，探索开展私募股权份额转让试点。支持S基金市场创新发展，引入国际专业中介服务机构等。

四是推进更高水平对外开放，畅通科技投资渠道。以营商环境改善为重点推动外资量增质升，充分发挥国内大市场优势，建设新技术应用场景和实验平台，提升市场环境吸引力。以提振外资创业投资信心为主要目标，实施新一轮外资创业投资鼓励支持政策。在国家外汇宏观审慎监管的前提下，扩大合格境外有限合伙人试点范围，进一步优化减少外资创业投资设立、资格审批和外币入资境内创业投资基金的结汇程序。研究放宽外资创业投资行业限制范围，以“边境后”规制改革为切口，进一步放宽外资准入限制，缩减外商投资准入负面清单，积极营造外商投资良好环境。

Summary

Analysis of China's Venture Capital Market in 2022

National Venture Capital Unit[①]

The venture capital industry in China began in the 1980s and has grown rapidly since 2000 at a nearly double-digit rate. In 2015, the scale of China's venture capital industry surpassed Europe's for the first time, ranking second globally. In 2022, affected by unfavorable domestic and international macroeconomic factors, China's venture capital industry faced significant challenges, with sluggish growth and growing market development difficulties, requiring more attention.

I. Current State of China's Venture Capital Development

1. Decrease in the Total Number of Venture Capital Management Institutions, Slowdown in the Growth Rate of Managed Capital

A special survey by the Ministry of Science and Technology reported 4,070 operational specialized venture capital institutions in China at the end of 2022. Of these, 1,041 were management institutions, a year-on-year decrease of 2.9%, and 3,029 were funds, a year-on-year increase of 21.3%. The managed capital amounted to 1.45 trillion yuan, a year-on-year increase of 11.4%, accounting for 1.2% of total GDP.

① Writing Team Members: Guo Rong, Zhang Junfang, Zhang Mingxi, Li Xiyi, Wei Shijie, Zhu Xinle, Guo Tengda, Zhou Daishu, Su Mu, etc. Principal Writer of the Report: Zhang Junfang.

China's venture capital industry had its start in the 1980s and entered a rapid expansion phase from 2010 to 2018. Since then, it has experienced slower growth due to the macroeconomic and external environment (Figure 1).

Figure 1 Total Number of Venture Capital Institutions and Managed Capital in China (2006—2022)

2. Fundraising Difficulties Emerge, Notably Reduced New Capital Raised

Statistics indicate 513 new venture capital funds in 2022, a 2.3% decrease compared to the previous year, and 126 new management institutions, a 7.3% decrease. Newly raised management capital amounted to 251.58 billion yuan, a significant 20.1% decrease year-over-year. Furthermore, fundraising capital mainly came from a handful of large-scale funds, amounting to 236.62 billion yuan, while only 14.96 billion yuan in capital was raised by new institutions.

Looking at the contributors, the willingness of private investment institutions to provide funding has declined, with their contribution percentage dropping to 17.94%, a decrease of 3.58 percentage points year-over-year. Licensed financial institutions (including banks, trusts, insurance firms, and securities) continued to decline both in absolute and relative terms, with a combined contribution percentage of only 6.98%. Foreign capital sharply decreased, representing only 0.38%. In contrast, although the absolute amount of various types of state-owned capital fell, their relative proportion continued to rise. State-owned sole investment institutions (31.61%), government guidance funds (14.36%), and other government fiscal funds (8.55%) accounted for a combined contribution percentage of over 50%, an increase of 6.22 percentage points over the previous year, becoming the main source of fundraising in the industry (Figure 2) .

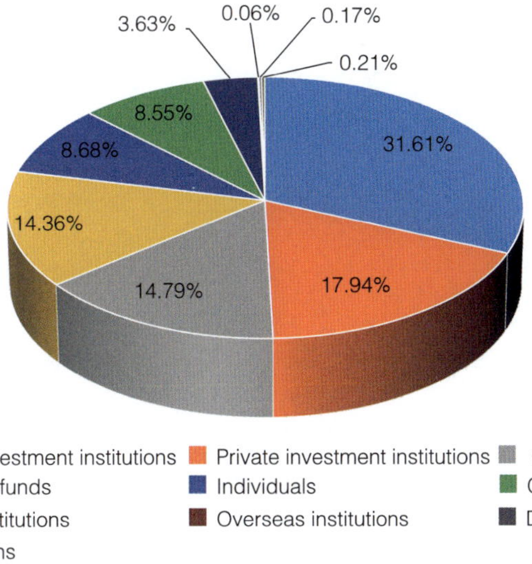

Figure 2 Proportional Contribution of Capital Sources to China's Venture Capital Investment (2022)

3. Significant Decline in Total Investment Volume with a Shift Toward Hard Tech

By the end of 2022, venture investments had surpassed 35,000 companies. In 2022, 3,149 investment deals were disclosed, a decline of 18.2% year-on-year, with disclosed investment amounts reaching 74.47 billion yuan, down 26.3%. Concurrently, there was a continued trend toward later-stage investments, with seed-stage investments representing only 8.8% of the total, a significant drop of 4.83 percentage points. The proportion of seed-stage investment deals stood at 20.2%, a decrease of 0.6 percentage points.

In terms of investment direction and guidance by national policies, China' s venture investments have increasingly concentrated on high-tech enterprises. In 2022, 1,490 investments were made in high-tech enterprises, totaling 34.15 billion yuan, accounting for 47.3% and 45.9% of all investments, respectively, and representing an increase over 2021. Notably, investments in the new energy,high-efficiency energy-saving technology , semiconductors, and biotechnology fields grew significantly, accounting for 14.0%, 13.9%, and 8.1%, respectively (Table 1).

Table 1 2013–2022 Top Ten Investment Fields in Chinese Venture Capital
(By Investment Amount)

Investment Industries	2013	2014	2015	2016	2017	2018	2019	2020	2021	2022
New Energy, High-Efficiency Energy-Saving Technology	8.7%	2.9%	3.0%	2.0%	2.0%	5.2%	7.2%	3.1%	4.3%	14.0%
Semiconductor	1.4%	1.4%	0.7%	1.0%	0.8%	3.0%	8.5%	10.7%	16.4%	13.9%
Biotechnology	2.3%	3.7%	2.1%	1.9%	8.0%	4.5%	3.7%	4.8%	5.2%	8.1%
New Material Industry	7.1%	3.7%	5.7%	3.4%	1.9%	3.8%	6.1%	4.6%	4.8%	6.3%
Medical and Healthcare	10.0%	7.4%	5.4%	3.7%	9.0%	10.8%	8.1%	14.3%	10.6%	6.1%
Financial and Insurance Industry	10.1%	2.9%	5.7%	7.0%	5.1%	3.6%	3.9%	2.1%	1.7%	3.8%
Traditional Manufacturing	7.2%	7.6%	3.8%	2.0%	4.0%	5.8%	8.1%	2.2%	3.4%	3.7%
Software Industry	2.0%	7.4%	7.5%	9.6%	2.2%	5.7%	3.5%	5.4%	5.2%	3.4%
Science and Technology Services	1.0%	2.2%	1.8%	1.6%	1.3%	2.9%	3.9%	3.4%	5.0%	3.4%
IT Services	3.6%	3.0%	3.0%	3.3%	2.7%	9.5%	3.6%	3.9%	4.9%	3.3%
Total	53.5%	42.1%	38.6%	35.3%	37.1%	54.8%	56.7%	54.7%	61.3%	65.9%

4. Continuous Advancement of Capital Market Reforms and Gradual Improvement of the IPO Exit Environment

In 2022, the Chinese venture capital industry disclosed 1,178 exit projects, a 9.1% fall from 2021. However, with the ongoing deepening of capital market reforms and the full implementation of the registration system across the market, the proportion of exits achieved through IPOs increased by 4.35 percentage points compared to 2021, reaching 23.86%. Domestic STAR Market listings have become the primary IPO exit channel for venture capital investment companies, representing 44.40% of IPO exits, an increase of 13.12 percentage points over the previous year.

Against this backdrop, the industry's project exit yield reached 169.8%, a significant increase of 54.9 percentage points from 2021, with an average annual yield of 25.99%, up 3.15 percentage points from 2021 (Figure 3).

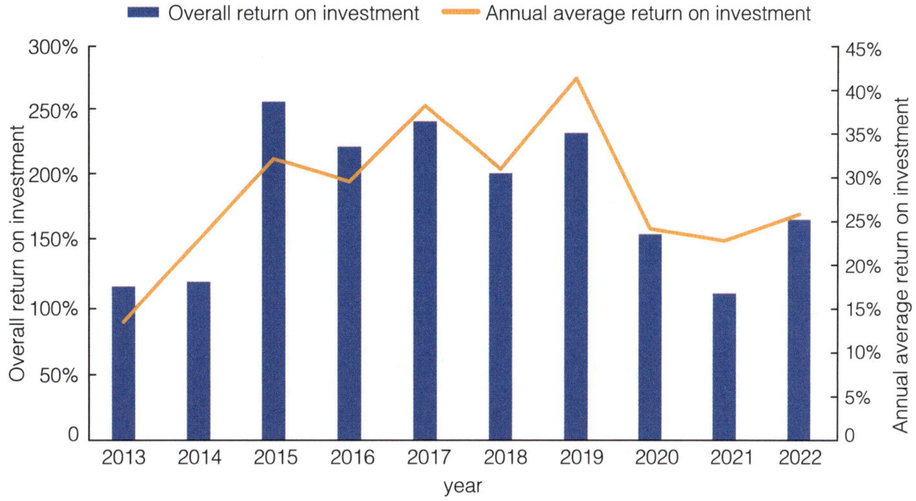

Figure 3 Investment Yield on Exits in China's Venture Capital (2013–2022)

5. Government Guidance Funds into Standardized Development, with Optimization and Integration as Normal

As of 2022, China has a cumulative total of 693 government venture capital guidance funds, with 46 new such funds established in 2022, representing a 63.0% decrease year–on–year. In recent years, various regions across the country have been experimenting with integrating government guidance funds. Some areas have achieved coordinated management and cooperation through integrating fund management platforms, linkage between management organizations, cross–regional cooperative efforts, and creating fund matrices. Additionally, various localities have optimized aspects related to fund contributions, reinvestment requirements, due diligence error–tolerance, and incentive mechanisms in 2022 for the purpose of further enhancing the supportive impact of government guidance funds on regional economies. Cities such as Suzhou and Nanjing have established secondary share trading funds to explore effective exit strategies for government guidance funds.

6. Pronounced Urban Clustering Effect, with Most Regions Exhibiting Lackluster Growth

The urban cluster effect is significant, with most regions experiencing lackluster growth. In terms of regional distribution, the agglomeration effect in the southeast coastal and economically developed areas is evident, with Beijing, Jiangsu, Zhejiang, and Guangdong remaining the leading regions for venture capital development in China. In 2022, the combined number of institutions in these four areas accounted for 71.3% of the national total, an increase of 3.9 percentage points, while the total managed capital accounted for 63.1%, a slight decrease (Figure 4). Against the backdrop of a generally sluggish market, regions like Jiangsu, Guangdong, Zhejiang, Tianjin, and Shaanxi maintained relative activity.

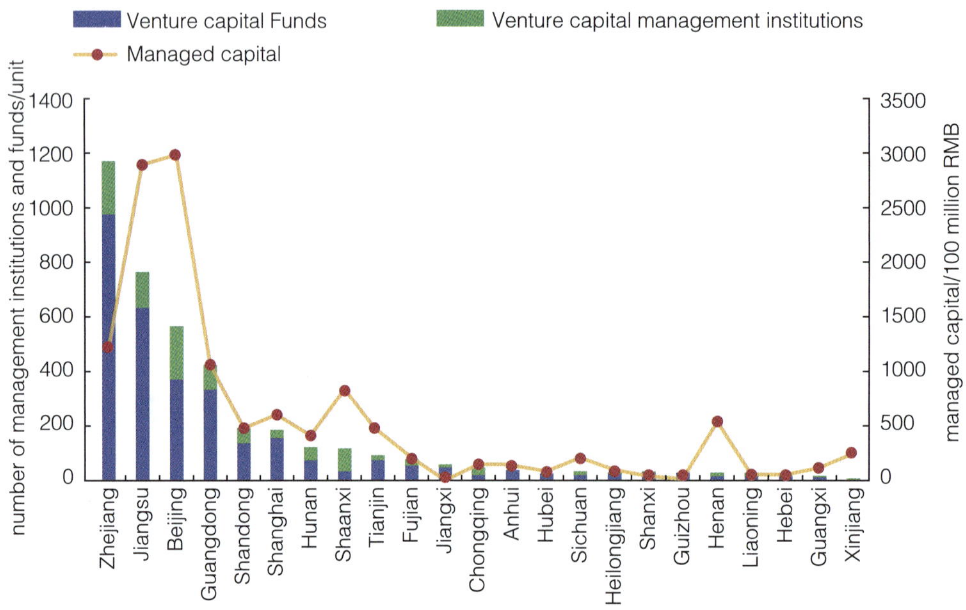

Figure 4 Total Venture Investment by Major Regions in China (2022)

7. Foreign Investment Plummets, Accelerating Exit from Chinese Market

The venture capital markets of China and the United States have long penetrated and influenced each other. U.S. venture capital not only drove the early development of China's venture capital industry but also promoted the development of Chinese high-tech industries, including many unicorn companies such as Alibaba, Tencent, and Baidu. Prior to 2018, U.S. investments accounted for about 16% of China's venture capital market, with an annual investment of $19.44 billion. As the United States intensifies its investment security reviews of China, venture capital from the U.S. and investments into the U.S. have both plummeted to historic lows. According to the Rhodium Group, U.S. direct investment in China in 2022 was only $8.2 billion, a 20-year low, with venture investments in China at just $1.3 billion, a 10-year low (Figure 5). It is expected that U.S. venture capital withdrawals from the Chinese market will continue to intensify with the issuance of executive orders. Sequoia

Capital, a giant in U.S. venture capital, announced it would split into three separate companies by March 2024, essentially divesting its China business.

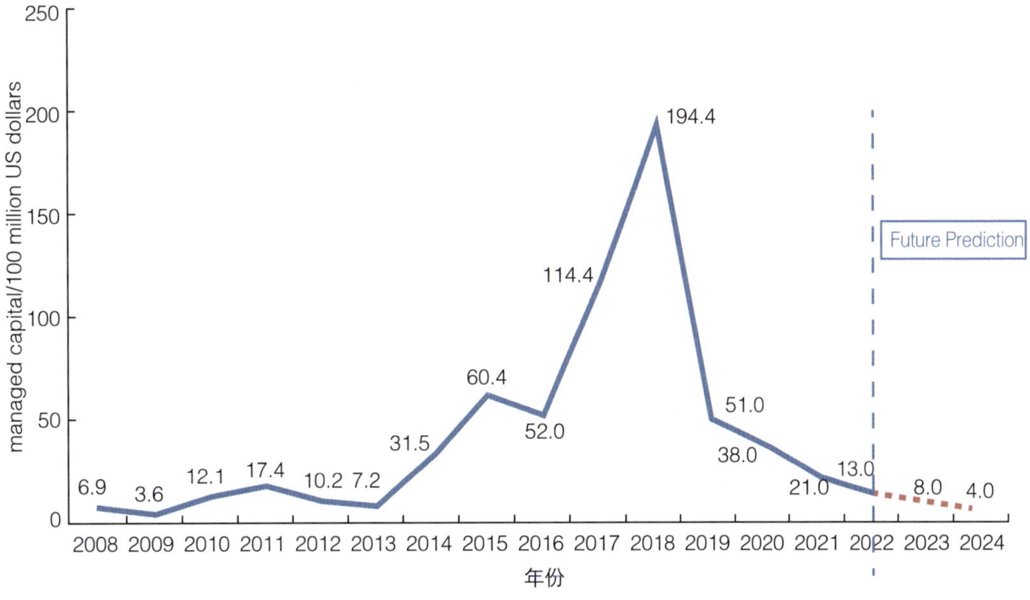

Figure 5 Changes in U.S. Venture Capital Investment in China (2008–2024)

(Data source: Chart created by the author based on data from the Rhodium Group database)

II. Main Obstacles to Developing China's Venture Capital Industry

According to industry surveys, the main obstacles to developing China's venture capital industry are as follows:

First, Chinese venture capital fundraising is weak and dominated by short-term capital, lacking sustained developmental momentum. In recent years, fundraising difficulties have been the leading issue, as reported within the industry. Surveys indicate that these difficulties stem from the macroeconomic context and concerns over the economic outlook and policy stability. Various policy and regulatory barriers have further compounded the problem. The fundraising structure reveals an increasing reliance in China on state-owned capital for venture capital, with a lack of long-term private capital supply. Banking capital, restricted by new asset management regulations, struggles to flow into the venture capital industry, while long-term funds such as insurance capital, due to its low-risk preference and large investment orientation, seldom enter the venture capital field. While private capital continues to expand, it has not effectively transformed into qualified investors. Foreign investors, as important suppliers of high-quality long-term capital, have also begun to withdraw from China in reaction to policy restrictions. Recent policies indicate that the range of venture capital investments by state-owned enterprises and listed companies as contributors is becoming increasingly strict. Fundraising is the "reservoir" of the venture capital industry, and fundraising difficulties have led to a steady decline in cumulative investable capital, resulting in a lack of follow-up investment. The shortage of long-term capital supply means that venture capital funds in China are generally only established with a 3–5years lifespan, making it difficult to sustain effective investment in early-stage technology companies and national strategic industries.

The second obstacle is the severe dispersion, generalization, and repetition of state-owned venture capital and government-led funds. Due to systemic and institutional limitations, these funds struggle to effectively fulfill their roles. According to surveys, the problem of "segmentation" is common among government-led funds established by various departments and regions. A significant portion of local government-led funds have become tools to attract investments, resulting in the dispersion and disorderly competition of venture capital funds. Most guided funds and state-owned venture capital institutions are more concerned with protecting funds due to system constraints, making it difficult to effectively play a guiding role. A 2022 survey on government-led funds showed that the challenges to play an effective role are mainly due to difficulties in raising social capital (25.8%), overly strict restrictions on investment regions (18.2%), lack of flexibility in the proportion of fiscal contributions (15.9%), lack of good investment projects in local areas (15.9%), the inefficient use of fiscal funds (11.9%), and delays in fiscal allocations (7.9%).

The third issue is that there is still room for improvement in the exit environment for venture capital development. An effective exit is the final link for venture capital to realize profit appreciation. The data indicate that China's venture capital exits heavily depend on the capital market. In 2022, the penetration rate of venture capital institutions in the capital market was 78.86%, with the Beijing Stock Exchange reaching 98.8% and the STAR Market at 95.12%. In March 2018, the China Securities Regulatory Commission (CSRC) clarified the reverse-merger policy for venture capital funds, which it CSRC revised and improved in March 2020. However, industry feedback suggests that, in practice, it is difficult to implement new rules for reducing holdings, and venture capital institutions often resort to inquiry-based transfers for exits. In addition, the criteria for evaluating the scientific and technological attributes of the STAR Market are overly detailed and narrow. The management of the use of funds raised by IPOs and information disclosure mechanisms for scientific and technological enterprises is excessively strict and lacks a listing arrangement system for venture capital enterprises.

The development of S funds (equity transfer acceptance fund) is still immature, and obstacles in the review and approval process in overseas capital markets affect the exit gains and efficiency of venture capital enterprises.

Fourth, related policy incentives have not been implemented, leading to a poor sense of gain in the industry. The differentiated regulatory policies have yet to be implemented. The State Council' s "Several Opinions on Promoting the Sustained and Healthy Development of Venture Capital" (State Issue [2016] No. 53), calling for differentiated regulation of venture capital funds, has not been truly implemented. Likewise, the securities investment funds regulatory framework has not fundamentally changed. The management regulations for venture capital, such as registration, filing, review, annual inspection, internal risk control, fund account opening, and custody, are unduly cumbersome and are out of line with the industry attributes of venture capital' s nonconcessionary finance and self-regulation, affecting the effective functioning of venture capital. Implementing venture capital tax incentives is challenging. In 2018, the state issued tax incentives to encourage venture capital. Nevertheless, surveys show [Data from a special statistical survey conducted by the Ministry of Science and Technology in 2021, with a valid sample of 2045 enterprises.] that less than 10% of enterprises currently enjoy tax incentives. Problems such as small incentives, complicated application procedures, time-consuming and labor-intensive processes, lack of policy understanding, and low enthusiasm for reporting have been reported during the implementation of special tax policies. Policy barriers still exist for foreign capital entering the country. Although the Qualified Foreign Limited Partner (QFLP) policy pilot and corresponding foreign exchange settlement system reforms have largely eliminated the barriers to cross-border foreign venture capital operations, surveys indicate that many detailed problems persist at the policy implementation level. When applying for policies, it is necessary to meet various regulations, including funds, thresholds, investors, and investment directions of each pilot region. Furthermore, the regulations of each pilot region vary in strictness and sometimes conflict. Cross-border cooperation in venture capital is a catalyst and weathervane for achieving "open innovation;" thus, the current situation and trends should be viewed with caution.

III. Policy Recommendations

The first recommendation is to further cultivate a diversified body of subjects, relax fundraising channels, and encourage various types of long-term capital to enter China' s venture capital industry. This will be achieved by breaking down various institutional barriers and opening channels for quality private capital, state-owned capital, some financial capital, and social donations to enter the main channels of technology investment. The goal is to encourage the construction of an investment evaluation system and assessment incentive mechanism that is adapted to venture capital, actively guiding long-term capital such as insurance funds, social security funds, pension funds, and sovereign wealth funds into the industry. Moderately lifting restrictions on bank capital and state-owned capital, actively cultivating qualified high-net-worth individuals, and using tax incentives and other policy measures will help guide various types of capital into the venture capital field in compliance.

The second recommendation is to fully respect the industry's characteristics, build an incentive management mechanism that is compatible with the industry's characteristics, and guide the industry's management toward professional and refined development. Implementing venture capital differentiated regulatory policies as soon as possible and taking the difficulty of institutional registration as a breakthrough are expected to significantly reduce process interventions. China must implement true industry self-regulation by changing the current "administrative" regulatory focus to a "legal" one, with the main focus on systemic risk early warning monitoring of super-large equity investment institutions. We recommend establishing a fault tolerance mechanism, clarifying that government-guided funds use long-cycle, "big picture" assessment methods, strengthening innovative performance indicator orientation, increasing the risk tolerance of government-guided funds, and loosening subfund constraints. It is necessary to optimize the talent incentives and evaluation methods of state-owned investments and government-guided funds and standardize management fee allocation. We advocate for actively promoting the implementation of related tax incentive policies and the timely expansion of the scope of the pilot in conjunction with implementing policies such as the Zhongguancun and Shanghai Pudong pilots. Finally, the proportion of equity investment that can be deducted from taxable income should be increased, and the complexity of the procedures for identifying small and medium-sized enterprises in science and technology should be minimized.

The third recommendation is to further improve and broaden exit channels suitable for venture capital attributes and enhance policy stability and precision. This entails further strengthening capital market construction, enhancing market and policy stability, and actively promoting the implementation of the "reverse linkage" mechanism. The judgment mechanism and standards for scientific and technological attributes should be researched and optimized, and the inclusiveness of the science and technology securities market toward emerging and crossover industries should be increased. China should further relax the threshold financial indicators and implement a more inclusive registration system. The basic principles of true, accurate, and complete information disclosure must be strengthened and voluntary disclosure encouraged. Venture capital-backed institutions should be encouraged to broaden exit channels through listing, mergers and acquisitions, and agreement transfers. Listing arrangements for outstanding venture capital enterprises and pilot private equity share transfers must also be explored. Finally, the innovative development of the S fund market must be supported, and international professional intermediary service institutions should be introduced.

The final recommendation is to promote a higher level of opening up and unblock channels for technology investment. The recommendation entails focusing on improving the business environment to increase both the quantity and quality of foreign investments, fully leverage the advantages of the large domestic market, build new technology application scenarios and experimental platforms, and enhance the attractiveness of the market environment. With the primary goal of boosting foreign venture capital confidence, China should implement a new round of policies to encourage and support foreign venture capital. Under the premise of national foreign exchange macroprudential supervision, the scope of the QFLP pilot must be expanded to further optimize and reduce the settlement procedures for foreign venture capital to establish qualifications and foreign currency capital to enter domestic venture capital funds. Finally, the restrictions on the foreign venture capital industry must be relaxed, taking postborder regulation reform as an entry point, further relaxing foreign investment access restrictions, reducing the negative list for foreign investment access, and actively creating a favorable environment for foreign investment are essential actions.

目录

1

中国创业投资机构与资本

1.1 中国 2022 年度调查概述

2023 年 1—5 月，科技部启动第 22 次全国创业投资年度调查工作，按照国家统计局要求（国统制〔2022〕11 号）和《科技部关于开展 2022 年度科技统计调查工作的通知》（国科发规〔2023〕1 号）的部署，组织了全国 34 个省（自治区、直辖市）、58 个调查实施机构和 134 名调查员开展全国创业风险投资机构的网上填报工作。本报告所调查的创业投资机构主要包括两类：①创业投资企业（基金），包括政府引导基金。②创业投资管理企业，其受创业投资基金委托进行投后管理。创业投资机构的组织形式主要包括公司制、合伙制和契约制。

随着行业的发展与规模的壮大，行业混业经营者“未实际经营”的企业越来越多，因此，根据创业投资的标准概念，我们统计了“在营”状态，且有实际投资行为，并以创业投资为主业的企业，剔除以下样本：①行业性和综合性投资公司，如电力投资、工交投资集团及其他投资主业模糊不清的投资类公司等；②以基建、房地产等大建设投资为主业的产业投资基金；③以并购、夹层融资等为主业的私募股权投资（PE）基金；④主要从事担保业务、信托业务的金融机构，但持续地开展了创业投资业务的机构除外；⑤在境外注册设立、在境内仅以办公室形式开展商业活动的私募股权投资机构。

本项统计调查工作为中央引导地方科技发展专项资金、科技成果转化引导基金申报，以及创业投资年度评奖等工作提供了有效的数据支持，也为我国创业投资业内重要政策的出台提供了有力支撑，成为我国科技金融工作的重要组成部分。

1.2 中国创业投资机构和管理资本

整体看来，2022 年尽管受到国内和国际宏观经济各种不利因素影响，对创业投资市场造成较大影响。尽管机构数量持续上升，但募资情况和投资情况并不乐观。2022 年，中国创业投资机构达到 4070 家①，较 2020 年增加 502 家，增幅为 14.1%。其中，创业投资企业（基金）3029 家，创业投资管理企业 1041 家（表 1–1、图 1–1）。

表 1–1 中国创业投资机构总量、增量（2013—2022 年）②

类别	2013 年	2014 年	2015 年	2016 年	2017 年	2018 年	2019 年	2020 年	2021 年	2022 年
现存的创业投资机构 / 家	1408	1551	1775	2045	2296	2800	2994	3290	3568	4070
其中：创业投资企业（基金）/ 家	1095	1167	1311	1421	1589	1931	1916	2192	2496	3029
其中：创业投资管理企业 / 家	313	384	464	624	707	869	1078	1098	1072	1041
当年新募集基金 / 家③	147	230	283	248	196	252	92	288	525	513
创业投资机构增长率	19.0%	10.2%	14.4%	15.2%	12.3%	22.0%	6.9%	9.9%	8.4%	14.1%

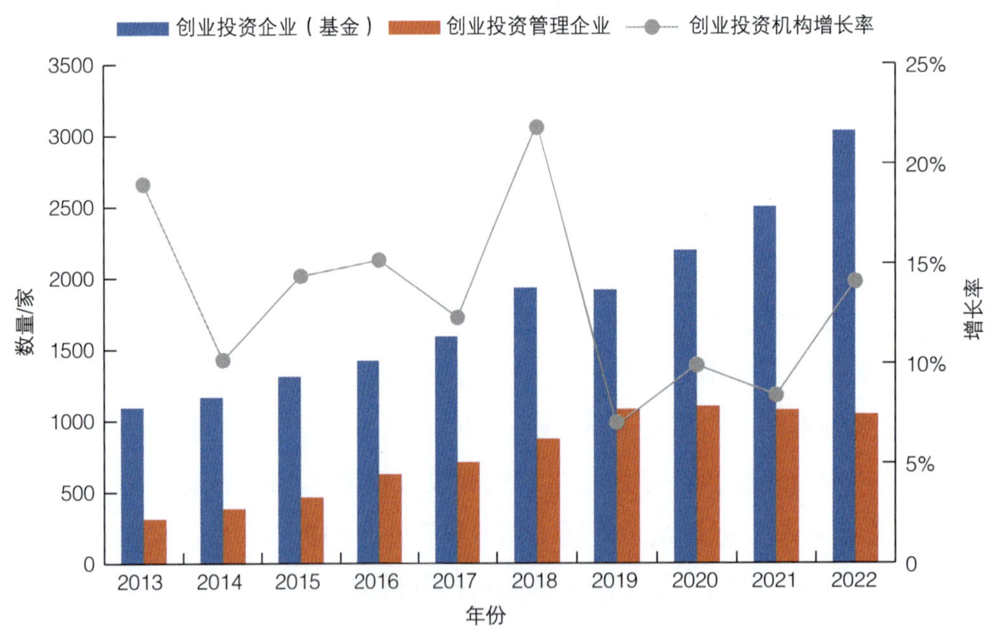

图 1–1 中国创业投资机构总量、增量（2013—2022 年）

① 指在营机构数，主要包括：创业投资企业（基金）、创业投资管理企业。该数据已剔除不再经营创业投资业务或注销的机构数。

② 由于我国创业投资行业的迅猛发展、基金形态的日趋多样，从 2010 年起，按照国际惯例区分基金和基金管理公司，并对前期数据进行了追溯调整。

③ 这里仅指创业投资基金，不包括创业投资管理机构。

从管理资金规模来看，2022 年中国创业投资管理资本总量达到 14 525.5 亿元[①]，较 2021 年增加 1490.2 亿元，增幅达 11.4%；基金平均管理资本规模为 3.57 亿元，略小于 2021 年规模（表 1–2、图 1–2）。

表 1–2　中国创业投资管理资本总量（2013—2022 年）

类别	2013 年	2014 年	2015 年	2016 年	2017 年	2018 年	2019 年	2020 年	2021 年	2022 年
管理资本 / 亿元	3573.9	5232.4	6653.3	8277.1	8872.5	9179.0	9989.1	11 157.5	13 035.3	14 525.5
较上年增长率	7.9%	31.7%	27.2%	24.4%	7.2%	3.5%	8.8%	11.7%	16.8%	11.4%
基金平均管理资本规模 / 亿元	3.26	4.48	4.66	4.05	3.86	3.28	3.34	3.39	3.65	3.57

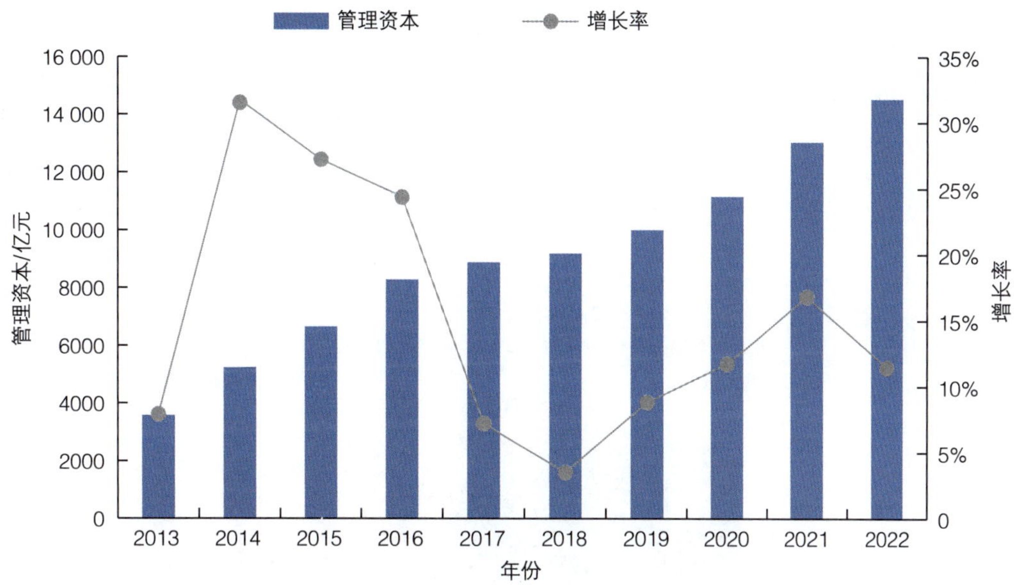

图 1–2　中国创业投资管理资本总量（2013—2022 年）

1.3　中国创业投资的资本来源

延续历年的分类方式，我们采用两个维度对我国创业投资的资本来源进行划分。

第一个维度按照资本来源的机构性质划分：①政府引导基金；②其他政府财政资金，包括各级政府（含事业单位）对创业风险资本的直接资金支持；③国有独资投资机构，指

① 我国创业投资的业态不断复杂化，存在大量的资嵌套。因此，在计算管理资本量时，我们对母子基金，以及基金与受托管理公司之间重复的资本量进行了剔除。

国有独资公司直接提供的资金，包括企业和银行等国有金融机构；④混合所有制投资机构；⑤民营投资机构；⑥非营利机构；⑦个人；⑧境内外资机构，指通过在中国大陆境内注册并运作的外商独资（含港、澳、台）和合资合作企业取得的创业投资资本；⑨境外投资机构，指境外机构获得的创业投资资本；⑩其他。

据统计，2022 年中国创业投资的资本中，最多的资本仍然来源于国有独资投资机构，占比为 31.61%，较 2021 年有所增长；其次是民营投资机构，出资占比达到 17.94%，同比下降了 3.58 个百分点；政府引导基金出资占比为 14.36%，其他政府财政资金出资占比为 8.55%，国有资本合计占比为 54.52%，同比增长 6.22 个百分点。此外，个人出资占比为 8.67%，外资企业出资占比仅为 0.38%，非营利机构出资占比为 0.06%（表 1–3、图 1–3）。

表 1–3　中国创业投资资本来源占比（2021—2022 年）（维度一）[①]

年份	国有独资投资机构	政府引导基金	其他政府财政资金	民营投资机构	混合所有制投资机构	个人	境外投资机构	境内外资机构	非营利机构	其他
2021	24.41%	18.33%	5.56%	21.52%	6.36%	8.51%	1.65%	0.54%	0.04%	13.08%
2022	31.61%	14.36%	8.55%	17.94%	3.63%	8.67%	0.21%	0.17%	0.06%	14.79%

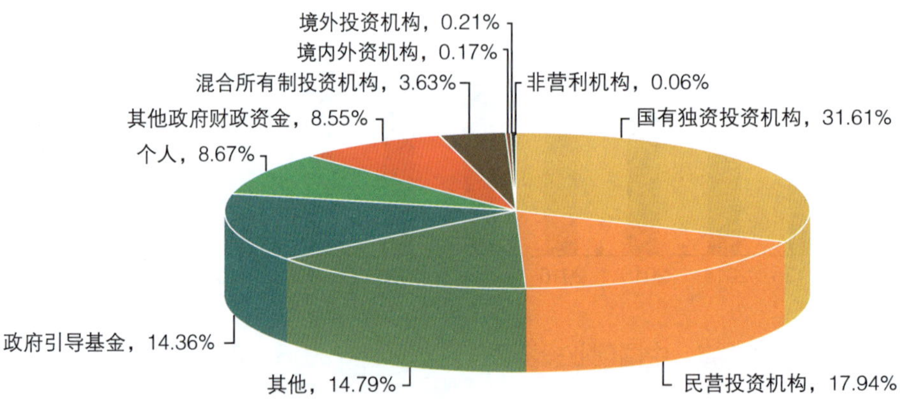

图 1–3　中国创业投资资本来源占比（2022 年）（维度一）

第二个维度按照资本来源的金融属性划分。资本来源仍然主要以非金融资本为主，占比为 41.19%，同比下降 4.21 个百分点。来自基金的资本占比高达 40.82%，以母基金的形式进行投资的现象更加普遍。银行、保险公司、证券公司、信托公司等金融机构合计仅占 6.98%，较 2021 年有所提升，其中，保险类资金增长较为明显（表 1–4、图 1–4）。

① 有效样本数为 2822 份。

表 1–4　中国创业投资资本来源占比（2021—2022 年）（维度二）①

年份	非金融资本	其他金融资本	基金	银行	保险公司	证券公司	信托公司
2021	45.40%	8.70%	40.39%	2.26%	1.04%	1.67%	0.54%
2022	41.19%	11.01%	40.82%	1.59%	4.77%	0.26%	0.36%

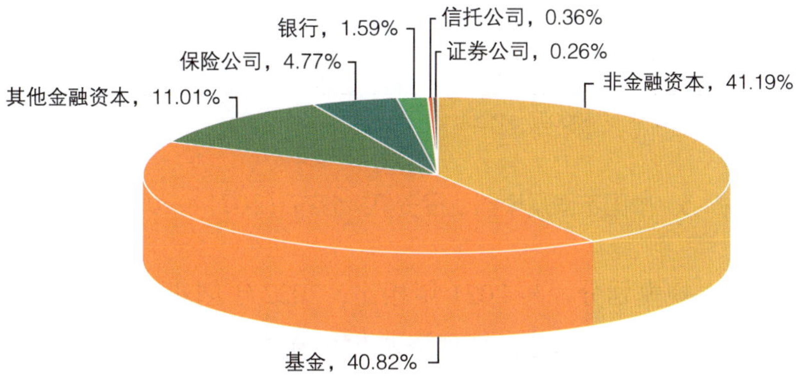

图 1–4　中国创业投资资本来源占比（2022 年）（维度二）

1.4　中国创业投资机构的资本规模及分布

总体而言，2022 年创业投资机构平均管理资本规模下降。从资金分布情况看，管理资本规模在 5000 万元以下的创业投资机构占机构总数的 35.1%，与 2021 年相比有所提升；管理资本规模在 5000 万 ~ 1 亿元、2 亿 ~ 5 亿元、5 亿元以上的创业投资机构占比均有所下滑（表 1–5、图 1–5）。

表 1–5　中国不同规模创业投资机构分布（2021—2022 年）

年份	5000 万元以下	5000 万 ~ 1 亿元	1 亿 ~ 2 亿元	2 亿 ~ 5 亿元	5 亿元以上
2021	31.7%	15.8%	18.7%	18.5%	15.3%
2022	35.1%	15.3%	18.8%	17.1%	13.7%

① 有效样本数为 2819 份。

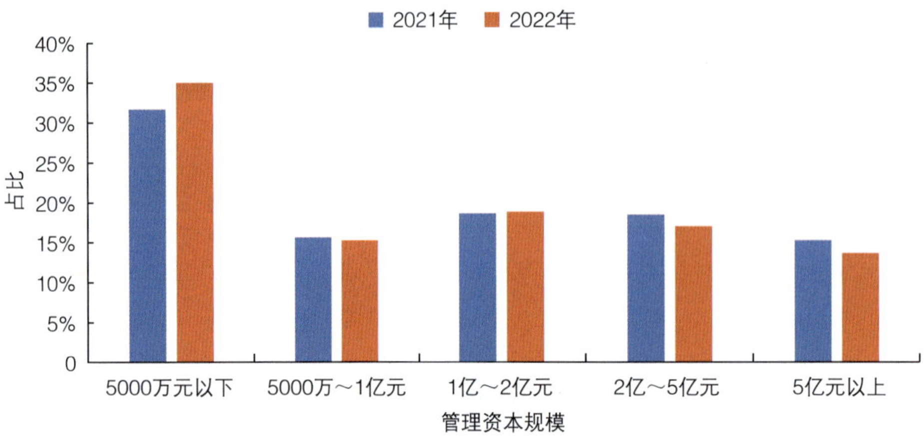

图 1-5　中国不同规模创业投资机构分布（2021—2022 年）①

按机构的管理资本规模划分，与 2021 年相比，2022 年创业投资机构中管理资本规模在 5 亿元以上的占比持续下滑至 83.4%，管理资本规模在 1 亿元以下的占比上升了 0.7 个百分点（表 1-6、图 1-6）。

表 1-6　中国不同规模创业投资机构管理资本分布（2021—2022 年）②

年份	5000 万元以下	5000 万～1 亿元	1 亿～2 亿元	2 亿～5 亿元	5 亿元以上
2021	0.9%	1.5%	3.5%	7.6%	86.5%
2022	1.3%	1.8%	4.4%	9.1%	83.4%

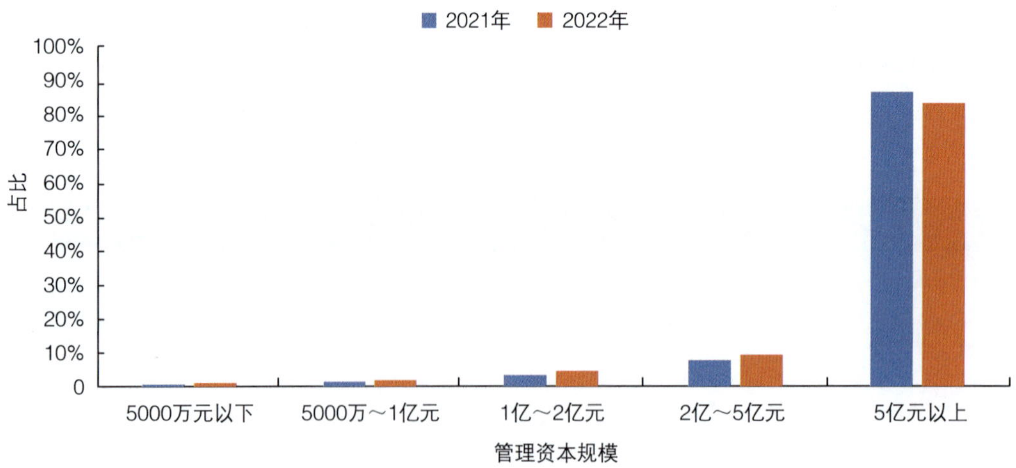

图 1-6　中国不同规模创业投资机构管理资本分布（2021—2022 年）

① 有效样本数为 2844 份。

② 有效样本数为 2844 份。

2022年，中国创业投资市场披露的投资项目数为3149项，披露项目投资金额为744.7亿元，较2021年大幅下滑了26.4%。其中，投资于高新技术企业的项目数为1490家，投资金额为341.5亿元，占全部投资的比重分别为47.3%、45.9%，较2021年均有所提升（表1–7）。

表1–7　中国创业投资当年投资情况（2013—2022年）①

年份	当年投资项目数/项		当年投资金额/亿元	
	全部企业	高新技术企业	全部企业	高新技术企业
2013	1501	590	279.0	109.0
2014	2459	689	374.4	124.8
2015	3423	820	465.6	117.2
2016	2744	634	505.5	92.1
2017	2687	825	845.3	153.8
2018	2740	682	527.2	134.3
2019	3015	921	866.8	186.9
2020	2734	1035	636.0	216.6
2021	3851	1702	1011.2	425.1
2022	3149	1490	744.7	341.5

截至2022年底，全国创业投资机构披露的累计投资项目数达到35 145项，累计投资金额为8027.7亿元，其中，投资于高新技术企业的项目数为14 427项，投资金额为2927.3亿元，占比分别为41.0%和36.5%（表1–8）。

表1–8　中国创业投资累计投资情况（2013—2022年）②

年份	累计投资项目数/项		累计投资金额/亿元	
	全部企业	高新技术企业	全部企业	高新技术企业
2013	12 149	6779	2634.1	1302.1
2014	14 118	7330	2933.6	1401.9
2015	17 376	8047	3361.2	1493.1

① 有效样本数为2678份。

② 本表格涉及样本数：累计投资项目的企业样本数为2032份，其中高新技术企业样本数为1702份；累计投资金额的企业样本数为2031份，其中高新技术企业样本数为1697份。

续表

年份	累计投资项目数/项		累计投资金额/亿元	
	全部企业	高新技术企业	全部企业	高新技术企业
2016	19 296	8490	3765.2	1566.8
2017	20 674	8851	4310.2	1627.3
2018	22 396	9279	4769.0	1757.2
2019	25 411	10 200	5635.8	1944.1
2020	28 145	11 235	6271.8	2160.7
2021	31 996	12 937	7283.0	2585.8
2022	35 145	14 427	8027.7	2927.3

2

中国创业投资的投资分析

2.1 中国创业投资行业特征

2.1.1 中国创业投资行业分布[①]

2022年，中国正式提出2030年实现碳达峰、2060年实现碳中和。伴随国家和地方政策的落地，新能源、高效节能技术一跃成为2022年投资的重点行业，创投机构更加关注以新能源等为代表的绿色环保领域，与国家倡导关注的“投硬科技”相吻合。整体看，2022年中国创业投资排名前5位的行业都具有很高的科技创新属性，特别是新能源、高效节能技术，半导体，生物科技，新材料工业，医药保健等都是国家重点支持发展领域。

从投资金额看，行业分布较为集中，新能源、高效节能技术，半导体，生物科技，新材料工业和医药保健行业吸引了近50%的投资。具体而言，2022年，新能源、高效节能技术吸引投资金额较2021年大幅提升，占比从2021年的4.34%上升至13.95%；半导体仍然是创投领域关注的重点，占比略有下降，从2021年的16.36%下降至13.89%；生物科技从2021年的5.15%上升至8.05%；新材料工业从2021年的4.84%上升至6.25%；医药保健略有下降，从2021年的10.56%下降至6.11%。从投资项目数看，半导体仍然是获得投资最多的行业，从2021年的11.19%上升至13.87%；新能源、高效节能技术从2021年的4.91%上升至8.68%；生物科技、新材料工业分别从2021年的7.54%和5.93%上升至8.47%和7.59%；医药保健略有下降，从2021年的10.20%下降到7.45%（表2–1、表2–2）。

① 有效样本数为2847份。

表 2-1 中国创业投资主要投资领域（按投资金额）（2013—2022 年）

行业	2013 年	2014 年	2015 年	2016 年	2017 年	2018 年	2019 年	2020 年	2021 年	2022 年
新能源、高效节能技术	8.69%	2.94%	2.95%	1.97%	2.02%	5.23%	7.15%	3.12%	4.34%	13.95%
半导体	1.40%	1.35%	0.65%	0.96%	0.84%	3.00%	8.53%	10.73%	16.36%	13.89%
生物科技	2.27%	3.68%	2.13%	1.89%	8.04%	4.48%	3.7%	4.83%	5.15%	8.05%
新材料工业	7.13%	3.72%	5.66%	3.36%	1.91%	3.78%	6.11%	4.61%	4.84%	6.25%
医药保健	10.04%	7.35%	5.37%	3.65%	8.96%	10.79%	8.11%	14.31%	10.56%	6.11%
金融保险业	10.12%	2.86%	5.71%	6.97%	5.12%	3.60%	3.87%	2.08%	1.70%	3.82%
传统制造业	7.19%	7.64%	3.77%	1.99%	3.99%	5.79%	8.13%	2.24%	3.35%	3.73%
软件产业	2.02%	7.37%	7.54%	9.58%	2.16%	5.70%	3.48%	5.41%	5.15%	3.43%
科技服务	1.02%	2.18%	1.76%	1.61%	1.33%	2.91%	3.94%	3.43%	4.98%	3.38%
IT 服务业	3.58%	3.00%	3.03%	3.30%	2.68%	9.54%	3.63%	3.9%	4.85%	3.32%
消费产品和服务	5.00%	1.57%	2.14%	1.43%	2.86%	2.03%	2.19%	5.8%	3.52%	2.12%
光电子与光机电一体化	4.62%	1.89%	0.85%	0.85%	0.80%	1.79%	2.29%	1.39%	1.22%	1.83%
传播与文化娱乐	6.16%	5.44%	5.50%	3.02%	1.85%	2.66%	5.35%	0.99%	0.86%	1.75%
计算机硬件产业	0.68%	4.15%	1.65%	1.27%	0.84%	2.26%	0.84%	4.21%	2.26%	1.58%
通信设备	3.11%	13.76%	18.59%	0.95%	0.67%	1.19%	2.15%	1.41%	2.21%	1.51%
网络产业	1.90%	4.02%	5.07%	34.03%	1.95%	5.13%	6.02%	4.28%	1.90%	1.22%
环保工程	2.89%	2.83%	2.31%	1.47%	1.78%	1.80%	1.77%	1.07%	1.46%	0.60%
交通运输仓储和邮政业	2.57%	0.18%	1.86%	1.60%	0.89%	0.68%	0.77%	2.33%	1.25%	0.48%
农林牧副渔	6.33%	2.00%	1.94%	0.96%	2.37%	0.97%	1.13%	0.81%	0.52%	0.46%
批发和零售业	0.50%	3.82%	1.24%	0.43%	0.47%	1.65%	0.96%	0.85%	1.01%	0.42%
房地产业	0.21%	1.99%	0.94%	0.37%	0.14%	0.78%	0.31%	0.05%	0.02%	0.39%
水电煤气	0.25%	0.44%	0.46%	0.24%	0.26%	0.08%	0.37%	0.24%	0.25%	0.34%
社会服务	1.86%	2.36%	3.42%	0.90%	2.70%	4.19%	0.57%	4.07%	0.85%	0.12%
建筑业	1.32%	0.62%	0.76%	1.98%	14.37%	0.63%	0.56%	0.74%	0.54%	0.10%
采掘业	0.51%	0.00%	0.06%	0.01%	20.19%	0.38%	0.15%	0.17%	0.02%	0.03%
核应用技术	0.17%	0.06%	0.08%	0.04%	0.01%	0.01%	0.1%	0.12%	0.01%	0.00%
其他行业	2.65%	8.45%	10.41%	12.90%	7.52%	9.40%	7.52%	9.37%	9.53%	13.44%
其他制造业	5.30%	3.31%	3.67%	1.65%	2.97%	6.09%	8.78%	7.24%	10.81%	7.11%
其他 IT 产业	0.36%	1.02%	0.48%	0.64%	0.32%	3.47%	0.48%	0.17%	0.47%	0.55%

表 2–2　中国创业投资主要投资领域（按投资项目）（2013—2022 年）

行业	2013 年	2014 年	2015 年	2016 年	2017 年	2018 年	2019 年	2020 年	2021 年	2022 年
半导体	2.51%	1.78%	1.16%	1.30%	3.09%	3.49%	5.64%	9.43%	11.19%	13.87%
新能源、高效节能技术	6.75%	4.16%	4.17%	3.77%	3.74%	3.89%	4.14%	3.95%	4.91%	8.68%
生物科技	4.17%	4.11%	3.47%	4.37%	5.26%	5.61%	5.59%	6.97%	7.54%	8.47%
新材料工业	7.61%	5.93%	5.48%	5.53%	4.39%	4.35%	5.37%	5.99%	5.93%	7.59%
医药保健	9.99%	5.28%	4.05%	5.44%	6.09%	7.38%	8.67%	10.66%	10.20%	7.45%
软件产业	5.32%	9.40%	7.41%	7.58%	7.18%	6.79%	5.11%	7.09%	7.13%	6.57%
科技服务	1.94%	2.60%	3.05%	4.51%	5.35%	4.53%	7.79%	4.33%	5.35%	4.53%
IT 服务业	4.17%	5.67%	5.75%	6.70%	5.13%	8.78%	5.06%	6.20%	6.20%	4.07%
传统制造业	6.03%	4.98%	4.44%	3.58%	4.70%	4.21%	3.30%	3.06%	2.83%	3.69%
金融保险业	6.54%	3.59%	5.17%	3.12%	3.48%	2.85%	4.05%	2.42%	2.02%	2.21%
通信设备	3.16%	8.32%	5.79%	2.00%	1.48%	2.04%	2.47%	2.00%	1.84%	2.14%
光电子与光机电一体化	4.89%	2.86%	2.05%	2.14%	1.74%	2.04%	2.60%	2.29%	1.87%	1.83%
计算机硬件产业	1.22%	1.69%	1.81%	1.91%	2.39%	2.58%	1.85%	3.27%	1.58%	1.48%
网络产业	3.74%	8.88%	10.61%	11.35%	4.52%	5.30%	5.77%	2.89%	2.40%	1.40%
消费产品和服务	3.45%	2.56%	2.66%	3.07%	4.92%	3.76%	4.10%	3.61%	3.01%	1.33%
其他 IT 产业	1.01%	1.60%	1.04%	1.02%	1.44%	2.76%	1.23%	0.42%	0.82%	0.95%
环保工程	3.95%	3.03%	3.09%	3.12%	3.39%	1.86%	2.51%	1.49%	1.67%	0.77%
批发和零售业	0.36%	1.86%	1.08%	0.70%	1.44%	1.90%	1.32%	1.02%	1.20%	0.77%
农林牧副渔	3.66%	2.73%	2.01%	1.91%	1.78%	1.22%	0.79%	0.89%	0.85%	0.74%
传播与文化娱乐	5.24%	3.81%	4.32%	5.26%	5.13%	3.89%	2.51%	1.36%	0.94%	0.67%
水电煤气	0.29%	0.22%	0.31%	0.05%	0.30%	0.09%	0.22%	0.13%	0.12%	0.46%
社会服务	1.87%	1.65%	3.09%	1.95%	1.87%	3.21%	0.97%	1.40%	0.61%	0.42%
交通运输仓储和邮政业	1.15%	0.17%	0.89%	0.88%	1.39%	0.91%	0.75%	0.47%	0.50%	0.39%
建筑业	1.22%	0.56%	0.58%	0.56%	1.39%	0.59%	0.40%	0.81%	0.32%	0.21%
房地产业	0.29%	0.22%	0.35%	0.23%	0.22%	0.36%	0.31%	0.13%	0.06%	0.14%
采掘业	0.57%	0.04%	0.04%	0.09%	0.43%	0.09%	0.09%	0.13%	0.03%	0.04%
其他制造业	4.67%	4.11%	5.25%	4.09%	7.22%	6.47%	8.63%	8.62%	7.95%	9.76%
其他行业	3.74%	8.14%	10.85%	13.67%	10.44%	9.01%	7.88%	8.88%	10.93%	9.38%
核应用技术	0.29%	0.04%	0.04%	0.09%	0.09%	0.05%	0.09%	0.08%	0.03%	0.00%

按行业大类统计，2022 年，新能源和环保业成为吸引最多投资金额的行业，半导体所在的“计算机、通信和其他电子设备制造业”是吸引最多投资项目的行业，“医药生物业”热度略有下降，但仍然是创投行业关注重点之一，“信息传输、软件和信息服务业”在投资金额和投资项目中的占比都略有下降（表 2-3）。

表 2-3 中国创业投资主要投资领域分布（2020—2022 年）[①]

<table>
<tr><th rowspan="2">代码</th><th rowspan="2" colspan="2">行业划分</th><th colspan="2">2020 年</th><th colspan="2">2021 年</th><th colspan="2">2022 年</th></tr>
<tr><th>投资金额</th><th>投资项目</th><th>投资金额</th><th>投资项目</th><th>投资金额</th><th>投资项目</th></tr>
<tr><td rowspan="4">C9</td><td rowspan="4">新能源和环保业</td><td>核应用技术</td><td rowspan="4">8.77%</td><td rowspan="4">11.54%</td><td rowspan="4">10.65%</td><td rowspan="4">12.54%</td><td rowspan="4">20.8%</td><td rowspan="4">17.04%</td></tr>
<tr><td>环保工程</td></tr>
<tr><td>新材料工业</td></tr>
<tr><td>新能源、高效节能技术</td></tr>
<tr><td rowspan="4">C7</td><td rowspan="4">计算机、通信和其他电子设备制造业</td><td>半导体</td><td rowspan="4">17.91%</td><td rowspan="4">16.94%</td><td rowspan="4">22.05%</td><td rowspan="4">16.48%</td><td rowspan="4">18.81%</td><td rowspan="4">19.32%</td></tr>
<tr><td>光电子与光机电一体化</td></tr>
<tr><td>计算机硬件产业</td></tr>
<tr><td>通信设备</td></tr>
<tr><td rowspan="4">I</td><td rowspan="4">信息传输、软件和信息服务业</td><td>IT 服务业</td><td rowspan="4">13.93%</td><td rowspan="4">16.59%</td><td rowspan="4">12.37%</td><td rowspan="4">16.55%</td><td rowspan="4">8.52%</td><td rowspan="4">12.99%</td></tr>
<tr><td>其他 IT 产业</td></tr>
<tr><td>软件产业</td></tr>
<tr><td>网络产业</td></tr>
<tr><td rowspan="2">C8</td><td rowspan="2">医药生物业</td><td>生物科技</td><td rowspan="2">19.37%</td><td rowspan="2">17.66%</td><td rowspan="2">15.71%</td><td rowspan="2">17.74%</td><td rowspan="2">14.16%</td><td rowspan="2">15.92%</td></tr>
<tr><td>医药保健</td></tr>
<tr><td>C12</td><td colspan="2">其他制造业</td><td>7.35%</td><td>8.63%</td><td>10.81%</td><td>7.95%</td><td>7.11%</td><td>9.76%</td></tr>
<tr><td>CA</td><td colspan="2">传统制造业</td><td>2.27%</td><td>3.06%</td><td>3.35%</td><td>2.83%</td><td>3.73%</td><td>3.69%</td></tr>
<tr><td>O</td><td colspan="2">其他行业</td><td>8.82%</td><td>8.89%</td><td>9.53%</td><td>10.93%</td><td>13.44%</td><td>9.38%</td></tr>
<tr><td>N</td><td colspan="2">传播与文化娱乐</td><td>1.01%</td><td>1.36%</td><td>0.86%</td><td>0.94%</td><td>1.75%</td><td>0.67%</td></tr>
<tr><td>J</td><td colspan="2">金融保险业</td><td>2.11%</td><td>2.42%</td><td>1.7%</td><td>2.02%</td><td>3.82%</td><td>2.21%</td></tr>
</table>

① 2022 年，投资金额中有效样本数为 2181 份；投资项目中有效样本数为 2215 份。

整体来看，自2018年以来，热门概念板块吸引投资在数量和金额上均有所上升（图2–1、图2–2）。2022年，针对概念板块的投资情况进行统计后发现①，从投资金额看，绿色经济是创投机构关注的热门概念板块，远超过人工智能、物联网与大数据等板块。从投资项目看，人工智能、物联网与大数据占比分别为8.49%和8.26%，略高于绿色经济的6.19%（表2–4）。

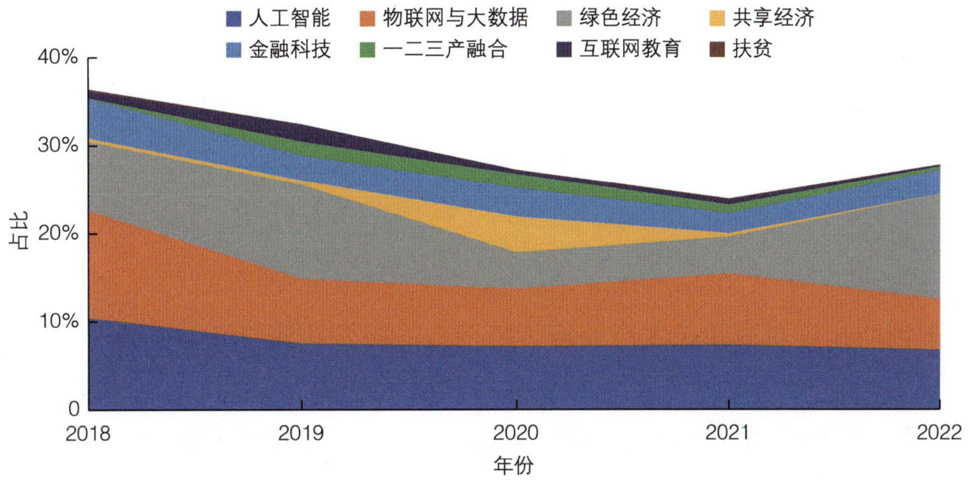

图2-1　中国创业投资项目概念板块分布（按投资项目）（2018—2022年）

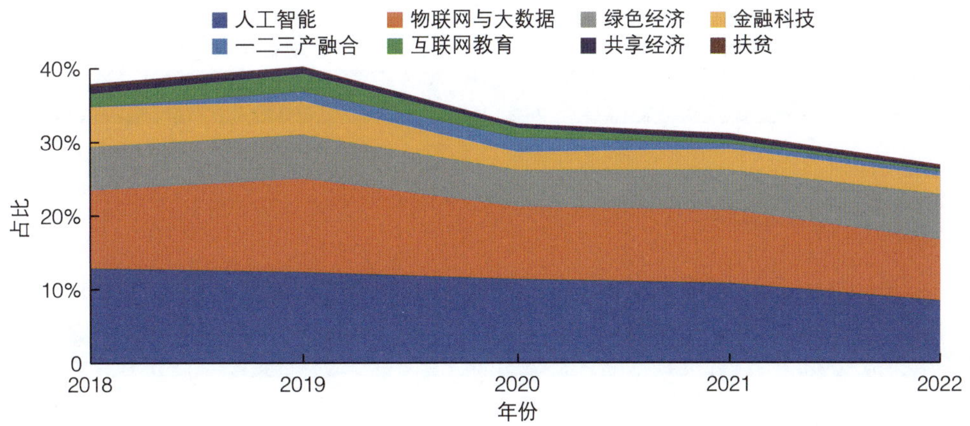

图2-2　中国创业投资项目概念板块分布（按投资金额）（2018—2022年）

① 近年来，由于新技术的出现，许多行业已经难以再采用传统的行业分类方式进行划分。比如，金融科技产业可能部分属于网络产业，部分属于金融保险行业，而人工智能产业则可能分布于多个领域内。因此，从2017年起，我们除了按照传统的行业进行行业划分统计，另采用了概念板块进行投资分布统计。

表 2–4 中国创业投资项目的概念板块分布（按投资金额与投资项目）（2022 年）①

概念板块	投资金额	投资项目
绿色经济	11.82%	6.19%
人工智能	6.80%	8.49%
物联网与大数据	5.82%	8.26%
金融科技	2.79%	2.44%
一二三产融合	0.36%	0.63%
互联网教育	0.15%	0.23%
扶贫	0.07%	0.27%
共享经济	0.03%	0.36%
其他	72.16%	73.14%

2.1.2 中国创业投资对高新技术产业与传统产业的投资比较②

2022 年，中国创业投资机构的投资重点仍然聚焦在高新技术产业。从投资金额看，高新技术产业投资占比较 2021 年略有下降，从 68.7% 下降至 65.7%（表 2–5、图 2–3）。从投资项目看，2022 年高新技术产业投资占比连续 4 年呈上升态势，与传统产业投资占比的差距也进一步拉大（表 2–6、图 2–4）。

表 2–5 中国创业投资对高新技术产业与传统产业的投资比较（按投资金额）（2013—2022 年）

产业	2013 年	2014 年	2015 年	2016 年	2017 年	2018 年	2019 年	2020 年	2021 年	2022 年
高新技术产业	61.3%	65.4%	59.0%	60.9%	55.7%	61.5%	64.0%	67.2%	68.7%	65.7%
传统产业	38.7%	34.6%	41.0%	39.1%	44.3%	38.5%	36.0%	32.8%	31.3%	34.3%

表 2-6 中国创业投资对高新技术产业与传统产业的投资比较（按投资项目）（2013—2022 年）

产业	2013 年	2014 年	2015 年	2016 年	2017 年	2018 年	2019 年	2020 年	2021 年	2022 年
高新技术产业	50.4%	59.3%	58.2%	65.6%	54.5%	61.5%	58.5%	63.2%	65.8%	69.8%
传统产业	49.6%	40.7%	41.8%	34.4%	45.5%	38.5%	41.5%	36.8%	34.2%	30.2%

① 表格按投资金额占比从大到小排序。

② 有效样本数：高新技术产业项目样本数为 1988 份，传统产业项目样本数为 859 份。

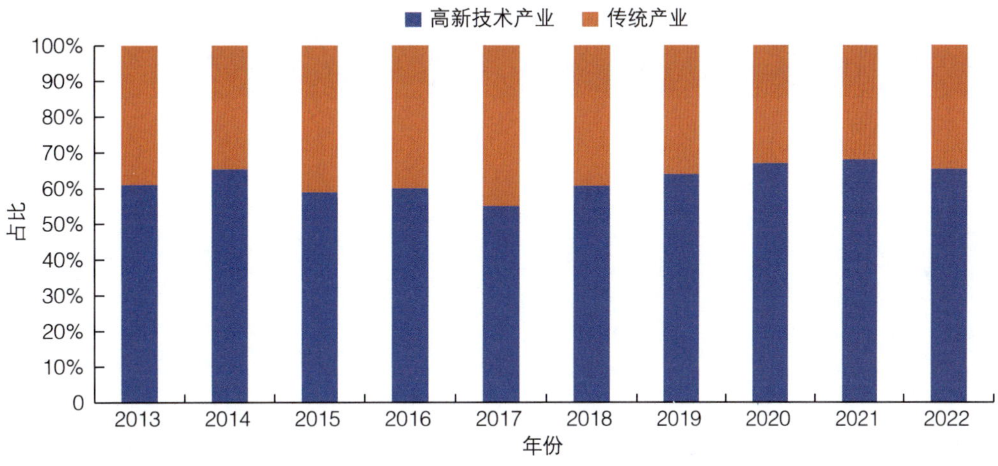

图 2-3 中国创业投资对高新技术产业与传统产业的投资比较（按投资金额）（2013—2022 年）

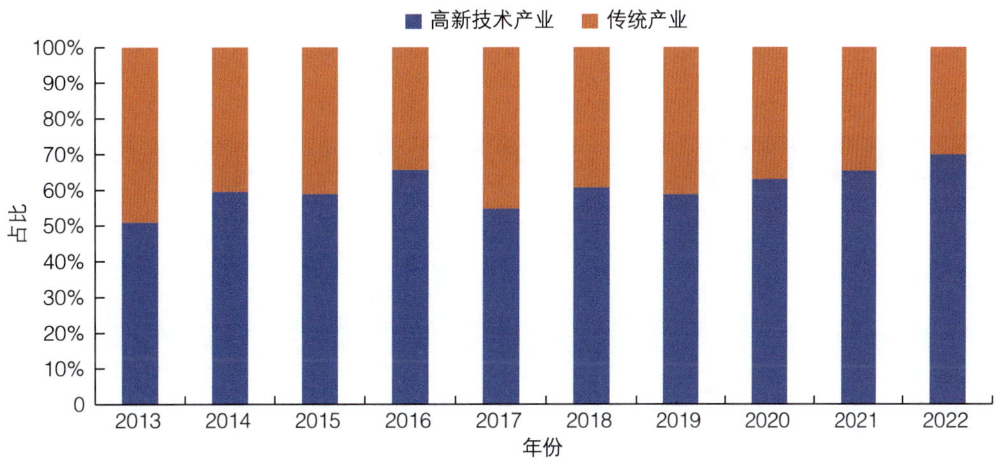

图 2-4 中国创业投资对高新技术产业与传统产业的投资比较（按投资项目）（2013—2022 年）

2.2 中国创业投资的投资阶段

2.2.1 中国创业投资所处阶段总体分布①

2022 年，中国创业投资机构的投资仍然主要集中在种子期、起步期和成长（扩张）期，按投资金额划分，在这 3 个阶段累计占比为 89.9%，按投资项目划分，在这 3 个阶段累计占比为 94.9%（表 2-7）。

① 有效样本数为 2822 份。

表 2-7　中国创业投资所处阶段总体分布（按投资金额与投资项目）（2022 年）

阶段	投资金额	投资项目
种子期	8.8%	20.2%
起步期	33.1%	35.3%
成长（扩张）期	48.0%	39.4%
成熟（过渡）期	9.8%	4.8%
重建期	0.3%	0.3%

从投资金额看，2022 年投资于种子期的金额占比有所下降，为 2018 年以来最低水平，投资于起步期、成长（扩张）期的金额占比均有所上升，从 2021 年的 27.99% 和 43.51% 上升至 33.09% 和 47.96%（表 2–8、图 2–5）。

表 2–8　中国创业投资所处阶段分布（按投资金额）（2013—2022 年）

阶段	2013 年	2014 年	2015 年	2016 年	2017 年	2018 年	2019 年	2020 年	2021 年	2022 年
种子期	12.22%	5.63%	8.11%	4.33%	4.54%	10.94%	15.57%	9.09%	13.22%	8.84%
起步期	22.38%	25.23%	21.53%	30.30%	20.76%	32.96%	34.80%	23.85%	27.99%	33.09%
成长（扩张）期	41.42%	59.04%	54.40%	38.50%	44.66%	44.61%	35.68%	55.61%	43.51%	47.96%
成熟（过渡）期	22.82%	10.05%	15.24%	26.31%	29.86%	10.42%	13.71%	11.23%	14.56%	9.78%
重建期	1.16%	0.05%	0.72%	0.55%	0.17%	1.07%	0.24%	0.21%	0.71%	0.34%

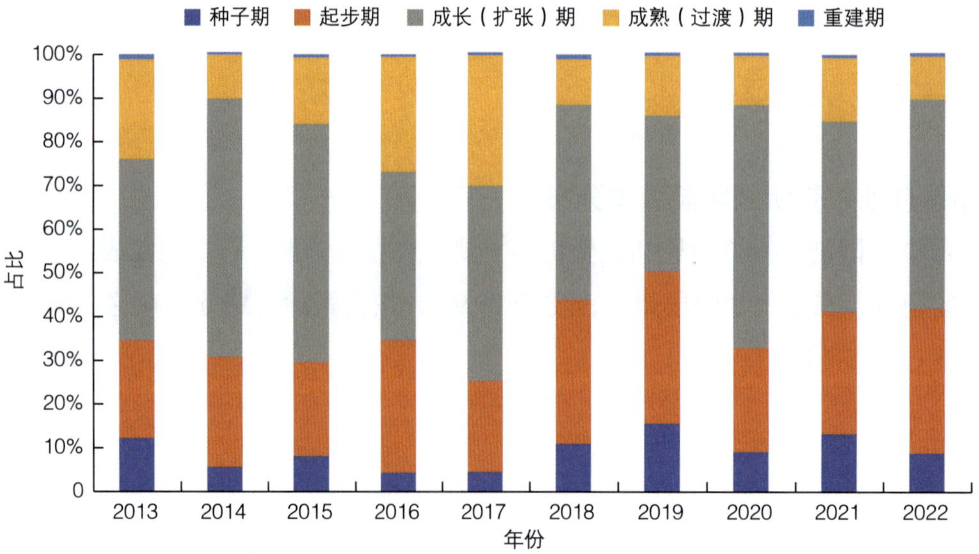

图 2–5　中国创业投资所处阶段分布（按投资金额）（2013—2022 年）

从投资项目看，2022 年投资于种子期的项目占比略有下降，从 2021 年的 23.63% 下降到 20.16%，投资于起步期和成长（扩张）期的项目占比略有上升，分别从 2021 年的 32.54% 和 37.74% 上升至 35.33% 和 39.40%（表 2–9、图 2–6）。

表 2–9　中国创业投资所处阶段分布（按投资项目）（2013—2022 年）

阶段	2013 年	2014 年	2015 年	2016 年	2017 年	2018 年	2019 年	2020 年	2021 年	2022 年
种子期	18.36%	20.76%	18.22%	19.62%	17.77%	24.07%	22.22%	18.42%	23.63%	20.16%
起步期	32.46%	36.55%	35.55%	38.92%	39.51%	40.32%	39.43%	31.93%	32.54%	35.33%
成长（扩张）期	38.21%	35.94%	40.15%	35.00%	36.22%	29.46%	32.04%	42.62%	37.74%	39.40%
成熟（过渡）期	10.00%	6.49%	5.41%	5.71%	5.91%	5.36%	6.04%	6.67%	5.67%	4.82%
重建期	0.97%	0.26%	0.66%	0.75%	0.59%	0.79%	0.27%	0.35%	0.41%	0.28%

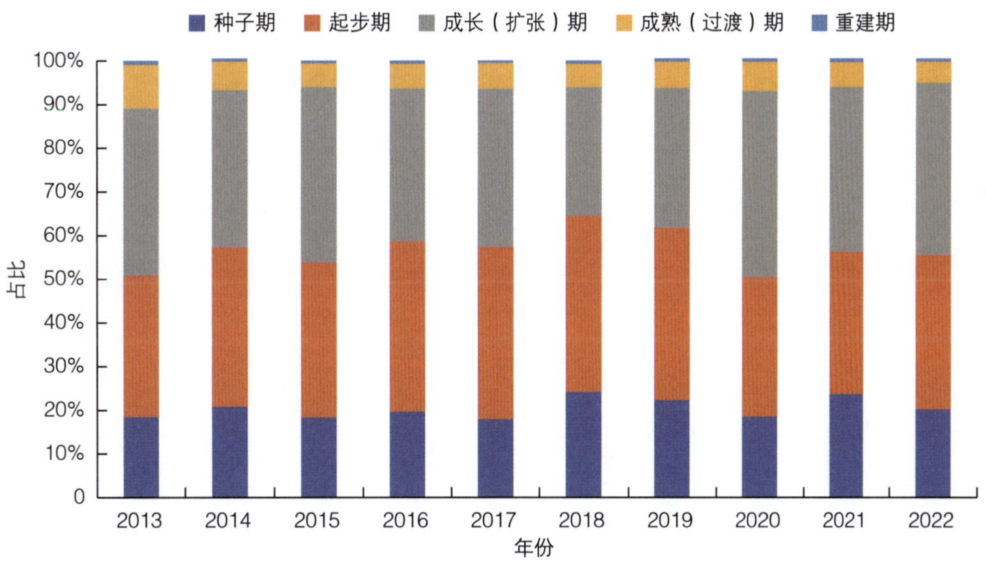

图 2–6　中国创业投资所处阶段分布（按投资项目）（2013—2022 年）

2.2.2　中国创业投资在主要行业投资项目的阶段分布

从投资阶段看各个行业的投资分布情况。2022 年，按投资金额划分，在光电子与光机电一体化行业，投资于种子期的金额占比最高。医药保健行业，投资于起步期和成长（扩张）期的金额占比较多。在生物科技和半导体行业，均超过一半的金额投资于成长（扩张）期。在新能源、高效节能技术行业，投资阶段分布相对分散，起步期、成长（扩张）期和成熟（过渡）期投资金额分别占 23.69%、44.38% 及 27.73%（表 2–10）。

表 2-10　中国主要行业投资阶段分布（按投资金额）（2022 年）①

行业	种子期	起步期	成长（扩张）期	成熟（过渡）期	重建期
光电子与光机电一体化	46.53%	19.22%	31.57%	2.68%	0
金融保险业	25.55%	38.31%	27.01%	8.21%	0.93%
医药保健	16.11%	35.61%	40.11%	8.16%	0
通信设备	14.35%	17.88%	59.61%	8.16%	0
社会服务	14.09%	74.99%	10.92%	0	0
软件产业	13.12%	28.03%	52.57%	6.28%	0
生物科技	9.30%	27.88%	58.01%	4.81%	0
传统制造业	9.03%	22.72%	63.34%	4.88%	0.03%
科技服务	7.71%	30.29%	58.29%	3.71%	0
批发和零售业	7.69%	24.74%	67.19%	0.38%	0
半导体	7.45%	29.44%	57.52%	5.60%	0
农林牧副渔	6.55%	4.74%	41.91%	46.80%	0
新材料工业	5.60%	31.17%	60.71%	2.51%	0
建筑业	5.24%	8.11%	86.65%	0	0
IT 服务业	4.85%	52.16%	29.51%	13.48%	0
新能源、高效节能技术	3.82%	23.69%	44.38%	27.73%	0.38%
环保工程	3.03%	19.20%	63.26%	14.51%	0
计算机硬件产业	2.73%	65.97%	29.60%	1.70%	0
网络产业	2.62%	74.21%	17.53%	5.64%	0
传播与文化娱乐	2.48%	36.62%	60.90%	0	0
交通运输仓储和邮政业	1.94%	75.88%	21.53%	0.65%	0
水电煤气	1.14%	25.10%	73.53%	0	0.23%
消费产品和服务	0.87%	4.92%	89.81%	4.40%	0
其他 IT 产业	29.77%	35.50%	34.73%	0	0
其他行业	8.43%	51.14%	25.76%	12.75%	1.92%
其他制造业	5.54%	30.14%	58.39%	5.93%	0

① 有效样本数为 2794 份。

从投资项目看，2022 年创业投资机构投资最多的新能源、高效节能技术，半导体行业主要投资于处于成长（扩张）期的项目。医药保健、生物科技行业主要投资于起步期项目。建筑业、通信设备的投资项目相对集中在种子期（表 2–11）。

表 2–11　中国主要行业投资阶段分布（按投资项目）（2022 年）①

行业	种子期	起步期	成长（扩张）期	成熟（过渡）期	重建期
建筑业	50.00%	16.67%	33.33%	0	0
通信设备	41.67%	18.33%	31.67%	8.33%	0
IT 服务业	32.17%	36.52%	29.57%	1.74%	0
软件产业	31.15%	32.79%	34.43%	1.64%	0
环保工程	27.27%	22.73%	40.91%	9.09%	0
金融保险业	26.98%	53.97%	15.87%	1.59%	1.59%
生物科技	26.38%	34.89%	34.04%	4.68%	0
光电子与光机电一体化	25.49%	21.57%	47.06%	5.88%	0
水电煤气	23.08%	23.08%	46.15%	0	7.69%
网络产业	22.50%	45.00%	27.50%	5.00%	0
新材料工业	18.98%	31.48%	47.22%	2.31%	0
医药保健	18.27%	40.38%	36.54%	4.81%	0
批发和零售业	18.18%	22.73%	54.55%	4.55%	0
社会服务	18.18%	63.64%	18.18%	0	0
传播与文化娱乐	16.67%	44.44%	38.89%	0	0
科技服务	16.41%	38.28%	42.97%	2.34%	0
新能源、高效节能技术	14.63%	28.86%	46.34%	8.94%	1.22%
传统制造业	14.29%	29.52%	49.52%	5.71%	0.95%
农林牧副渔	14.29%	9.52%	52.38%	23.81%	0
半导体	13.71%	34.77%	46.70%	4.82%	0
计算机硬件产业	12.50%	47.50%	35.00%	5.00%	0
消费产品和服务	10.53%	21.05%	60.53%	7.89%	0
交通运输仓储和邮政业	9.09%	54.55%	27.27%	9.09%	0

① 有效样本数为 2847 份。

续表

行业	种子期	起步期	成长（扩张）期	成熟（过渡）期	重建期
其他 IT 产业	33.33%	44.44%	22.22%	0	0
其他行业	25.00%	39.58%	30.42%	4.17%	0.83%
其他制造业	11.96%	42.39%	38.77%	6.88%	0

按照投资的概念板块划分，从投资金额看，2022 年一二三产融合的投资金额主要集中在成长（扩张）期、成熟（过渡）期及种子期，而物联网与大数据、扶贫、金融科技、人工智能的投资金额主要集中在成长（扩张）期。互联网教育板块超过 90% 的投资金额集中在起步期。特别受创投机构关注的绿色经济板块投资金额主要集中在成熟（过渡）期、成长（扩张）期及起步期（表 2–12）。

表 2–12 中国创业投资概念板块投资阶段分布（按投资金额）（2022 年）①

概念板块	种子期	起步期	成长（扩张）期	成熟（过渡）期	重建期
一二三产融合	20.29%	1.73%	55.62%	22.36%	0
物联网与大数据	15.89%	25.91%	48.27%	9.93%	0
扶贫	8.45%	4.23%	87.32%	0	0
金融科技	8.44%	13.32%	62.76%	15.47%	0
共享经济	7.25%	23.89%	14.50%	50.74%	3.62%
人工智能	7.17%	33.77%	54.68%	4.38%	0
绿色经济	2.70%	23.67%	33.82%	39.38%	0.42%
互联网教育	0	93.36%	6.64%	0	0
其他	9.03%	32.49%	50.47%	7.90%	0.10%

从投资项目看，2022 年一二三产融合的项目主要集中在成长（扩张）期，互联网教育板块 80.00% 投资在了起步期，扶贫板块有 66.67% 的项目投资在成长（扩张）期。绿色经济板块的投资项目主要分布在成长（扩张）期和起步期（表 2–13）。

① 有效样本数为 2181 份。

表 2–13　中国创业投资概念板块投资阶段分布（按投资项目）（2022 年）[①]

概念板块	种子期	起步期	成长（扩张）期	成熟（过渡）期	重建期
共享经济	12.50%	37.50%	12.50%	25.00%	12.50%
一二三产融合	35.71%	7.14%	42.86%	14.29%	0
人工智能	16.04%	32.09%	45.99%	5.88%	0
绿色经济	11.03%	38.24%	38.97%	10.29%	1.47%
互联网教育	0	80.00%	20.00%	0	0
扶贫	16.67%	16.67%	66.67%	0	0
物联网与大数据	17.58%	32.42%	42.86%	7.14%	0
其他	18.03%	37.31%	39.82%	4.65%	0.19%
金融科技	13.73%	39.22%	43.14%	3.92%	0

2.3　中国创业投资的投资强度

2.3.1　中国创业投资强度的变化趋势与行业差异[②]

数据显示，我国创业投资强度自 1995 年以来总体呈上升趋势，到 2011 年达到顶峰，此后逐年下滑，2016 年到达谷底后于 2017 年开始出现探底回升。2022 年投资强度较 2021 年略有回落，从 2021 年的 1493.46 万元/项下降至 1454.23 万元/项（表 2–14、图 2–7）。

表 2-14　中国创业投资强度（2013—2022 年）　　单位：万元/项

类别	2013 年	2014 年	2015 年	2016 年	2017 年	2018 年	2019 年	2020 年	2021 年	2022 年
投资强度	1282.12	1129.53	1089.26	1014.76	1085.55	1222.06	1231.60	1426.36	1493.46	1454.23

① 有效样本数为 2215 份。

② 有效样本数为 2957 份。

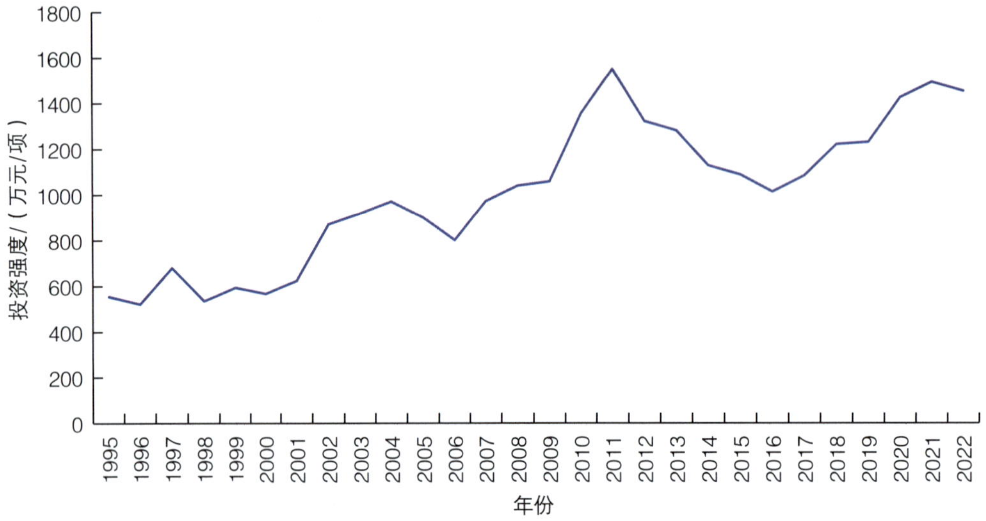

图 2-7　中国创业投资强度（1995—2022 年）

按行业划分①，2022 年房地产业、采掘业的投资强度超过 2000 万元/项。新能源、高效节能技术投资强度较 2021 年有所上升，从 1492.0 万元/项上升至 1765.5 万元/项。半导体投资强度与 2021 年基本持平（表 2-15、图 2-8）。

表 2-15　中国不同行业的投资强度（2013—2022 年）　单位：万元 / 项

行业	2013 年	2014 年	2015 年	2016 年	2017 年	2018 年	2019 年	2020 年	2021 年	2022 年
房地产业	1237.5	511.0	2193.6	365.0	2160.0	634.3	2223.5	980.3	795.5	2700.0
采掘业	1537.8	200.0	3002.0	290.0	1968.4	6000.0	3750.0	3146.7	2000.0	2000.0
新能源、高效节能技术	1420.2	1059.2	1054.3	1089.9	1430.0	1390.4	1204.5	1352.9	1492.0	1765.5
水电煤气	1512.5	1232.5	1845.4	—	2790.0	1315.9	1698.3	699.3	425.0	1685.8
半导体	963.9	1322.8	856.4	1064.9	892.6	1133.0	1399.6	1666.7	1675.9	1623.1
传统制造业	1409.1	1032.4	1115.1	1122.4	1356.7	1239.2	1593.7	1586.8	1892.4	1563.9
生物科技	960.5	1059.2	1130.9	1091.2	1110.0	1227.1	1249.8	1534.1	1377.6	1515.3
计算机硬件产业	581.5	1225.9	1067.8	908.0	991.1	1294.7	1002.2	1599.1	1451.7	1511.8
传播与文化娱乐	1441.9	1543.3	961.0	907.5	872.3	865.4	859.4	1044.1	1071.8	1504.9
医药保健	1351.0	1429.6	1190.4	1212.9	1321.3	1805.7	1445.9	1772.6	1656.2	1499.5
新材料工业	1444.0	1006.4	1416.6	1033.1	1194.9	1176.0	1280.6	1510.3	1517.9	1455.3

① 有效样本数为 2957 份。

续表

行业	2013年	2014年	2015年	2016年	2017年	2018年	2019年	2020年	2021年	2022年
其他行业	1075.7	1400.5	1156.7	1179.8	1204.1	1135.0	962.4	1240.4	1043.8	1421.7
农林牧副渔	1516.6	1036.7	1517.0	1073.9	1107.3	1217.9	996.9	883.2	1551.2	1395.4
环保工程	1268.6	1559.3	1311.4	1184.6	1291.8	846.1	947.2	1290.7	1106.8	1373.9
消费产品和服务	1712.8	1053.3	1260.2	781.0	877.3	833.2	889.6	1654.3	1564.9	1364.8
其他制造业	959.4	1181.2	1107.6	921.1	1031.7	999.4	1291.4	1522.5	1606.3	1337.7
IT 服务业	963.0	843.4	895.5	854.1	1005.4	1064.5	1087.3	1209.3	1522.8	1314.4
其他 IT 产业	616.4	971.1	849.4	695.7	729.3	1342.8	868.5	1050.8	1357.4	1306.3
光电子与光机电一体化	1294.2	863.4	769.8	708.2	1290.4	1113.1	1353.7	1190.2	1668.0	1285.6
科技服务	944.0	903.1	854.1	708.9	709.2	990.5	1036.7	1227.9	1419.0	1230.8
通信设备	1704.3	1540.4	1268.5	1200.5	948.5	899.0	1100.2	1633.5	1609.1	1229.1
批发和零售业	2410.0	1638.7	947.8	1075.6	1069.3	762.8	1063.6	1292.3	1441.5	1203.4
金融保险业	1885.6	929.0	1216.9	1469.1	931.3	1166.4	1579.4	1235.5	1099.2	1117.8
交通运输仓储和邮政业	1432.4	1762.5	1633.9	1148.4	1198.3	825.9	1032.4	1084.3	1635.8	1088.3
软件产业	677.8	945.0	907.7	751.3	939.7	1031.6	1063.0	1062.4	1502.3	1086.4
建筑业	1989.3	1346.9	1181.1	700.3	1809.1	1644.5	1244.4	1433.2	1166.7	1027.9
网络产业	721.0	742.8	794.4	1007.9	891.1	1022.3	772.4	1070.7	1703.9	852.7
社会服务	1370.1	1147.2	752.7	771.4	977.3	1058.3	885.6	1410.6	1585.9	649.0
核应用技术	1008.3	2500.0	4000.0	1176.0	352.5	180.0	2600.0	3263.0	1260.0	0

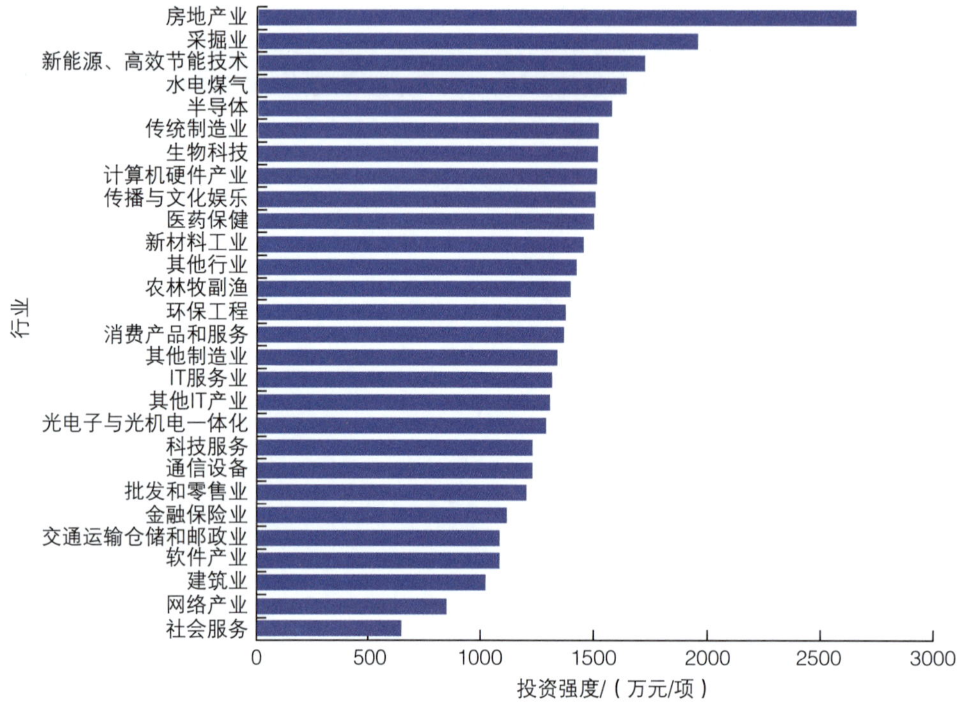

图 2-8 中国不同行业的投资强度（2022 年）

从概念板块看投资强度[①]，2022 年绿色经济投资强度远超其他概念板块，从 2021 年的 1877.51 万元/项提升至 4191.12 万元/项。金融科技投资强度较 2021 年有所上升，从 2022.84 万元/项上升至 2509.83 万元/项（表 2-16）。

表 2-16 中国概念板块的投资强度（2020—2022 年） 单位：万元/项

概念板块	2020 年	2021 年	2022 年
互联网教育	650.05	3221.44	1505.62
一二三产融合	1332.34	2835.74	1240.74
其他	1980.44	2738.64	2164.54
物联网与大数据	1229.53	2042.15	1544.35
金融科技	2541.73	2022.84	2509.83
绿色经济	1509.81	1877.51	4191.12
扶贫	1485.00	1786.00	591.67
人工智能	1157.38	1676.71	1758.59
共享经济	14 387.70	1325.29	172.46

① 有效样本数为 2215 份。

2.3.2 中国创业投资机构单项投资规模分布[①]

2022 年，创业投资机构单项投资金额分布与 2021 年相似，主要集中在 500 万元以上，累计占比为 69.20%，单项投资金额超过 2000 万元的项目占比略有下降；而单项投资金额小于 500 万元的项目占比较 2021 年略有上升，从 30.40% 上升至 30.70%（表 2–17、图 2–9）。

表 2–17　中国创业投资机构单项投资金额分布（2013—2022 年）

年份	100 万元以下	100 万 ~ 300 万元	300 万 ~ 500 万元	500 万 ~ 1000 万元	1000 万 ~ 2000 万元	2000 万元以上
2013	8.40%	17.60%	14.60%	20.00%	20.10%	19.30%
2014	12.30%	19.10%	13.90%	18.30%	20.40%	15.90%
2015	14.50%	17.50%	15.30%	19.90%	17.20%	15.60%
2016	15.90%	18.10%	15.50%	20.90%	15.80%	13.80%
2017	10.70%	18.00%	17.70%	21.20%	18.10%	14.20%
2018	8.90%	18.10%	16.90%	20.00%	18.30%	17.90%
2019	8.90%	16.00%	16.10%	23.10%	19.50%	16.40%
2020	7.40%	12.00%	14.10%	22.20%	22.70%	21.50%
2021	9.90%	9.50%	11.00%	23.10%	23.50%	22.90%
2022	9.00%	9.30%	12.40%	23.60%	24.10%	21.50%

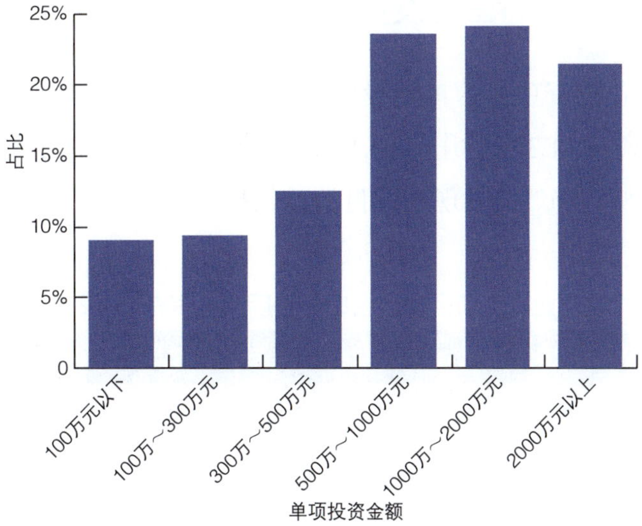

图 2–9　中国创业投资机构单项投资金额分布（2022 年）

① 有效样本数为 2957 份。

2.3.3 中国创业投资机构联合投资的单项投资规模分布

2022 年，联合投资的单项投资金额在 100 万元以下的从 26.80% 下降至 11.30%，而 2000 万元以上的占比从 13.60% 上升至 23.40%（表 2–18）。

表 2–18 中国创业投资机构联合投资的单项投资金额分布（2013—2022 年）①

年份	100 万元以下	100 万～500 万元	500 万～1000 万元	1000 万～2000 万元	2000 万元以上
2013	12.00%	32.00%	28.00%	12.00%	16.00%
2014	16.00%	27.60%	10.40%	23.30%	22.70%
2015	11.40%	28.50%	23.20%	21.30%	15.60%
2016	14.60%	32.50%	20.40%	10.70%	21.80%
2017	11.10%	32.90%	19.60%	19.60%	16.90%
2018	15.00%	29.90%	18.70%	20.90%	15.50%
2019	10.30%	37.60%	21.20%	22.40%	8.50%
2020	16.50%	26.30%	19.10%	17.50%	20.60%
2021	26.80%	20.30%	20.90%	18.40%	13.60%
2022	11.30%	27.60%	17.60%	20.10%	23.40%

2.4 中国创业投资项目的首轮投资和后续投资

2022 年，中国创业投资项目的首轮投资和后续投资②占比分别为 64.1% 和 35.9%。与 2021 年相比，首轮投资从 61.3% 上升至 64.1%；后续投资从 38.7% 下降到 35.9%。总体来看，2022 年我国创业投资机构仍然以发现新项目的首轮投资为主（表 2–19、图 2–10）。

表 2–19 中国创业投资项目的首轮投资和后续投资占比（2013—2022 年）

类别	2013 年	2014 年	2015 年	2016 年	2017 年	2018 年	2019 年	2020 年	2021 年	2022 年
首轮投资	77.5%	68.1%	62.7%	69.0%	72.7%	70.9%	70.3%	64.3%	61.3%	64.1%
后续投资	22.5%	31.9%	37.3%	31.0%	27.3%	29.1%	29.7%	35.7%	38.7%	35.9%

① 有效样本数为 239 份。

② 有效样本数为 2101 份。

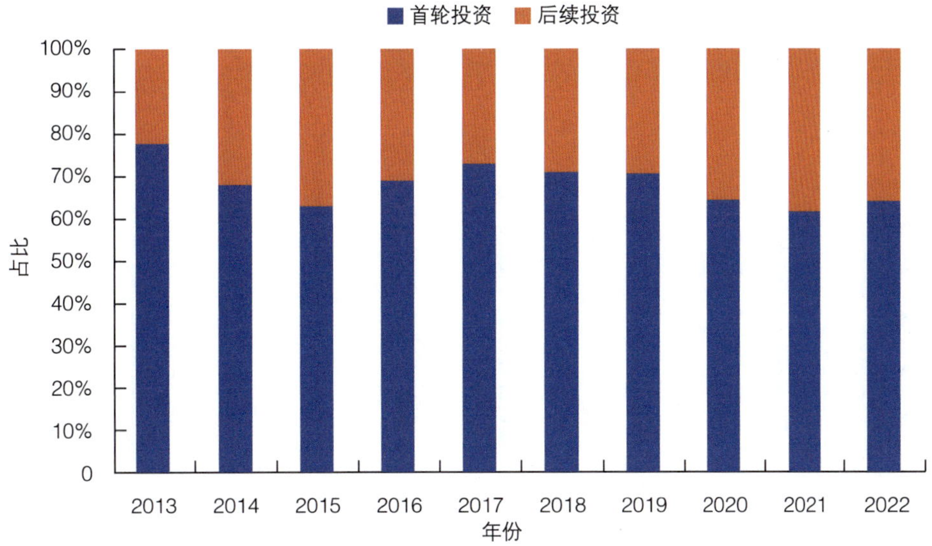

图 2-10　中国创业投资项目的首轮投资和后续投资占比（2013—2022 年）

2.5　中国创业投资机构持股结构

2022 年，中国创业投资机构的持股结构[①] 仍然以参股为主，且小额投资占比不断提升，持股比例在 10% 以下的项目占比达到 83.16%，高于 2021 年水平（表 2-20、图 2-11）。

表 2-20　中国创业投资机构持股结构分布（2013—2022 年）

年份	10% 以下	10% ~ 20%	20% ~ 30%	30% ~ 40%	40% ~ 50%	50% 以上
2013	50.32%	25.60%	11.60%	4.40%	2.88%	5.20%
2014	50.79%	26.43%	9.30%	5.55%	4.60%	3.33%
2015	63.47%	21.88%	6.10%	2.96%	2.14%	3.46%
2016	66.97%	19.16%	5.03%	3.29%	2.41%	3.13%
2017	68.57%	18.12%	5.67%	3.11%	2.20%	2.33%
2018	66.98%	16.88%	5.77%	3.40%	2.42%	4.56%
2019	69.96%	17.54%	5.42%	2.54%	1.71%	2.83%
2020	78.82%	12.17%	3.30%	1.84%	1.41%	2.47%
2021	80.82%	11.47%	2.79%	1.62%	1.41%	1.88%
2022	83.16%	9.05%	2.62%	1.73%	1.36%	2.07%

① 有效样本数为 2940 份。

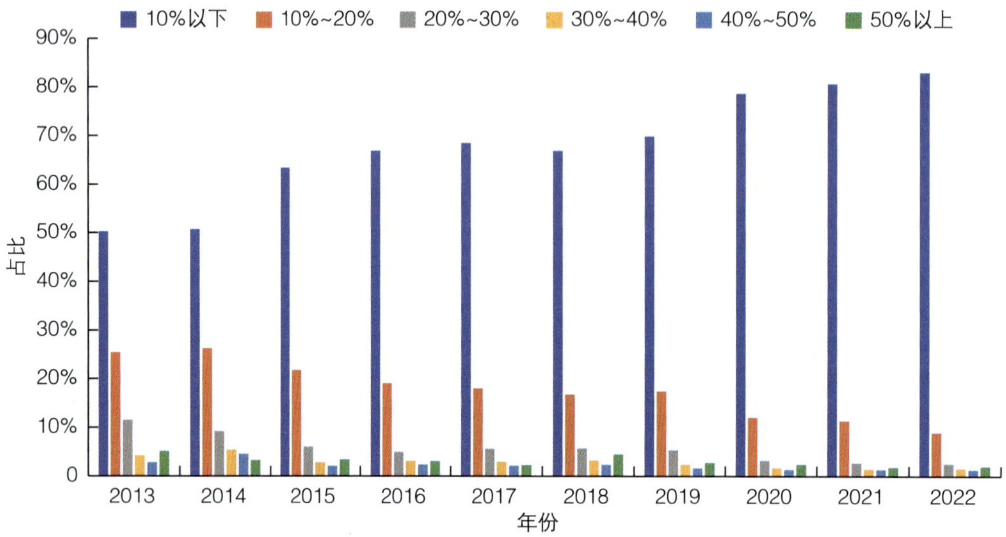

图 2-11　中国创业投资机构持股结构分布（2013—2022 年）

2.6　中国创业投资项目平均 R&D 投入

2.6.1　中国创业投资行业的平均 R&D 投入

从整体看，2022 年中国创业投资行业对不同行业投资项目的平均 R&D 投入较 2021 年有所提升。新能源、高效节能技术从 2021 年的 5271.67 万元提升了一倍多，增至 2022 年的 11 970.24 万元。科技服务、IT 服务业、批发和零售业的研发投入均较 2021 年有所上升。但半导体行业和生物科技 2 个行业的 R&D 投入较 2021 年大幅下降，分别从 8759.36 万元和 8753.84 万元下降至 3630.89 万元和 2630.32 万元（表 2-21）[①]。

表 2-21　中国创业投资不同行业的平均 R&D 投入（2020—2022 年）　单位：万元

行业	平均 R&D 投入		
	2020 年	2021 年	2022 年
新能源、高效节能技术	6398.20	5271.67	11 970.24
科技服务	3619.71	3274.72	4896.02
IT 服务业	6363.27	3825.51	4879.41
批发和零售业	1632.13	1462.88	4596.00
半导体	12 528.30	8759.36	3630.89

① 2022 年有效样本数为 649 份。

续表

行业	平均 R&D 投入		
	2020 年	2021 年	2022 年
医药保健	3666.82	3275.99	3528.34
其他制造业	2288.56	2344.46	3388.11
通信设备	2803.92	2481.43	3013.99
生物科技	8463.03	8753.84	2630.32
新材料工业	1831.73	1598.72	2352.54
软件产业	5746.88	3433.81	2339.85
计算机硬件产业	3411.80	3056.33	2043.02
传统制造业	3967.75	3353.24	1847.50
光电子与光机电一体化	1677.15	1536.53	1773.74
环保工程	544.08	688.09	1493.50
网络产业	1974.13	1908.97	1482.80
消费产品和服务	590.69	836.24	1367.13
建筑业	778.91	1057.70	704.00
传播与文化娱乐	173.06	285.67	650.34
其他 IT 产业	1384.58	1368.55	606.18
农林牧副渔	1271.14	1299.32	591.84
交通运输仓储和邮政业	347.00	370.95	233.60
社会服务	1946.02	1876.15	12.61

2.6.2 中国创业投资概念板块的平均 R&D 投入

从概念板块看，2022 年，绿色经济板块的平均 R&D 投入最多，达到 11 777.51 万元。较 2021 年投入增长的板块还有金融科技，从 2021 年的 2149.75 万元提升至 3026.15 万元。互联网教育、人工智能两个板块的研发投入较 2021 年下降幅度较大（表 2–22）[①]。

① 2022 年有效样本数为 207 份。

表 2-22　中国创业投资不同概念板块的平均 R&D 投入（2020—2022 年）　单位：万元

概念板块	平均 R&D 投入		
	2020 年	2021 年	2022 年
互联网教育	540.31	4399.66	152.86
人工智能	3364.09	4301.15	2859.49
物联网与大数据	1303.08	3377.54	3146.59
绿色经济	3941.25	2598.88	11 777.51
金融科技	1708.21	2149.75	3026.15
一二三产融合	249.86	1014.88	1173.33
共享经济	5109.76	195.33	65.31

2.6.3　中国创业投资不同成长阶段的平均 R&D 投入

2022 年，种子期、起步期、成长（扩张）期项目的平均 R&D 投入全部较 2021 年下降，仅有处于成熟（过渡）期的平均 R&D 投入较 2021 年有所上升，从 2021 年的 20 548.34 万元上升至 22 708.96 万元（表 2–23）①。

表 2-23　中国创业投资不同成长阶段的平均 R&D 投入（2020—2022 年）　单位：万元

阶段	平均 R&D 投入		
	2020 年	2021 年	2022 年
种子期	524.31	1318.52	900.92
起步期	2387.85	1917.60	1797.75
成长（扩张）期	3884.72	5051.14	3856.48
成熟（过渡）期	31 132.30	20 548.34	22 708.96
重建期	1335.00	1279.61	—

2.7　影响投资效果的政策因素

2022 年，共有 2739 家机构填写了“影响 2022 年投资效果的主要因素”。其中，有 34.2% 的机构认为疫情管控政策是影响当年投资效果的最重要因素，有 27.5% 的机构认

① 有效样本数为 716 份。

为资本市场政策影响了投资效果，21% 的机构选择了监管政策因素，有 6.7% 的机构认为美国的投资审查政策影响了投资效果（图 2–12）。

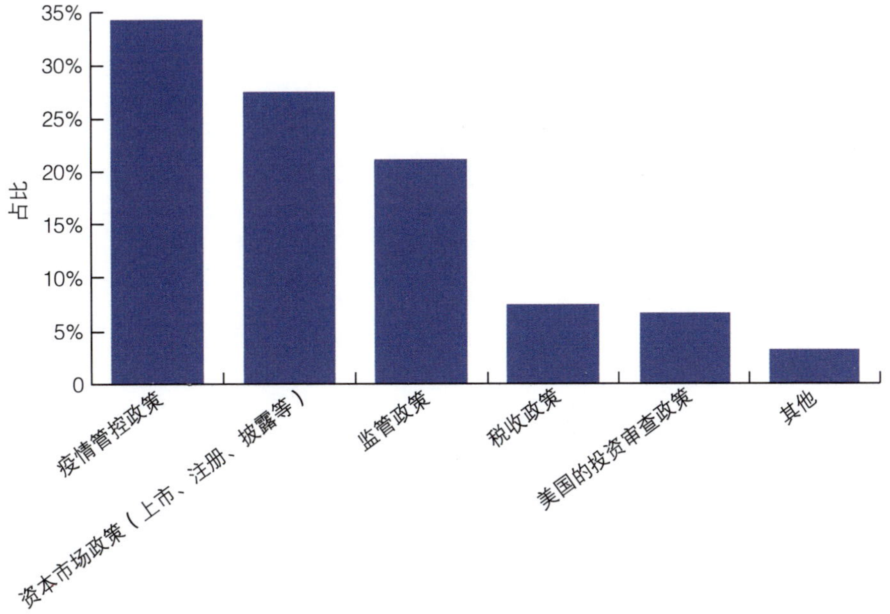

图 2–12　影响 2022 年投资效果的主要因素

3

中国创业投资的退出

3.1 中国创业投资退出的基本情况①

2022年，中国经济保持增长，发展质量稳步提升，全年国内生产总值突破120万亿元。2022年末，A股上市公司数量达到5067家，合计总市值约87.75万亿元，规模稳居全球第二。全年合计实现营业收入71.53万亿元，同比增长7.2%；实现净利润5.63万亿元，同比增长0.8%。

2022年，中国创业投资行业共披露了1178个退出项目，较2021年下降了9.1%。从退出项目实现的收入分布情况来看，收入在2000万元以上的退出项目占31.7%，较上年度增加了4.2个百分点；收入在1000万～2000万元的退出项目占17.1%，较上年度增加了3.4个百分点；而收入在1000万元以下的退出项目占比较上年度有所降低，这表明2022年创投市场早期项目的退出数量和规模有所下滑（表3-1、图3-1）。

表3-1 中国创业投资项目的退出收入分布（2013—2022年）

年份	100万元以下	100万～500万元	500万～1000万元	1000万～2000万元	2000万元以上
2013	21.8%	19.8%	10.6%	11.8%	35.9%
2014	15.7%	24.7%	14.4%	12.7%	32.4%
2015	10.3%	22.4%	13.8%	19.3%	34.2%
2016	16.8%	22.3%	15.3%	16.2%	29.3%
2017	15.3%	23.3%	12.6%	17.6%	31.2%
2018	12.7%	24.6%	12.5%	15.9%	34.3%

① 有效样本数为1131份。

续表

年份	100 万元以下	100 万～500 万元	500 万～1000 万元	1000 万～2000 万元	2000 万元以上
2019	15.9%	24.4%	14.6%	14.0%	31.0%
2020	16.8%	23.7%	15.6%	16.2%	27.7%
2021	16.6%	24.7%	17.5%	13.7%	27.5%
2022	12.0%	24.6%	14.6%	17.1%	31.7%

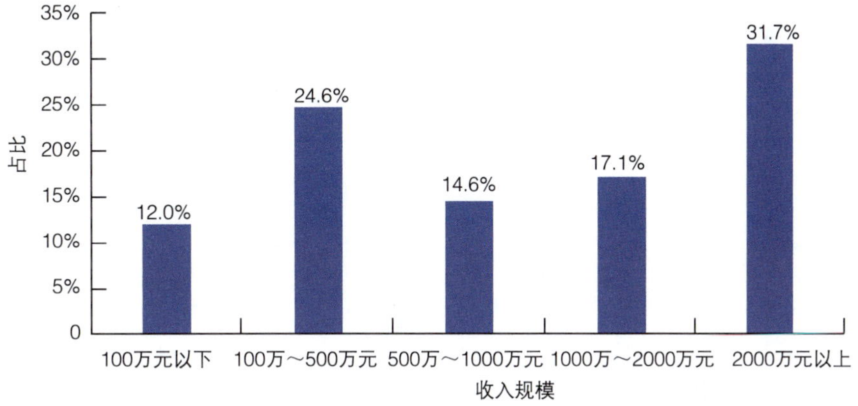

图 3-1 中国创业投资项目的退出收入分布（2022 年）

3.2 中国创业投资的退出方式①

3.2.1 中国创业投资的主要退出方式

按照退出方式划分（表 3-2、图 3-2），2022 年创业投资机构中通过上市方式实现退出的占比为 23.86%，比 2021 年增加了 4.35 个百分点。相对而言，回购交易仍然是退出的主要渠道，占比高达 51.09%，与上一年度基本持平。自 2020 年以来，并购退出情况持续萎靡，2022 年创投行业并购退出占比进一步下降至 11.03%。

表 3-2 中国创业投资的退出方式分布（2013—2022 年）

年份	上市	并购	回购	清算	新三板
2013	24.33%	23.75%	44.83%	4.60%	2.49%
2014	20.72%	36.02%	36.02%	4.83%	2.41%
2015	15.51%	31.02%	37.52%	6.50%	9.45%

① 有效样本数为 1006 份。

续表

年份	上市	并购	回购	清算	新三板
2016	17.32%	29.67%	40.14%	8.06%	4.80%
2017	13.66%	32.65%	34.84%	8.88%	9.97%
2018	16.23%	32.99%	39.22%	9.87%	1.69%
2019	16.75%	27.43%	42.30%	10.99%	2.51%
2020	19.28%	25.77%	39.73%	10.90%	4.32%
2021	19.51%	14.98%	51.31%	12.20%	2.00%
2022	23.86%	11.03%	51.09%	12.03%	1.99%

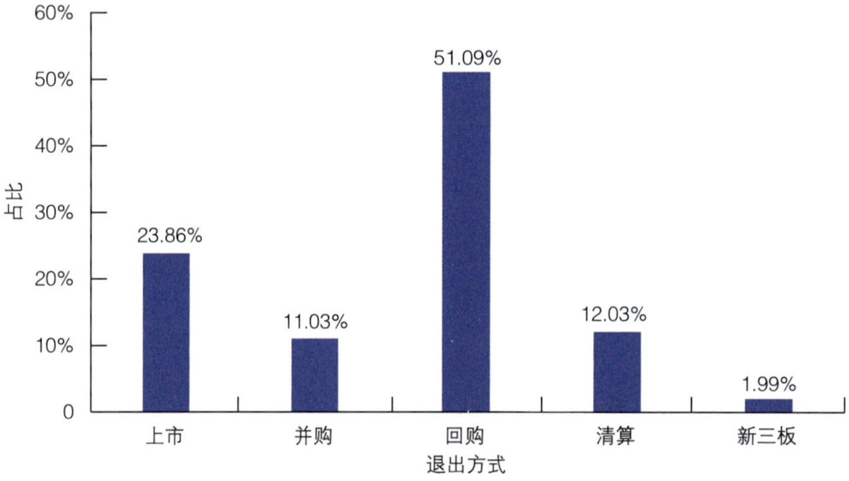

图 3-2　中国创业投资的退出方式分布（2022 年）

3.2.2　中国创业投资的 IPO 退出情况

2022 年，我国资本市场跨过“三十而立”，实现了从无到有、从小到大，进入高质量发展的新阶段，机制建设加速完善，中介机构职责、投资者结构、退市机制与行政执法等一整套制度体系全面铺开，上市注册制在全市场全面实施，为创业投资的退出提供了良好的外部环境。2022 年境内科创板上市成为创业投资企业 IPO 退出的主要渠道，占比高达 44.40%，比 2021 年大幅增加了 13.12 个百分点①。此外，受国际环境影响，2022 年调查的

① 从退出结构看，科创板的快速发展对于创业风险投资行业具有深远的影响，尤其在提高硬科技项目退出率方面效果显著。科创板是专门服务科技创新企业的股票市场，它降低了科技创新企业的上市门槛，为这些企业提供了更多的融资机会。科创板的市场价格发现机制也能够更好地反映科技创新企业的真实价值，科创板的推出和注册制的率先试点吸引了更多的投资者参与科技创新企业的股票交易，从而大大提高了市场的流动性，使得创业风险投资机构能够通过股票转让等方式更便利地退出对硬科技项目的投资，有助于提高硬科技项目的投资退出率。

创投机构无境外上市退出的项目（表 3–3、图 3–3）。

表 3–3　中国创业投资 IPO 退出的市场分布（2013—2022 年）[①]

年份	境内主板上市	境内创业板上市	境内中小板上市	境内科创板上市	境外上市	北交所上市
2013	21.26%	40.94%	30.71%	0	7.09%	—
2014	22.33%	42.72%	21.36%	0	13.59%	—
2015	48.48%	28.28%	16.16%	0	7.07%	—
2016	48.51%	29.70%	18.81%	0	2.97%	—
2017	31.31%	15.15%	48.48%	0	5.05%	—
2018	49.60%	29.60%	9.60%	0	11.20%	—
2019	51.23%	28.40%	12.96%	1.23%	6.17%	—
2020	42.99%	24.77%	9.81%	18.69%	3.74%	—
2021	36.02%	29.86%	0	31.28%	0	2.84%
2022	25.43%	28.01%	0	44.40%	0	2.16%

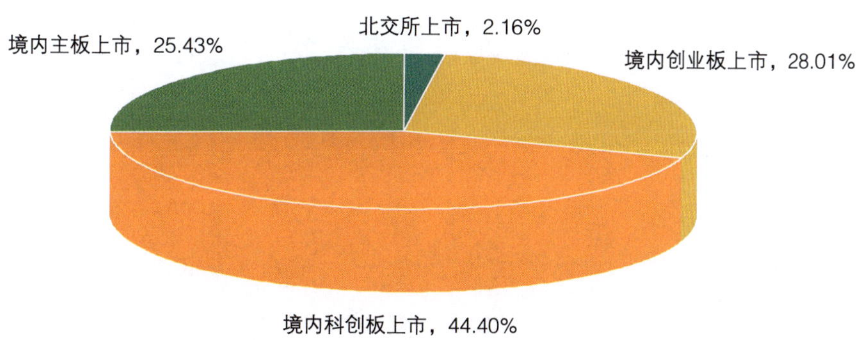

图 3–3　中国创业投资 IPO 退出的市场分布（2022 年）

3.3　中国创业投资退出项目的行业分布[②]

从一级行业划分情况看（表 3–4），2022 年中国创业投资退出项目的行业分布与往年基本保持稳定。其中，半导体行业的投资成为热点，2022 年退出占比达到 7.1%（20 年来的最大值），同比增长了 3.9 个百分点，这也得益于资本市场对于半导体等典型硬科技企业上市的支持。此外，环保工程，网络产业，新材料工业，新能源、高效节能技术，医药保健，

① 有效样本数为 232 份。

② 有效样本数为 1307 份。

其他制造业等行业的退出项目占比有所上升，其他行业和领域的退出占比略有下降。

表 3-4　中国创业投资退出项目的行业分布（2013—2022 年）①

行业	2013 年	2014 年	2015 年	2016 年	2017 年	2018 年	2019 年	2020 年	2021 年	2022 年
IT 服务业	3.7%	3.9%	5.0%	3.50%	3.5%	6.4%	6.1%	4.4%	6.0%	5.2%
半导体	2.4%	2.0%	0.9%	2.9%	3.7%	3.2%	3.4%	4.5%	3.2%	7.1%
采掘业	0.4%	0.6%	0.3%	0	0.4%	0.1%	0.1%	0.1%	0.1%	0
传播与文化娱乐	2.7%	5.5%	2.3%	5.9%	3.9%	5.0%	5.0%	3.5%	3.4%	2.1%
传统制造业	17.5%	12.2%	9.3%	8.5%	8.3%	8.9%	7.5%	7.4%	6.8%	5.7%
光电子与光机电一体化	6.7%	4.3%	4.7%	2.8%	3.2%	2.4%	2.2%	3.5%	2.5%	2.2%
核应用技术	0.2%	0.2%	0.3%	0	0.1%	0	0	0	0.1%	0.1%
环保工程	2.4%	4.1%	3.2%	4.7%	4.1%	1.9%	1.7%	2.4%	2.6%	3.0%
计算机硬件产业	2.0%	2.6%	1.1%	1.6%	1.0%	1.9%	1.8%	1.6%	1.3%	1.2%
金融保险业	3.9%	1.8%	2.9%	1.6%	2.4%	3.9%	2.8%	2.1%	1.7%	1.7%
科技服务	0.6%	1.2%	2.8%	2.4%	3.5%	3.7%	2.9%	4.1%	5.0%	3.6%
农林牧副渔	3.7%	4.3%	3.2%	3.3%	2.8%	1.1%	1.5%	1.9%	1.1%	1.0%
批发和零售业	0.6%	1.4%	0.9%	0.7%	0.4%	1.1%	1.2%	0.8%	1.1%	0.9%
其他 IT 产业	1.2%	1.8%	1.4%	1.6%	2.5%	2.2%	1.0%	0.5%	1.4%	0.4%
其他行业	3.9%	8.7%	7.3%	12.5%	11.1%	7.2%	9.3%	12.1%	12.7%	11.4%
软件产业	4.1%	5.9%	7.0%	6.1%	8.1%	5.8%	6.9%	8.0%	6.9%	6.1%
生物科技	4.9%	1.6%	3.8%	2.8%	3.5%	3.5%	3.6%	4.9%	6.7%	5.5%
通信设备	2.9%	5.3%	3.2%	3.6%	3.4%	3.9%	2.0%	2.5%	1.1%	2.0%
网络产业	2.5%	4.7%	6.9%	4.7%	4.2%	5.8%	6.4%	5.2%	4.8%	5.7%
消费产品和服务	2.2%	1.6%	2.3%	1.9%	2.0%	3.2%	4.0%	3.4%	3.9%	2.7%
新材料工业	6.9%	6.3%	6.1%	7.5%	6.3%	7.8%	5.6%	3.9%	6.2%	6.9%
新能源、高效节能技术	6.7%	4.7%	6.1%	5.2%	5.3%	5.1%	4.7%	5.4%	4.1%	4.8%
医药保健	7.6%	6.7%	5.5%	8.0%	3.8%	6.5%	7.4%	5.9%	6.4%	6.6%
房地产业	0.8%	0.4%	0.8%	0.2%	0.3%	0.4%	0.2%	0.2%	0.2%	0.7%
建筑业	0.2%	1.8%	1.2%	1.7%	1.8%	1.2%	0.8%	1.0%	0.7%	1.0%

① 本表格涉及样本数为 1128 份。

续表

行业	2013 年	2014 年	2015 年	2016 年	2017 年	2018 年	2019 年	2020 年	2021 年	2022 年
交通运输仓储和邮政业	0.4%	0.8%	1.4%	0.3%	1.0%	0.8%	0.8%	0.5%	1.1%	0.1%
其他制造业	8.2%	4.1%	7.5%	4.7%	6.5%	5.4%	9.2%	8.7%	7.5%	11.4%
社会服务	0.8%	1.4%	1.5%	1.6%	2.4%	1.1%	1.6%	1.4%	1.1%	0.7%
水电煤气	0	0.2%	0.2%	0	0.4%	0.3%	0.2%	0.3%	0.3%	0.4%

从二级细分行业来看（表 3–5），2022 年退出的行业主要集中在半导体、新材料工业、医药保健、软件产业、网络产业、传统制造业、生物科技、IT 服务业等行业，占比分别为 7.09%、6.91%、6.56%、6.12%、5.67%、5.67%、5.50%、5.23%，这主要源于我国基础设施条件良好、整体投资环境稳定、制造业生产要素齐全，同时产业数字化趋势明显，半导体、软件等领域企业具有良好的盈利能力和成长空间。

表 3–5　中国创业投资退出项目的行业分布（2022 年）

行业	分布比例
其他行业	11.44%
其他制造业	11.35%
半导体	7.09%
新材料工业	6.91%
医药保健	6.56%
软件产业	6.12%
网络产业	5.67%
传统制造业	5.67%
生物科技	5.50%
IT 服务业	5.23%
新能源、高效节能技术	4.79%
科技服务	3.63%
环保工程	3.01%
消费产品和服务	2.66%
光电子与光机电一体化	2.22%

续表

行业	分布比例
传播与文化娱乐	2.13%
通信设备	1.95%
金融保险业	1.68%
计算机硬件产业	1.15%
建筑业	0.98%
农林牧副渔	0.98%
批发和零售业	0.89%
房地产业	0.71%
社会服务	0.71%
其他 IT 产业	0.44%
水电煤气	0.35%
核应用技术	0.09%
交通运输仓储和邮政业	0.09%

3.4 中国创业投资退出项目的地区分布①

近年来，中国创业投资退出项目的地区分布总体上没有明显波动，与创业投资机构投资分布情况较为一致，区域集聚效应明显。因东部地区创业投资发展相对成熟，投资项目较多，退出项目占比也较高，其中江苏、浙江、广东、北京、上海等地区退出项目占比长期处于领先地位。

2022 年，退出项目占比排名前 10 的地区合计占比为 81.19%，较上一年度（85.41%）下降 4.22 个百分点（表 3-6、图 3-4）。值得注意的是，黑龙江近 10 年来第一次进入创业投资退出项目占比前 10 名地区（占比为 2.81%）。

① 有效样本数为 1128 份。

表 3-6　中国创业投资退出项目的地区分布前 10 名（2012—2022 年）

2012年	地区	江苏	浙江	广东	湖北	北京	上海	河北	天津	安徽	湖南
	占比	35.6%	9.8%	8.4%	7.6%	7.3%	5.4%	3.8%	3.8%	3.8%	3.5%
2013年	地区	江苏	浙江	上海	广东	北京	天津	安徽	山东	湖北	重庆
	占比	35.0%	10.6%	8.1%	7.7%	5.4%	5.2%	3.3%	3.1%	2.9%	2.7%
2014年	地区	江苏	浙江	广东	上海	北京	湖北	辽宁	湖南	山东	天津
	占比	20.4%	13.5%	13.3%	10.2%	9.8%	3.8%	3.3%	3.1%	2.9%	2.7%
2015年	地区	江苏	北京	浙江	广东	上海	河南	安徽	天津	湖北	四川
	占比	24.3%	13.2%	10.4%	8.6%	5.3%	4.2%	4.2%	4.1%	3.6%	3.1%
2016年	地区	江苏	浙江	北京	广东	上海	山东	天津	安徽	福建	湖南
	占比	29.7%	12.7%	11.8%	8.0%	6.1%	4.3%	4.0%	3.5%	2.9%	2.8%
2017年	地区	江苏	广东	浙江	北京	上海	湖南	山东	福建	重庆	湖北
	占比	20.08%	11.44%	10.88%	8.51%	7.67%	4.32%	3.91%	3.77%	3.63%	3.49%
2018年	地区	江苏	浙江	广东	北京	上海	湖南	福建	安徽	山东	四川
	占比	17.20%	13.04%	12.90%	11.16%	6.85%	5.11%	4.97%	3.49%	3.36%	3.09%
2019年	地区	江苏	浙江	广东	上海	北京	湖南	福建	安徽	湖北	天津
	占比	22.99%	14.00%	13.58%	8.67%	7.42%	3.97%	3.87%	3.13%	2.82%	2.72%
2020年	地区	江苏	浙江	上海	广东	北京	安徽	山东	陕西	福建	湖北
	占比	20.03%	16.10%	10.41%	9.80%	8.05%	4.64%	4.46%	4.11%	3.67%	3.32%
2021年	地区	江苏	浙江	北京	广东	上海	山东	湖北	湖南	陕西	福建
	占比	19.92%	19.92%	10.95%	9.13%	6.62%	5.48%	4.94%	3.73%	2.59%	2.13%
2022年	地区	江苏	浙江	广东	上海	北京	山东	湖北	湖南	黑龙江	陕西
	占比	17.96%	16.85%	14.21%	9.28%	7.66%	4.00%	2.89%	2.81%	2.81%	2.72%

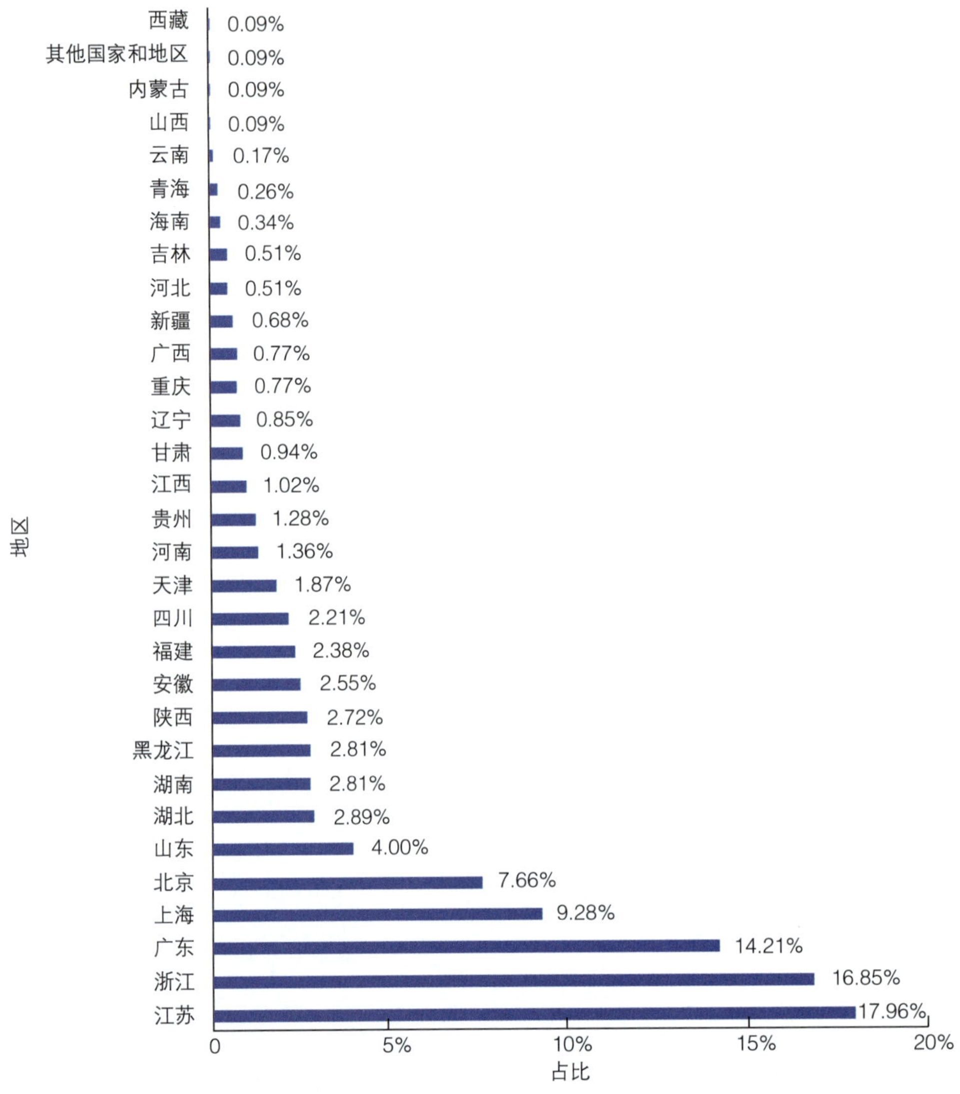

图 3-4 中国创业投资退出项目的地区分布（2022 年）

3.5 中国创业投资项目的退出绩效

3.5.1 中国创业投资项目退出的总体绩效表现

2022 年，全市场注册制正式实施，资本市场改革持续全面深化，科创板继续保持强劲的发展势头，进一步扩大容量，更多科技型企业得以在公众视野中崭露头角。北京证券交易所的改革和制度的不断完善，对于上市企业的审核流程进行了优化，监管机构对于市场的规范和监督使得北京证券交易所能够在一个健康、稳定的环境中发展。在此背景下，2022 年全行业的项目退出收益率达到 169.80%，较 2021 年（114.87%）增加 54.93 个百分点。2022 年，全行业投资退出步伐有所放缓，项目平均退出时间为 6.46 年（图 3–5）；行业年均收益率为 25.99%，比 2021 年增加 3.15 个百分点（表 3–7）。

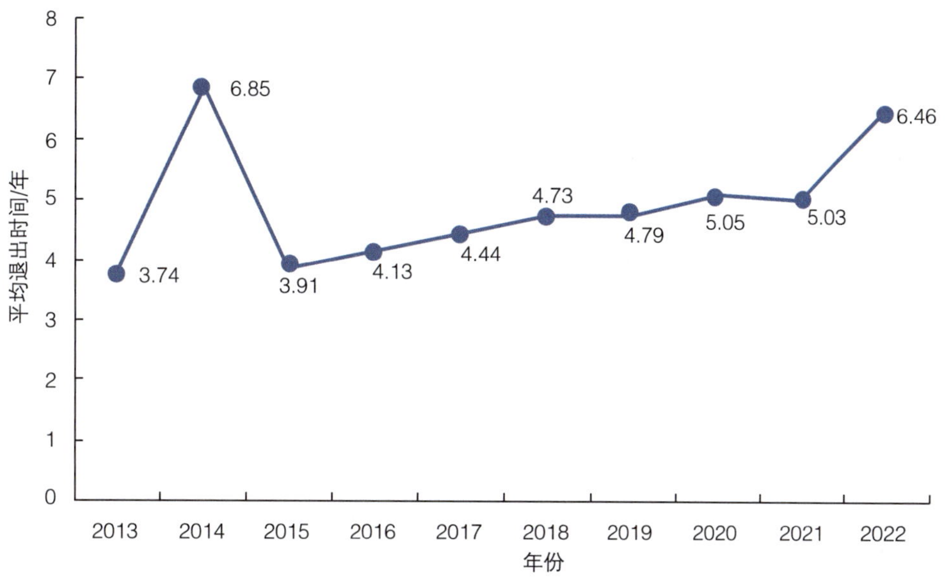

图 3–5　中国创业投资项目平均退出时间（2013—2022 年）

表 3–7　中国创业投资项目退出的投资收益率（2013—2022 年）①

类别	2013 年	2014 年	2015 年	2016 年	2017 年	2018 年	2019 年	2020 年	2021 年	2022 年
总体收益率	117.70%	123.00%	260.18%	225.73%	243.35%	205.78%	236.01%	159.28%	114.87%	169.80%
年均收益率	13.85%	23.46%	32.39%	29.69%	38.33%	31.12%	41.51%	24.13%	22.84%	25.99%

创业投资项目的退出收益率分布显示（表 3–8、图 3–6）：2022 年创业投资机构发生亏损的退出项目占比为 49.2%，较 2021 年的 54.9% 下降 5.7 个百分点。此外，与 2021 年相比，收益率在亏损和 15% ~ 20% 的项目占比有所减少，但是收益率在 0 ~ 15%、20% ~ 50%、50% ~ 100% 及 100% 以上的项目有所增加。

① 有效样本数为 7713 份。

表 3-8　中国创业投资项目退出收益率分布（2013—2022 年）[①]

年份	亏损	0 ~ 15%	15% ~ 20%	20% ~ 50%	50% ~ 100%	100% 以上
2013	67.1%	2.4%	2.7%	8.7%	2.2%	16.9%
2014	56.9%	4.7%	4.1%	9.4%	11.6%	13.3%
2015	48.9%	12.1%	3.5%	11.8%	7.4%	16.2%
2016	57.0%	9.7%	2.6%	9.9%	5.8%	15.1%
2017	53.0%	7.5%	3.1%	9.4%	7.7%	19.3%
2018	45.9%	8.0%	2.3%	13.6%	11.2%	19.0%
2019	51.3%	10.0%	2.7%	13.6%	6.4%	16.0%
2020	52.3%	7.8%	3.1%	12.4%	7.0%	17.4%
2021	54.9%	6.9%	2.7%	10.8%	7.5%	17.2%
2022	49.2%	9.3%	2.0%	12.7%	8.2%	18.7%

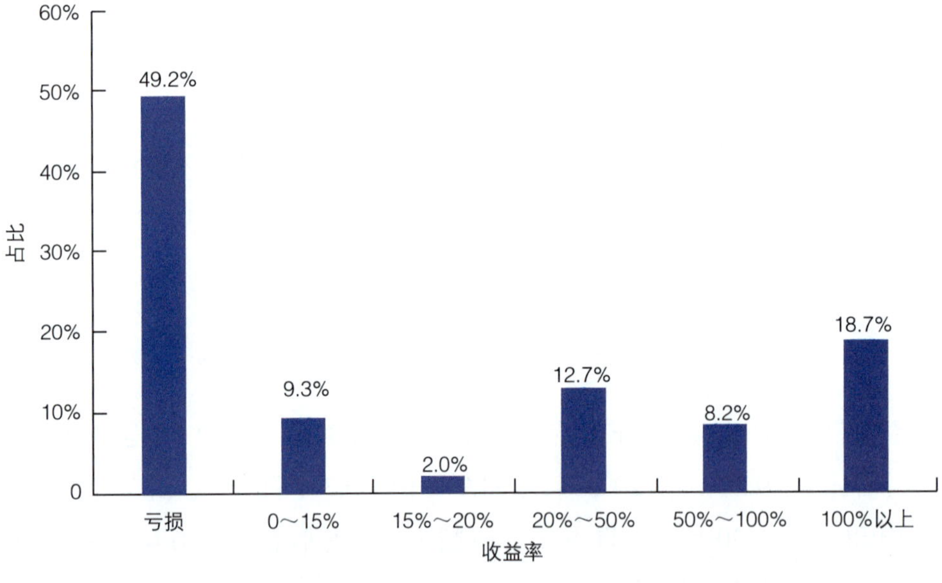

图 3-6　中国创业投资项目退出收益率分布（2022 年）

3.5.2　中国创业投资不同退出方式的绩效表现

总体上看，上市退出仍是收益率最高的退出方式，2022 年平均账面退出回报率达到 4.03 倍。相较而言，并购、新三板的退出收益率有所降低，回购的退出收益率有所提升，值得注意的是，出现清算的项目亏损率大幅减少至 -12.16%（表 3-9、图 3-7）。

① 有效样本数为 1178 份。

表 3-9　中国不同渠道的创业投资退出项目总体收益率（2013—2022 年）[①]

年份	回购	清算	上市	并购	新三板
2013	−33.91%	−43.47%	448.03%	15.27%	89.79%
2014	−6.93%	−34.43%	601.66%	63.53%	27.23%
2015	19.01%	−15.60%	779.27%	136.27%	16.86%
2016	−1.37%	−43.62%	891.14%	144.08%	251.10%
2017	−0.67%	−38.91%	603.08%	159.84%	50.34%
2018	9.50%	−18.49%	318.39%	90.46%	164.70%
2019	23.85%	−22.95%	594.25%	75.42%	−0.07%
2020	30.12%	−9.58%	473.86%	75.34%	27.91%
2021	31.16%	−25.28%	322.76%	110.38%	49.81%
2022	39.83%	−12.16%	403.73%	80.89%	3.53%

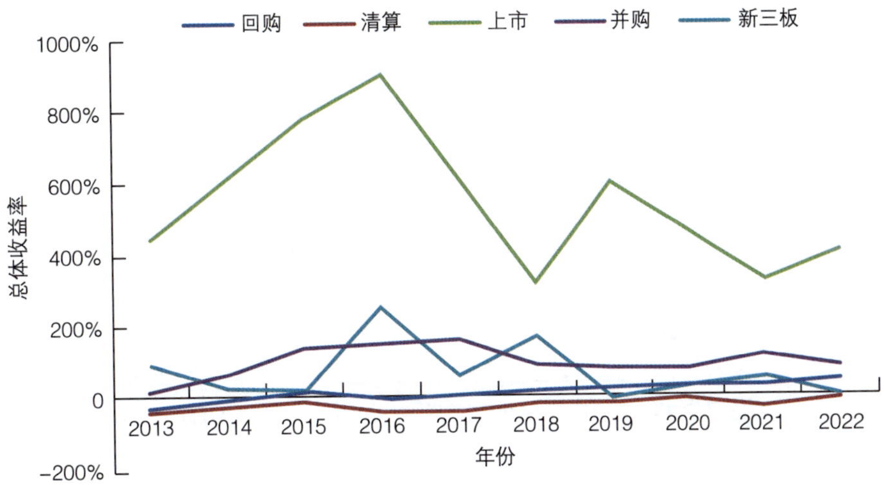

图 3-7　中国不同渠道的创业投资退出项目总体收益率（2013—2022 年）

从历年各渠道退出项目的平均收益率情况来看，多数年份上市是收益最高的退出方式，由于 2022 年的退出时间较长，年均收益率为 66.94%。伴随着注册制的全面实施和 A 股的持续扩容，从长远来看上市退出收益率会逐步降低；随着新三板制度的改革和创新层向北交所转板的制度创新，新三板交易活跃度上升，新三板也可以作为创投项目较为稳定的退出通道（表 3-10、图 3-8）。

① 有效样本数为 6691 份。

表 3-10　中国不同渠道的创业投资退出项目年均收益率（2013—2022 年）[①]

年份	上市	并购	回购	清算	新三板
2013	73.36%	2.71%	−19.23%	−8.26%	−0.90%
2014	107.19%	17.41%	−4.22%	−11.48%	12.93%
2015	114.38%	44.72%	4.05%	−2.00%	6.10%
2016	120.35%	37.58%	0.38%	−10.66%	43.89%
2017	129.72%	66.89%	−5.41%	−9.54%	9.55%
2018	67.49%	25.49%	0.20%	−4.11%	27.73%
2019	71.89%	96.90%	3.98%	−4.43%	0.11%
2020	93.92%	16.46%	6.53%	−2.92%	5.25%
2021	64.88%	24.03%	4.66%	−5.91%	7.76%
2022	66.94%	16.58%	8.42%	−2.33%	3.14%

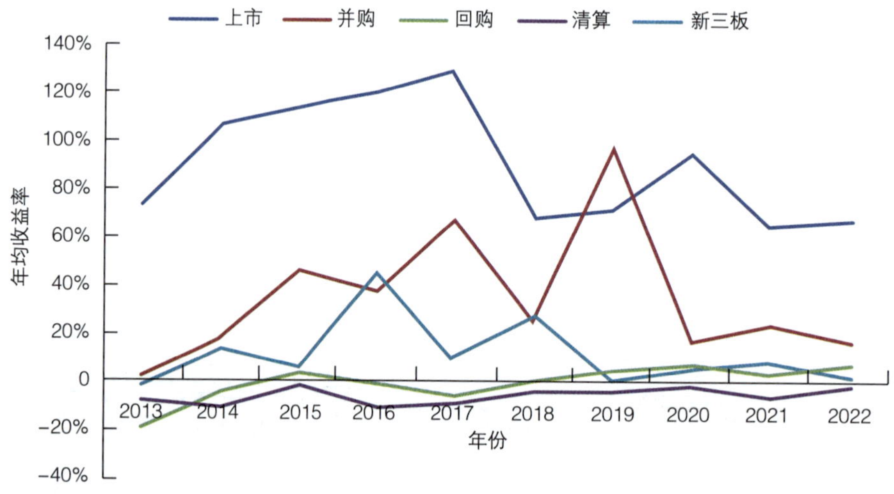

图 3-8　中国不同渠道的创业投资退出项目年均收益率（2013—2022 年）

3.5.3　中国创业投资不同行业退出的绩效表现

随着我国创业投资企业管理能力的逐步提升，无论是高新技术行业还是传统行业，退出的盈利项目占比都呈上升趋势。相比而言，高新技术行业在 2022 年较 2021 年增长 7.05 个百分点，且高新技术领域项目的盈利占比明显高于传统行业（表 3-11、图 3-9、表 3-12、图 3-10）。

① 有效样本数为 5609 份。

表 3-11 中国高新技术行业创业投资退出项目盈亏情况（2013—2022 年）[①]

类别	2013 年	2014 年	2015 年	2016 年	2017 年	2018 年	2019 年	2020 年	2021 年	2022 年
亏损	67.87%	52.76%	48.94%	55.10%	53.91%	46.84%	49.50%	50.58%	52.55%	45.50%
盈利	32.13%	47.24%	51.06%	44.90%	46.09%	53.16%	50.50%	49.42%	47.45%	54.50%

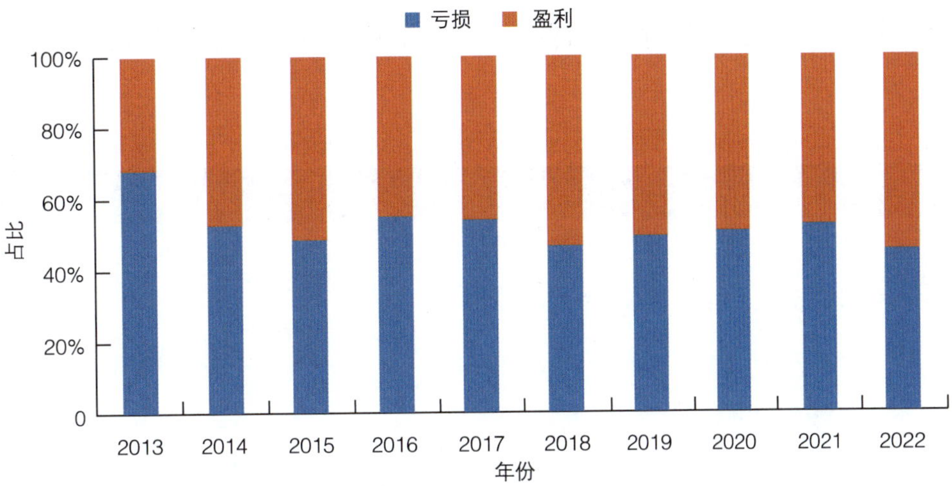

图 3-9 中国高新技术行业创业投资退出项目盈亏情况（2013—2022 年）

表 3-12 中国传统行业创业投资退出项目盈亏情况（2013—2022 年）[②]

类别	2013 年	2014 年	2015 年	2016 年	2017 年	2018 年	2019 年	2020 年	2021 年	2022 年
亏损	64.36%	61.44%	50.00%	59.73%	53.79%	49.03%	53.00%	54.35%	59.13%	54.08%
盈利	35.64%	38.56%	50.00%	40.27%	46.21%	50.97%	47.00%	45.65%	40.87%	45.92%

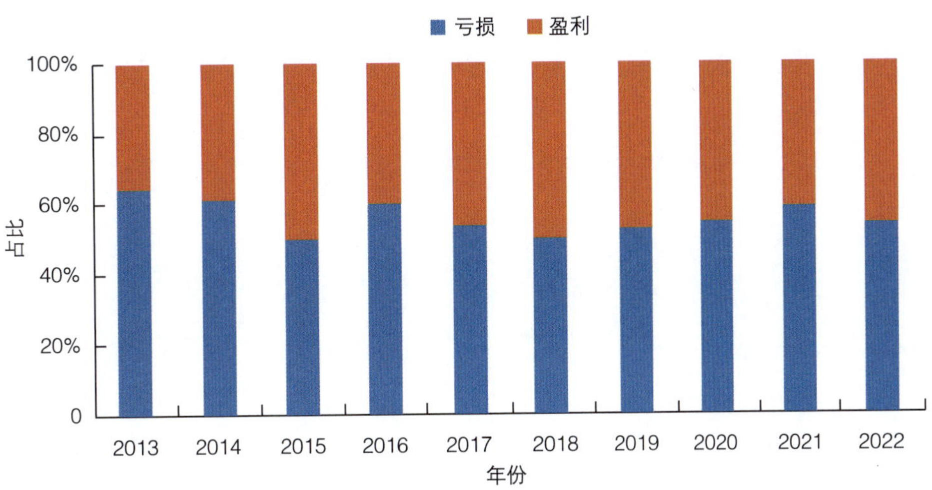

图 3-10 中国传统技术行业创业投资退出项目盈亏情况（2013—2022 年）

① 有效样本数为 655 份。

② 有效样本数为 526 份。

按细分行业划分，2022 年，新能源、高效节能技术项目的退出平均收益率达到 511.29%（表 3–13），随着碳达峰、碳中和理念的提出，新能源技术创新与颠覆性能源技术已经成为持续改变世界能源格局、开启全球各国碳中和行动的关键手段，预计新能源、高效节能技术行业将会迎来新一轮投资热潮，并给创投基金带来可观的退出回报。此外，生物科技行业的退出平均收益率达到 336.81%，随着全球范围内对健康和寿命的关注度不断提高，生物科技领域迎来了风险投资的青睐，也会获取较好的回报和较高的收益。

表 3–13　中国主要行业创业投资退出项目平均收益率（2022 年）[①]

行业	退出平均收益率
医药保健	147.49%
新能源、高效节能技术	511.29%
新材料工业	47.38%
消费产品和服务	26.35%
网络产业	–4.52%
通信设备	57.32%
水电煤气	112.94%
生物科技	336.81%
社会服务	–11.26%
软件产业	25.29%
其他制造业	114.19%
其他行业	74.42%
其他 IT 产业	–17.50%
批发和零售业	–30.33%
农林牧副渔	–10.22%
科技服务	41.06%
金融保险业	168.52%
交通运输仓储和邮政业	–35.89%
建筑业	–46.15%
计算机硬件产业	155.74%

① 有效样本数为 654 份。

续表

行业	退出平均收益率
环保工程	79.03%
核应用技术	0
光电子与光机电一体化	31.17%
房地产业	-55.73%
传统制造业	78.37%
传播与文化娱乐	-28.14%
半导体	180.94%
IT 服务业	55.39%

4

中国创业投资的绩效

4.1 中国创业投资机构的收入

4.1.1 中国创业投资机构的收入

2022 年，中国创业投资机构的投资相关业务总收入和平均收入分别为 297.22 亿元和 2529.53 万元[①]（图 4–1），与 2021 年相比总收入和平均收入均有大幅提高，主要源于当年发生的多笔大额股权转让退出。

4.1.2 中国创业投资机构的收入来源结构

2022 年，1008 家[②]创业投资机构披露了取得的投资收入情况。总体而言，超过一半机构获得了管理费收入，但最大的收入来源是股权转让收入。

① 超过一半机构获得管理费收入。2022 年，有 549 家机构获得管理费收入，占样本总量的 54.46%；有 453 家机构获得分红收入，占比为 44.94%；有 348 家机构获得股权转让收入，占比为 34.52%；有 156 家机构获得咨询费收入，占比为 15.48%；只有 39 家机构从基金清算中获得收入，占比仅为 3.87%。

② 股权转让为创业投资机构带来最大收入。股权转让收入额占机构全部投资相关收入的 55.46%；分红收入占全部投资相关收入的 28.65%，管理费和咨询费收入占比分别为 13.83% 和 1.35%，而来自基金清算的收入占比为 0.71%。

---

① 1180 家机构披露了收入相关信息，剔除异常值后，保留 1175 家机构投资相关收入数据，其中 1011 家机构有投资相关收入。

② 仅包括各项收入大于 0 的机构。

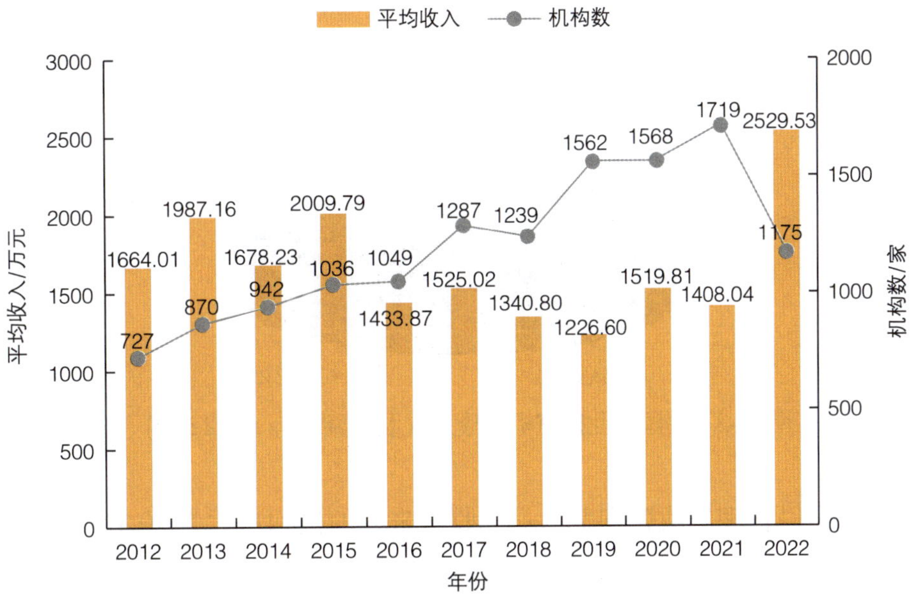

图 4-1 中国创业投资机构收入趋势（2012—2022 年）

③ 创业投资管理机构的收入来源以管理费和咨询费为主。共有 498 家创业投资管理机构披露了收入情况，其中 436 家获得管理费收入共计 40.61 亿元，110 家获得咨询费收入共计 3.91 亿元，81 家获得股权转让收入共计 52.90 亿元，148 家获得 20.29 亿元分红收入，19 家获得 0.20 亿元基金清算收入。

④ 创业投资基金的收入来源以股权和分红收入为主。共有 510 家创业投资基金披露了收入情况，其中 267 家主要由投资基金获得。获得股权转让收入共计 126.46 亿元，305 家获得分红收入共计 46.15 亿元，113 家获得管理费收入共计 4.13 亿元，46 家获得咨询费收入共计 0.47 亿元，20 家获得基金清算收入共计 2.09 亿元。

4.1.3 中国创业投资机构当年最大收入来源①

2022 年统计调查②显示，中国创业投资机构最大收入来源分布与往年相比未发生显著的结构变化③。

① 以股权转让为最大收入来源的创业投资机构占 28.9%，以分红为最大收入来源的创业投资机构占 22.2%；以管理费为最大收入来源的创业投资机构占 43.3%，以咨询费为最大收入来源的创业投资机构占 4.7%；以基金清算为最大收入来源的创业投资机构占 1.1%

① 有效样本数为 1059 份，若部分机构的一种以上收入比重并列最高，则会重复记入。

② 2020 年对机构收入分类进行了调整，不再区分主营业务收入和非主营业务收入，仅区分收入类别，在保留股权转让、分红、管理费和咨询费的基础上，增加基金清算，并对管理费和咨询费单独统计；取消了主营业务收入中的其他收入，单列其他收入。

③ 由于存在一种以上收入来源比重相同且均为最大的情况，最大收入来源占比合计大于 100%。

（图 4-2、表 4-1）。

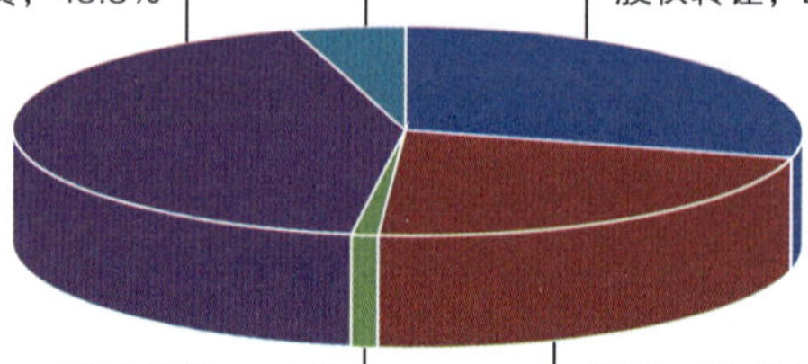

图 4-2 中国创业投资机构最大收入来源结构（2022 年）

② 管理公司中以管理费或咨询费为最大收入来源的机构占比为 80.32%，其中以管理费为最大收入来源的机构占比达到 74.30%，而以股权转让或分红为最大收入来源的机构占比不足 20%。相应以管理费为最大收入来源的机构中，有 84.86% 是管理公司。

③ 投资基金中以股权转让为最大收入来源的机构占比为 47.84%，以分红为最大收入来源的机构占比为 34.71%，以管理费或咨询费为最大收入来源的机构占比为 20.0%。相应以股权投资为最大收入来源的机构中，投资基金占比为 83.56%，管理公司占比不足 20%。

表 4-1 中国创业投资机构最大收入来源结构（2013—2022 年）

年份	股权转让	分红	管理费、咨询费	其他①
2013	37.1%	15.0%	27.4%	20.5%
2014	26.9%	19.1%	30.5%	23.5%
2015	27.8%	18.8%	35.9%	17.5%
2016	25.8%	17.6%	41.3%	15.3%
2017	22.2%	17.0%	44.3%	16.5%
2018	23.2%	20.4%	39.3%	17.2%
2019	23.9%	10.2%	59.7%	6.2%
2020	32.5%	21.8%	45.3%	0.4%
2021	30.2%	20.9%	48.0%	1.0%
2022	28.9%	22.2%	48.0%	1.1%

① 2020 年以来统计为以基金清算为最大收入来源的机构占比。

4.2 中国创业投资项目的收益情况

调查显示，2022 年中国创业风险投资机构披露了 2847 个项目投资情况[①]。

4.2.1 中国创业投资项目的主营业务收入[②]

与 2021 年相比，2022 年创业投资机构新增投资项目主营业务收入分布情况变化不大（表 4–2、图 4–3），新增投资项目的主营业务收入仍然呈“W”形分布。

① 3000 万元以上的项目和 500 万元以下的项目占比均有所提高，其中 5000 万元以上的项目占比提高到 40.0%。

② 500 万 ~ 1000 万元的项目和 1000 万 ~ 3000 万元的项目占比分别下降了 1.4 和 2.3 个百分点。

表 4–2 中国创业投资项目的主营业务收入分布（2013—2022 年）

年份	100 万元以下	100 万 ~ 500 万元	500 万 ~ 1000 万元	1000 万 ~ 3000 万元	3000 万 ~ 5000 万元	5000 万元以上
2013	29.9%	10.7%	4.6%	10.4%	5.9%	38.6%
2014	54.0%	5.8%	3.4%	8.7%	4.8%	23.3%
2015	34.9%	13.9%	6.8%	11.1%	4.2%	29.1%
2016	36.8%	13.3%	6.5%	12.2%	4.7%	26.5%
2017	28.6%	12.0%	6.4%	11.3%	6.0%	35.7%
2018	32.8%	12.8%	7.4%	11.3%	5.3%	30.5%
2019	29.4%	13.5%	7.8%	12.5%	7.2%	29.7%
2020	31.5%	10.6%	6.2%	12.4%	5.8%	33.5%
2021	24.6%	10.6%	7.2%	12.9%	6.0%	38.7%
2022	24.8%	11.6%	5.8%	10.6%	7.2%	40.0%

① 部分项目被多家机构投资，统计中会重复记录。

② 有效样本数为 946 份。

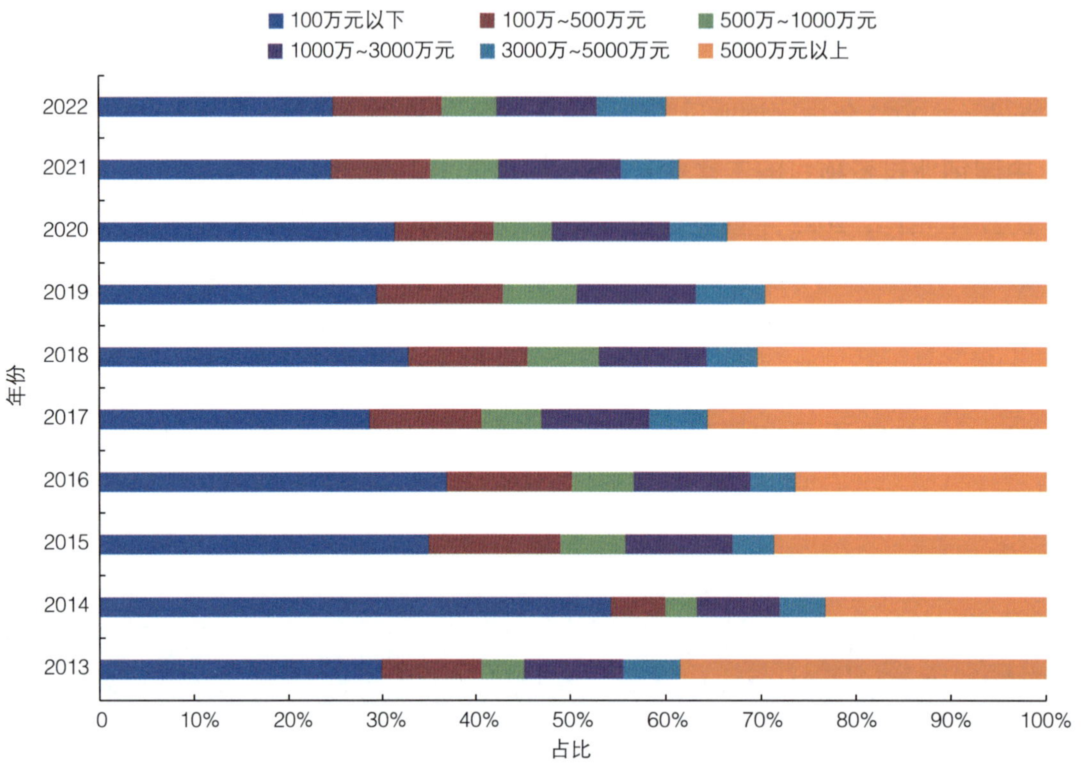

图 4-3　中国创业投资机构投资项目的主营业务收入分布（2013—2022 年）

4.2.2　中国创业投资机构投资项目的平均主营业务收入

2022 年，中国创业投资机构投资项目的平均主营业务收入整体上增长明显[①]，除 1000 万～3000 万元项目平均主营业务收入略有下降外，其他规模项目的平均主营业务收入均有所提高。

① 小项目收入能力不强。2022 年，小规模项目收入较低，主营业务收入在 100 万元以下的项目，平均主营业务收入仅为 12.0 万元，较上年略有提高，但仍处于较低水平，多数机构并未获得收入。

② 中型项目的收入比较平均。2022 年，主营业务收入在 100 万～500 万元、500 万～1000 万元、1000 万～3000 万元和 3000 万～5000 万元的项目收入分布相对均衡，各组别平均主营业务收入值接近组别中间值，部分组别平均收入超过中间值。

③ 大项目平均收入有所提高。2022 年，主营业务收入在 5000 万元以上的项目平均主营业务收入明显提高，达到约 6.7 亿元，但仍低于 2020 年水平[②]（表 4-3）。

---

① 有效样本数为 945 份。

② 规模较大的被投资项目数量相对较少，但个别大项目对该组别项目的平均值影响较大，因此该组别项目的主营业务收入波动较大。

表 4–3　中国创业投资机构不同规模被投资项目的平均主营业务收入（2013—2022 年）　单位：万元

年份	100 万元以下	100 万 ~ 500 万元	500 万 ~ 1000 万元	1000 万 ~ 3000 万元	3000 万 ~ 5000 万元	5000 万元以上
2013	13.0	253.0	776.0	1915.0	4040.0	64 047.0
2014	33.0	290.0	725.0	1871.0	4028.0	775 370.0
2015	16.0	249.4	741.1	1775.4	3883.5	52 008.3
2016	14.6	277.9	765.2	1824.2	3948.5	33 239.5
2017	13.9	270.8	753.0	1740.0	4038.9	75 334.2
2018	14.1	277.9	757.0	1853.4	4064.4	92 073.1
2019	1.1	265.6	710.1	1873.9	4009.3	47 750.0
2020	10.8	249.1	726.0	1745.2	4137.5	85 940.4
2021	10.7	288.3	732.2	1885.3	3885.3	59 760.8
2022	12.0	308.4	736.3	1857.5	4045.2	67 140.9

4.3　中国创业投资项目的总体运行与趋势

4.3.1　中国创业投资机构被投资项目总体运行情况

截至 2022 年底，中国创业投资机构累计投资项目达到 35 145 项。其中，64.47% 的项目处于继续运行状态；21.32% 的项目被股东（管理者、同行）回购，境内上市和被境内收购项目共计占比为 0.10%，被清算的项目占比为 8.80%（图 4–4）。

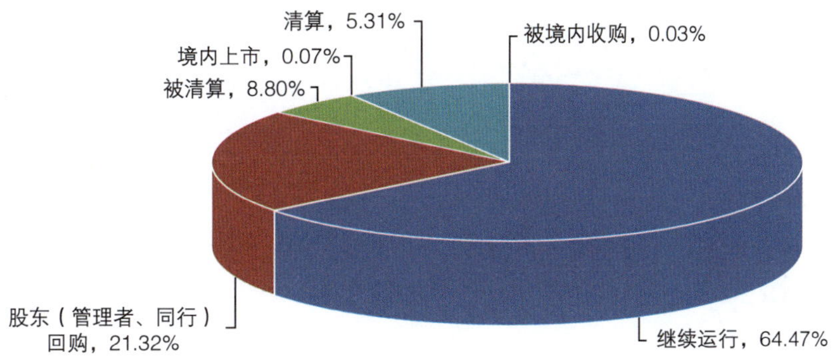

图 4–4　中国创业投资机构累计投资项目的总体运行情况（2022 年）

4.3.2　中国创业投资机构被投资项目总体运行趋势

2022 年，中国创业投资机构累计投资项目的运行情况发生了较大改变，境外上市及收购占比趋近于 0，清算项目占比大幅提高到 8.80%，继续运行项目的占比首次下降到 70% 以下（表 4–4）。

① 继续运行的项目占比与资本市场息息相关。累计投资项目中继续运行项目占比与境内资本市场的行情高度相关，市场表现好时继续运行项目占比会下降，市场表现差时继续运行项目占比会上升；2022 年，清算项目占比大幅提高，导致继续运行项目占比下降明显。

② 创始人或管理层回购是退出的首要渠道。累计投资项目中创始人或管理层回购的项目占比始终处于首位，2022 年这一比例达到 21.32%，超过以往年份。

③ 上市项目占比波动相对较大。累计投资项目中上市项目占比有所波动，2022 年，上市项目占比下降到 0.07%，创历年最低水平。

表 4–4　中国创业投资机构累计投资项目的总体运行情况分布（2013—2022 年）

年份	已上市		被收购		股东（管理者、同行）回购	继续运行	清算	其他
	境内上市	境外上市	被境内收购	被境外收购				
2013	5.70%	0.90%	3.80%	0.10%	11.40%	76.40%	1.70%	—
2014	6.00%	1.60%	4.40%	0.30%	7.30%	79.00%	1.40%	—
2015	8.00%	1.30%	4.90%	0.20%	9.00%	74.70%	1.90%	—
2016	6.60%	0.30%	4.80%	0.10%	9.00%	76.50%	2.70%	—
2017	7.00%	0.30%	5.40%	0.30%	8.70%	74.80%	3.50%	—
2018	6.50%	0.60%	5.60%	0.10%	8.50%	74.90%	3.80%	—
2019	4.70%	0.90%	3.60%	0.10%	7.50%	78.30%	4.90%	—
2020	6.90%	1.30%	5.10%	0.10%	11.20%	71.90%	3.50%	—
2021	3.90%	0.20%	2.50%	0.10%	7.40%	75.80%	2.80%	7.30%
2022	0.07%	0	0.03%	0	21.32%	64.47%	8.80%	5.31%

4.4　中国创业投资机构的总体运行情况评价

4.4.1　中国创业投资机构对全行业发展情况的评价[①]

2022 年，中国创业投资机构对全行业发展情况的整体评价分布与上年非常接近，但总

① 有效样本数为 2750 份。

体上悲观情绪更加严重（图 4–5），且较低于上年预期。认为全行业发展“非常好”和“较好”的机构比重合计为 30.2%，连续两年下跌，且二者均低于上年预期；认为“不好”和“非常不好”的机构比重合计为 18.0%，连续两年提高，且均高于上年预期。认为全行业整体发展“一般”的机构比重为 48.2%，略高于上年；对行业整体发展评价不确定的比重与上年变化不大（表 4–5）。

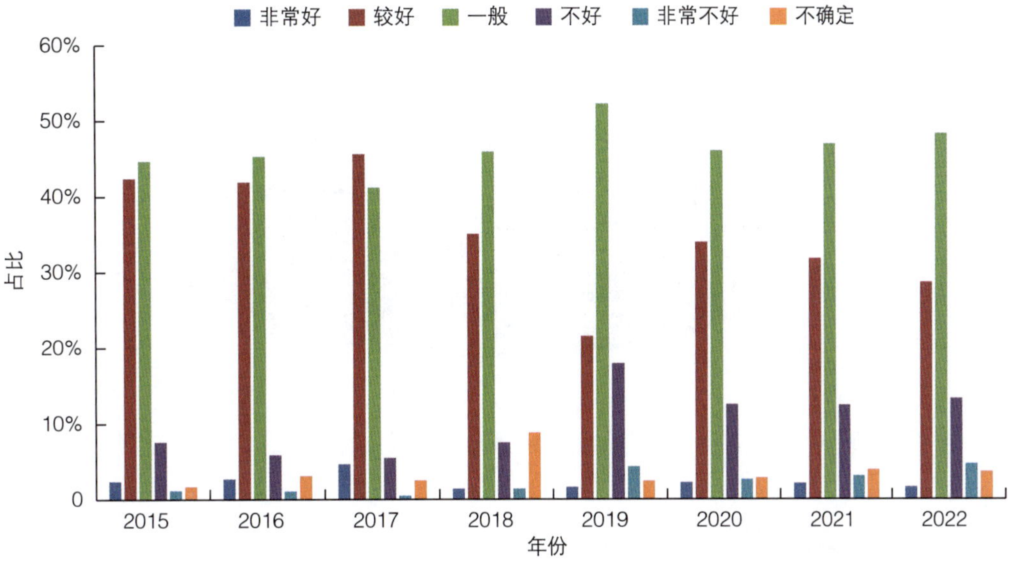

图 4–5　中国创业投资机构对全行业的整体评价分布（2015—2022 年）

表 4–5　中国创业投资机构对全行业的整体评价分布（2015—2022 年）

年份	非常好	较好	一般	不好	非常不好	不确定
2015	2.4%	42.4%	44.7%	7.6%	1.2%	1.7%
2016	2.7%	41.9%	45.3%	5.9%	1.1%	3.1%
2017	4.7%	45.6%	41.2%	5.5%	0.5%	2.5%
2018	1.4%	35.0%	45.9%	7.5%	1.4%	8.8%
2019	1.6%	21.5%	52.2%	17.9%	4.3%	2.4%
2020	2.2%	33.9%	46.0%	12.5%	2.6%	2.8%
2021	2.1%	31.7%	46.9%	12.4%	3.1%	3.8%
2022	1.6%	28.6%	48.2%	13.3%	4.7%	3.6%

4.4.2 中国创业投资机构对宏观环境对创业投资影响的评价[①]

2022 年，中国多数创业投资机构认为宏观环境对创业投资影响很大。其中，79.3% 的机构认为“目前宏观经济对创业投资的影响大”，包括 20.9% 的机构认为影响“非常大”、58.4% 的机构认为影响“较大”；只有 1.1% 的机构认为当前宏观经济对创业投资的影响“不大”；有 16.5% 的机构认为影响“一般”；仅有 3.0% 的机构认为宏观经济对创业投资的影响“不确定”（图 4–6）。

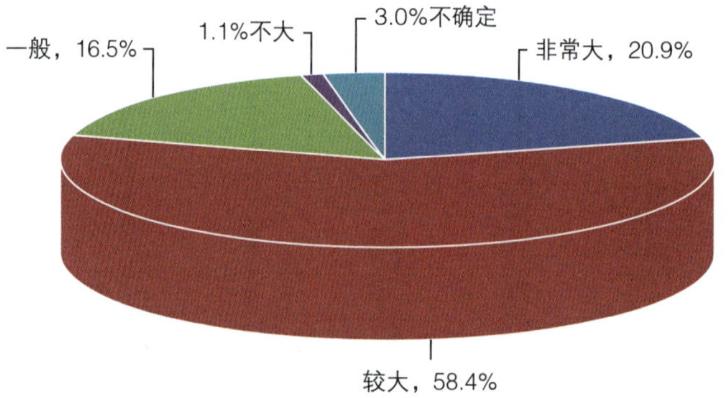

图 4–6 中国创业投资机构对宏观经济对创业投资影响的评价（2022 年）

4.4.3 中国创业投资机构的投资前景预测[②]

对于 2023 年投资前景，中国创业投资机构整体上给出了谨慎乐观的预测。58.0% 的机构对 2023 年投资前景预期乐观，其中预期“非常好”和“好”的机构占比分别为 6.2% 和 51.8%，均达到近 5 年最高点；预期“非常不好”和“不好”的机构占比分别为 0.2% 和 2.5%，均为近 5 年最低水平（表 4–6、图 4–7）。

表 4–6 中国创业投资机构投资前景的预测分布（2019—2023 年）

年份	非常好	好	一般	不好	非常不好	不确定
2019	2.4%	43.5%	41.1%	4.6%	0.7%	7.6%
2020	1.7%	25.2%	44.6%	17.3%	3.5%	7.7%
2021	4.2%	49.9%	36.0%	4.6%	1.3%	4.1%
2022	2.8%	37.2%	42.7%	10.0%	2.4%	4.9%
2023	6.2%	51.8%	34.3%	2.5%	0.2%	4.9%

① 有效样本数为 2752 份。

② 有效样本数为 2409 份。

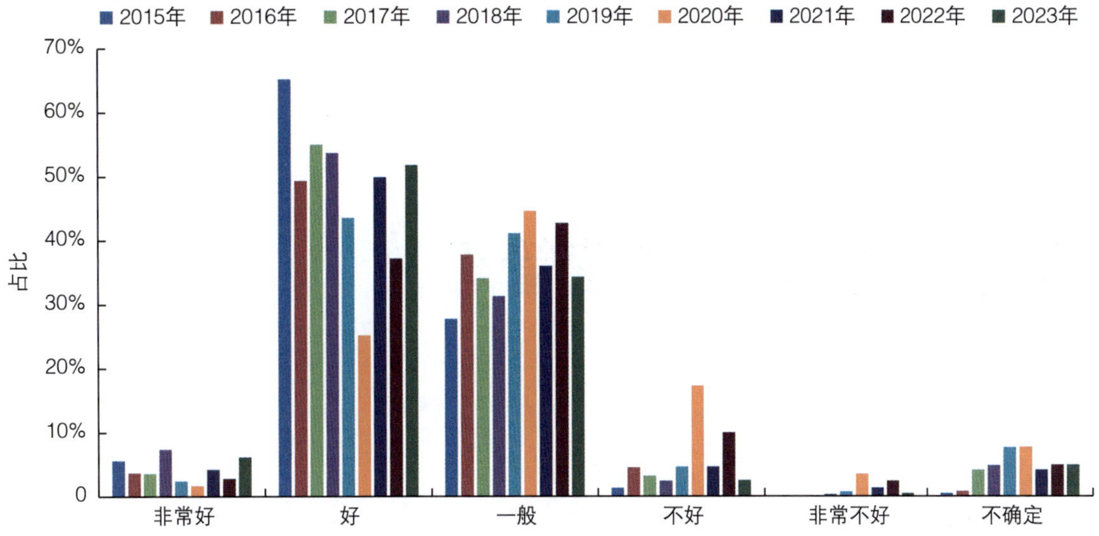

图 4–7　中国创业投资机构投资前景的预测分布（2015—2023 年）

5

中国创业投资的经营管理

5.1 中国创业投资项目来源

2022 年，创业投资的项目来源渠道仍然以“政府部门推荐”“项目中介机构”“朋友介绍”“股东推荐”为主①，合计占比较 2021 年略有上升，从 67.6% 上升至 69.9%。其中，“政府部门推荐”较 2021 年上升了 0.5 个百分点，“项目中介机构”和“朋友介绍”占比较 2021 分别上升了 1.9 个和 1.6 个百分点，“股东推荐”较 2021 年略有下降（表 5-1、图 5-1）。总体看，“中介渠道”仍然是主要来源渠道，占比为 62.7%，“自有渠道”占比 37.2%，二者差距基本与 2021 年持平②。

表 5-1　中国创业投资机构获取项目信息的来源渠道（2013—2022 年）③

年份	政府部门推荐	项目中介机构	朋友介绍	股东推荐	科技金融服务平台	项目业主	众创空间（孵化器）	其他	媒体宣传	银行介绍
2013	25.5%	19.1%	19.9%	13.2%	—	10.1%	—	3.6%	2.6%	6.0%
2014	24.9%	17.1%	17.7%	14.3%	—	11.0%	—	3.6%	3.9%	7.4%
2015	21.3%	15.2%	14.6%	13.9%	—	11.3%	10.4%	2.7%	3.5%	7.1%
2016	20.2%	15.1%	15.4%	14.1%	—	11.5%	11.3%	2.7%	3.5%	6.1%
2017	21.9%	16.0%	14.0%	11.4%	11.0%	9.5%	9.1%	3.2%	1.4%	2.5%
2018	22.5%	16.5%	12.9%	9.8%	11.7%	8.6%	10.3%	3.4%	1.8%	2.5%

① 有效样本数为 2769 份。

② 自有渠道：朋友介绍、股东推荐、项目业主；中介渠道：政府部门推荐、项目中介机构、银行介绍、媒体宣传、众创空间（孵化器）、科技金融服务平台及其他。

③ 表格排序按 2022 年调查数据排列。以下表格排序相同。

续表

年份	政府部门推荐	项目中介机构	朋友介绍	股东推荐	科技金融服务平台	项目业主	众创空间（孵化器）	其他	媒体宣传	银行介绍
2019	21.4%	17.3%	13.8%	11.4%	11.4%	9.0%	8.9%	3.1%	1.5%	2.2%
2020	21.4%	18.8%	14.5%	12.3%	10.7%	8.0%	8.3%	3.0%	1.8%	1.1%
2021	21.1%	17.8%	15.2%	13.5%	9.3%	8.8%	6.9%	3.4%	2.0%	1.8%
2022	21.6%	19.7%	16.8%	11.8%	8.9%	8.6%	6.2%	3.4%	1.3%	1.6%

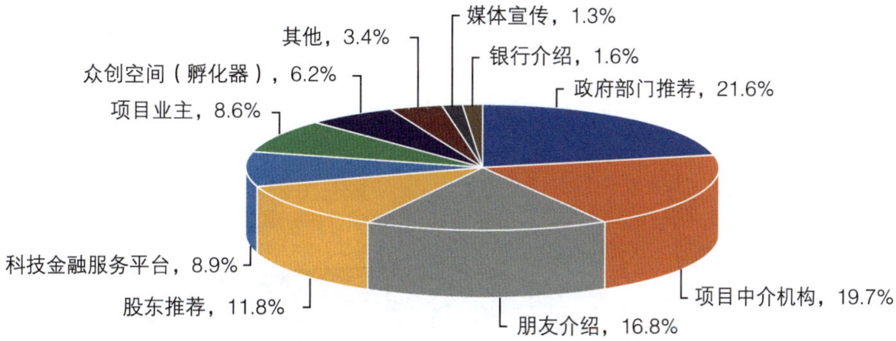

图 5-1　中国创业投资机构获取项目信息的来源渠道（2022 年）

5.2　中国创业投资决策要素

总体而言，2022 年影响创业投资机构进行决策的因素与 2021 年相比没有明显变化。2022 年，“市场前景”“管理团队”“技术因素”“财务状况”“盈利模式”仍然是影响创业投资机构投资决策的 5 个主要因素①（表 5-2、图 5-2），合计占比较 2021 年略有提升，从 90.6% 提升至 92.1%。

表 5-2　影响中国创业投资机构进行投资决策的因素（2013—2022 年）

年份	市场前景	管理团队	技术因素	财务状况	盈利模式	公司治理结构	股权价格	竞争对手情况	资信状况	投资地点	其他	中介服务质量
2013	24.1%	22.5%	12.7%	9.9%	12.1%	5.1%	4.5%	2.9%	3.2%	2.1%	0.3%	0.6%
2014	24.3%	21.4%	13.7%	8.8%	11.7%	5.6%	4.4%	3.3%	3.7%	2.1%	0.4%	0.7%
2015	20.3%	18.2%	12.7%	11.0%	10.8%	7.2%	5.8%	4.7%	5.1%	2.6%	0.6%	1.1%
2016	18.3%	17.2	12.2%	11.6%	10.3%	8.1%	6.4%	5.4%	5.7%	3.3%	0.4%	1.1%

① 有效样本数为 2767 份。

续表

年份	市场前景	管理团队	技术因素	财务状况	盈利模式	公司治理结构	股权价格	竞争对手情况	资信状况	投资地点	其他	中介服务质量
2017	30.5%	24.7%	17.9%	9.9%	8.3%	2.6%	2.5%	1.1%	1.3%	0.8%	0.2%	0.2%
2018	31.0%	24.1%	17.8%	9.9%	8.6%	2.9%	2.0%	1.1%	1.4%	0.8%	0.2%	0.3%
2019	30.2%	25.1%	19.1%	9.2%	8.5%	3.0%	1.6%	0.9%	1.1%	0.8%	0.1%	0.2%
2020	31.2%	24.2%	21.0%	9.2%	6.3%	3.4%	1.6%	1.1%	0.9%	0.7%	0.2%	0.1%
2021	31.5%	22.8%	21.2%	8.8%	6.3%	3.9%	2.0%	1.4%	0.9%	0.8%	0.2%	0.1%
2022	31.3%	22.7%	23.7%	8.6%	5.8%	2.7%	1.6%	1.6%	1.0%	0.8%	0.2%	0.2%

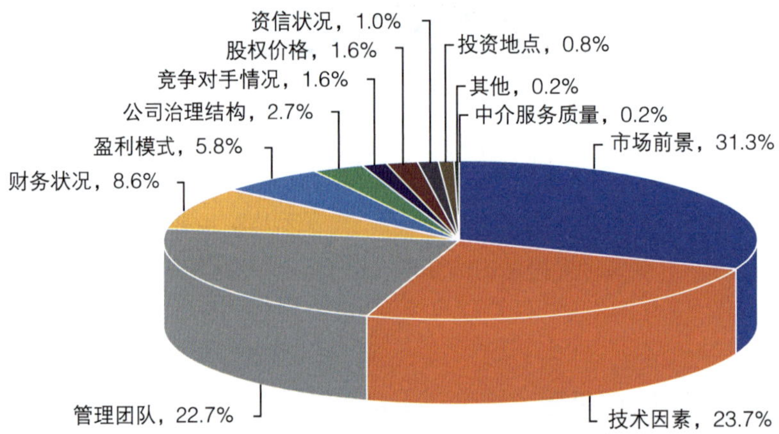

图 5-2　影响中国创业投资机构进行投资决策的因素（2022 年）

5.3　中国创业投资对被投资项目的管理方式

与 2021 年相比，2022 年创业投资机构对被投资项目的管理方式没有明显变化。“提供管理咨询”“财务投资”“董事会席位”“只限监管”仍然是创业投资机构选择的主要监管方式，占比分别为 32.3%、27.6%、24.2%、11.4%，四者占比合计为 95.5%（图 5-3）[①]。

① 有效样本数为 2756 份。

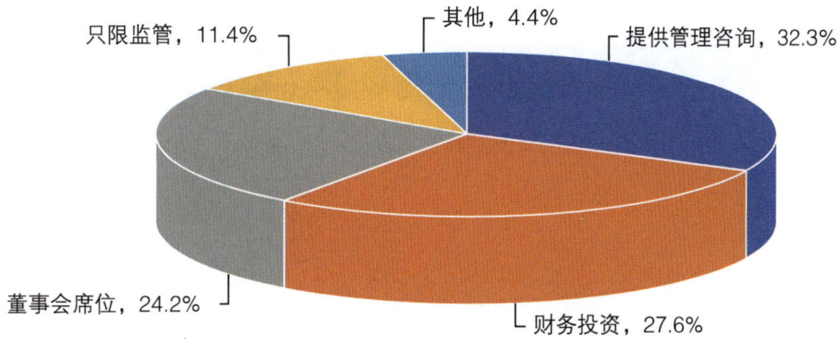

图 5–3　中国创业投资机构对被投资企业的管理方式（2022 年）

2022 年，全国创业投资调查新增“创业投资机构采取的投后管理服务模式”[①]。调查结果显示，54.0% 的创业投资机构采用“资源整合”方式进行管理，33.5% 的机构采用“提供咨询服务”的投后管理服务模式（图 5–4）。

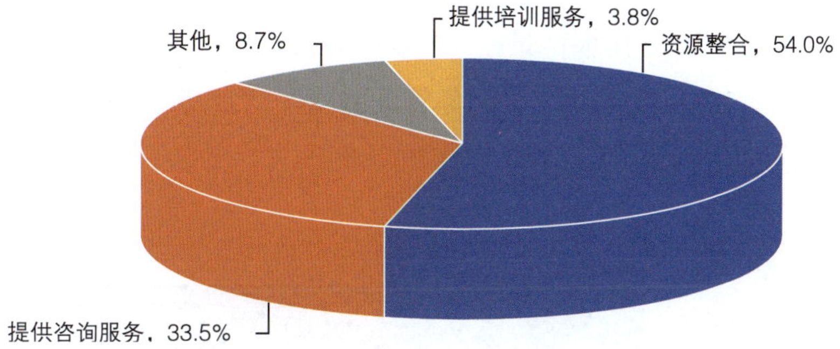

图 5–4　中国创业投资机构采用的投后管理服务模式（2022 年）

2022 年，“一般参股”作为创业投资机构的主要参股方式[②]，占比基本与 2021 年持平。“绝对控股”占比略有上升，从 2021 年的 1.9% 上升至 2.1%（表 5–3）。

表 5–3　中国创业投资机构股权参与程度（2013—2022 年）

年份	绝对控股	相对控股	一般参股
2013	5.2%	10.2%	84.6%
2014	3.4%	12.3%	84.3%
2015	3.5%	7.0%	89.5%
2016	3.1%	7.9%	89.0%

① 有效样本数为 2747 份。

② 有效样本数为 2941 份。

续表

年份	绝对控股	相对控股	一般参股
2017	2.4%	7.4%	90.2%
2018	4.6%	7.8%	87.6%
2019	2.8%	6.2%	91.1%
2020	2.5%	4.3%	93.2%
2021	1.9%	4.0%	94.1%
2022	2.1%	4.0%	94.0%

5.4　与创业投资经营管理有关的人力资源因素

2022 年，合格的创业投资经营管理从业人员所具备的基本素质要求与 2021 年没有明显变化[①]。“资本运作能力”“技术背景”“判断力和洞察力”依然是最重要的 3 项素质，占比分别为 25.4%、21.2% 和 17.9%。“财务管理能力”“商务谈判能力”“人际关系网络和协调能力”占比分别为 14.4%、11.6% 和 9.2%（图 5–5）。

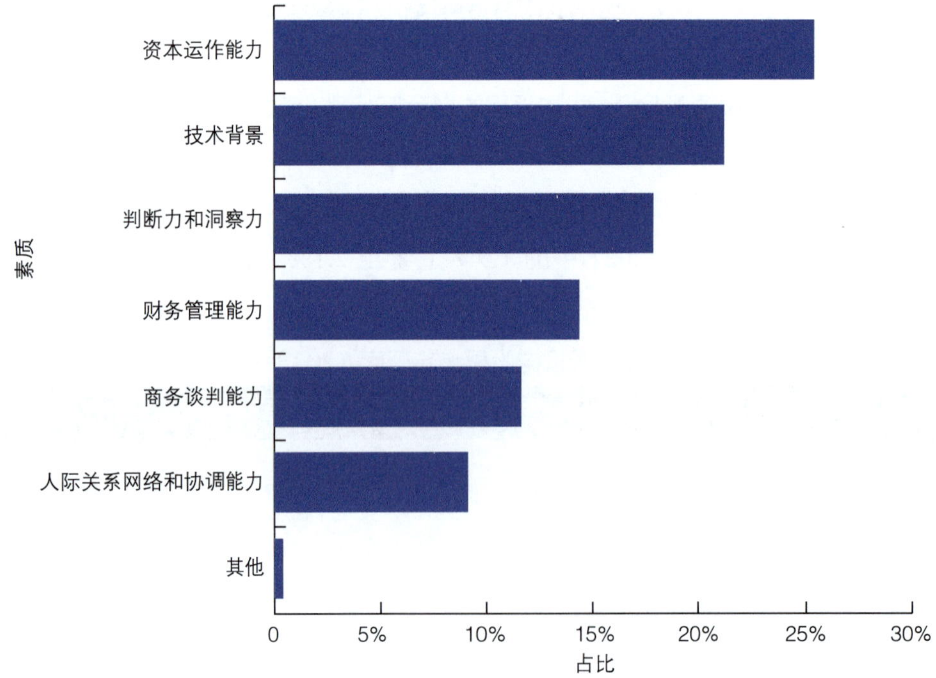

图 5–5　合格的中国创业投资人员应该具备的素质（2022 年）

① 有效样本数为 2764 份。

图 5-6 给出了 2022 年创业投资人员相对缺乏的专业知识的统计情况①。2022 年，“技术评估”和“资本运作”仍然是创业投资人员最缺乏的两项能力，占比分别为 21.7% 和 16.6%；“项目识别”占比为 14.2%，“技术背景”占比为 13.7%，“企业管理”成为第 5 个相对缺乏的专业知识，占比为 13.6%。

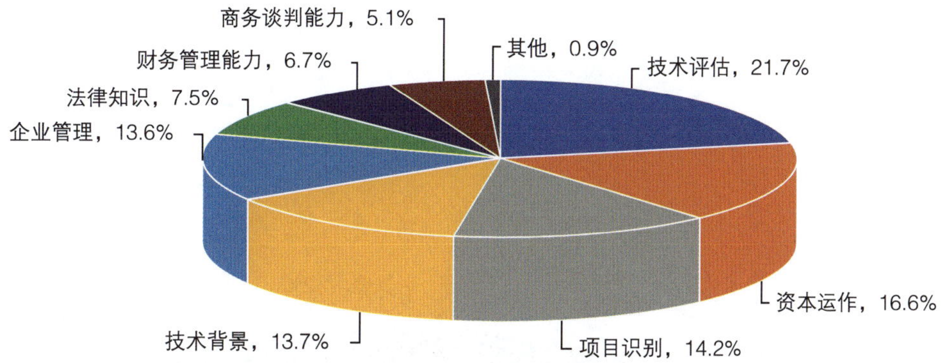

图 5-6　中国创业投资人员缺乏的专业知识（2022 年）

5.5　中国创业投资机构投资效果不理想的主要原因

2022 年，受疫情、经济预期等不稳定因素影响，“政策环境变化”仍然是导致投资效果不理想的主要原因，占比从 2021 年的 20.7% 上升至 21.3%，“市场竞争”成为影响投资效果的第二大原因，占比从 2021 年的 20.2% 略微上升至 20.4%，“退出渠道不畅”“后续融资不力”“内部管理水平有限”“技术不成熟”依然是造成投资效果不理想的主要原因（表 5-4、图 5-7）。

表 5-4　中国创业投资机构投资效果不理想的主要原因（2013—2022 年）②

年份	政策环境变化	市场竞争	退出渠道不畅	技术不成熟	后续融资不力	内部管理水平有限	缺乏诚信	其他
2013	26.7%	18.2%	26.6%	6.8%	5.7%	8.4%	3.1%	4.6%
2014	23.4%	19.4%	25.4%	7.1%	8.0%	9.5%	2.6%	4.6%
2015	23.7%	17.6%	26.2%	6.7%	8.4%	10.3%	2.4%	4.7%
2016	23.2%	17.0%	25.9%	7.7%	9.1%	10.4%	2.2%	4.5%

① 有效样本数为 2754 份。
② 有效样本数为 2399 份。

续表

年份	政策环境变化	市场竞争	退出渠道不畅	技术不成熟	后续融资不力	内部管理水平有限	缺乏诚信	其他
2017	17.3%	18.3%	18.5%	12.4%	11.5%	17.1%	3.9%	1.0%
2018	18.7%	17.4%	20.8%	11.8%	13.1%	13.9%	0.9%	3.4%
2019	17.4%	18.2%	19.4%	12.9%	14.4%	14.2%	2.9%	0.6%
2020	17.6%	19.1%	17.1%	14.2%	14.3%	14.2%	2.7%	0.6%
2021	20.7%	20.2%	16.7%	13.4%	13.3%	12.4%	2.2%	1.1%
2022	21.3%	20.4%	16.1%	12.8%	13.3%	12.9%	2.0%	1.2%

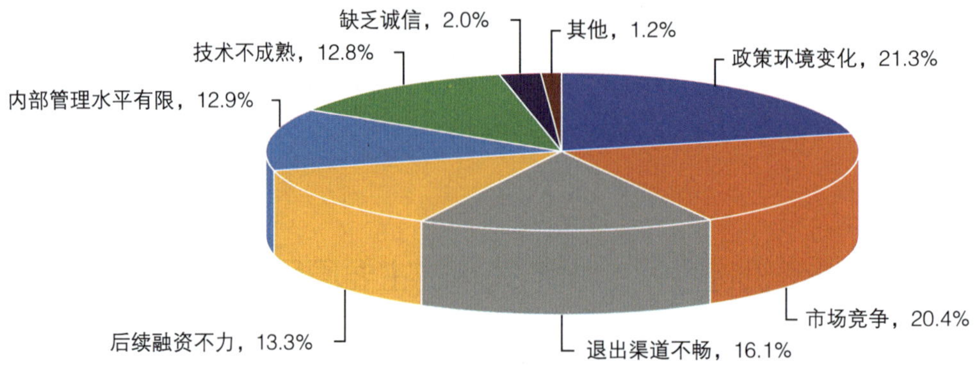

图 5-7　中国创业投资机构投资效果不理想的主要原因（2022 年）

2022 年我们继续对机构首选退出渠道进行跟踪调查。调查结果显示，“国内主板市场”仍然是各个机构上市的首选渠道[①]，但占比较 2021 年略有下降，从 2021 年的 48.0% 下降至 42.6%。随着科创板、北交所等多层次资本市场建设的不断完善，选择国内创业板的比例从 2021 年的 22.7% 下降至 21.6%，而将科创板作为首选投资的占比进一步上升，从 2021 年的 21.4% 上升至 29.5%[②]，选择北交所的比例有所下降，从 2021 年的 3.5% 下降至 1.4%（图 5-8）。

① 有效样本数为 2722 份。

② 2020 年我们也针对科创板是否对投资机构有积极作用进行了调查，2036 份有效调查结果显示，有 89.9% 的机构认为“科创板对创业投资具有积极意义”。

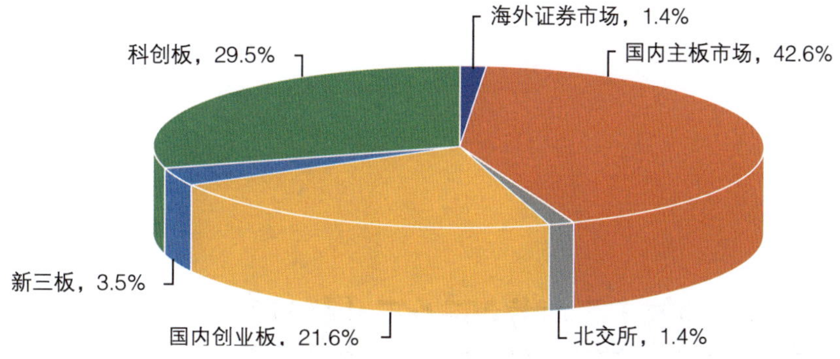

图 5-8 中国创业投资机构上市退出渠道的首选（2022 年）

5.6 中国创业投资机构最看好的投资领域

总体来看，2023 年创业投资机构最看好的投资领域仍然与国家政策息息相关，关系到国计民生、受到政策支持的行业更容易受到创业投资机构的关注。具体而言，“计算机、通信等电子设备制造业（人工智能行业）”和“新能源环保行业”仍然是创业投资机构最看好的两个领域，占比分别为 28.3% 和 26.7% “医药与生物科技”占比为 22.4%[①]（图 5-9）。

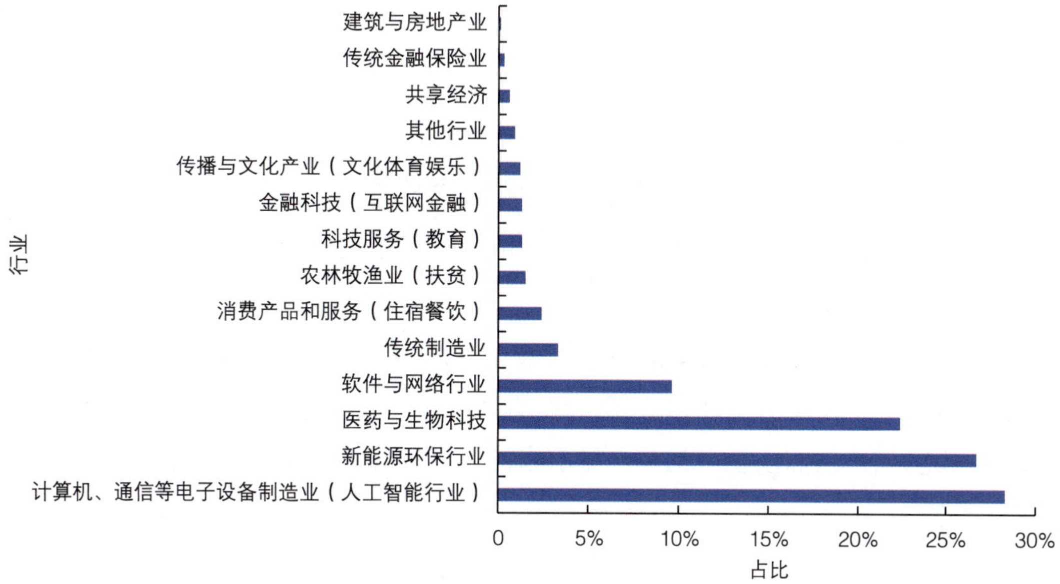

图 5-9 中国创业投资机构最看好的投资领域（2023 年）

① 有效样本数为 2747 份。

6

中国创业投资区域运行状况

6.1 中国创业投资机构数量地区分布

根据调查统计，2022 年，中国创业投资机构总数达 4070 家，比 2021 年增加 502 家，增长率是 14.07%，增速较 2021 年有显著上升。2022 年中国创业投资机构数量增长得益于创业投资基金数量的大幅增加，2022 年数量达 3029 家，比 2021 年增加 533 家，增长率是 21.35%；相比之下，创业投资管理机构数量比 2021 年减少了 31 家，为 1041 家，降幅是 2.89%。

2022 年，中国创业投资机构分布在全国 31 个省、自治区和直辖市（表 6–1），特点如下。

① 中国创业投资机构数量仍旧呈现出东部沿海和经济发达地区大量集中、中部地区保持发展态势、西部地区数量较少的特点。

② 浙江、江苏和北京的创业投资机构总数位居全国前三。这 3 个地区的创业投资机构总数明显高出其他地区，近 3 年的排序也完全相同；三地机构数量合计占全国机构总数的比重达 60.98%，相比 2021 年进一步上升，显示出这 3 个地区创业投资发展持续平稳的特点。其中，浙江创业投资机构数量稳居全国第一，比 2021 年增加 243 家，占 2022 年机构数增量的 48.41%；江苏依旧排在第 2 位，比 2021 年增加 130 家，占 2022 年机构数增量的 25.90%，两个地区合计占比是 74.31%，显示出江苏和浙江两个地区创业投资发展处于国内比较活跃的状态。

③ 广东、山东、上海、湖南和陕西的创业投资机构总数位居国内前列，数量都在 100 家以上。除上海外，其他地区创业投资机构数量都比 2021 年有所增加。其中，广东增加 25 家、陕西增加 20 家、湖南增加 18 家、山东增加 2 家。上海比 2021 年减少 47 家。

④ 天津、福建、江西、重庆、安徽和湖北等地的创业投资机构总数相对也较多，数量都在 40 家以上，其中，天津有 91 家、福建有 78 家。

⑤ 部分地区，尤其是西部不发达地区的创业投资机构数量较少，机构数量大多在 10 个及以下，包括甘肃、海南、新疆、吉林、宁夏、云南、青海、内蒙古和西藏等，与往年情况基本相同。

表 6-1 中国各地区创业投资机构数量（2022 年） 单位：家

地区	创业投资机构总数	创业投资基金总数	创业投资管理机构总数
浙江	1163	969	194
江苏	758	629	129
北京	561	366	195
广东	321	332	89
山东	197	137	60
上海	184	53	31
湖南	121	71	50
陕西	119	34	85
天津	91	71	20
福建	78	54	24
江西	52	50	2
重庆	49	18	31
安徽	46	38	8
湖北	44	28	16
四川	35	22	13
黑龙江	34	23	11
山西	34	5	29
贵州	30	25	5
河南	30	17	13
辽宁	28	19	9
河北	22	20	2
广西	20	14	6
甘肃	10	10	0
海南	10	7	3

续表

地区	创业投资机构总数	创业投资基金总数	创业投资管理机构总数
新疆	10	4	6
吉林	8	5	3
宁夏	6	0	6
云南	5	5	0
青海	2	2	0
内蒙古	1	1	0
西藏	1	0	0

6.2 中国创业投资机构管理资本的地区分布

表 6–2 显示出 2022 年我国不同地区创业投资公司的管理资本规模。2022 年，全国创业投资机构管理资本规模达 14 525.5 亿元，继续保持良好的增长势头，增速达 11.4%，显示出中国创业投资行业在经受疫情冲击的不利环境下仍有较强的韧性和活力。其中，全国 31 个省、自治区和直辖市中有 20 个地区的机构管理资本规模实现增长、2 个地区不变、9 个地区减少。中国创业投资管理资本呈现以下地区特征：

① 与 2020 年、2021 年类似，2022 年国内创业投资的管理资本主要集中在东部经济发达地区，东部和西部地区的差距仍为明显。东部地区的北京、江苏、浙江和广东的创业投资管理资本规模在千亿元以上，而西藏、内蒙古等地的创业投资管理资本规模在 1 亿元以下。

② 2022 年，北京、江苏、浙江、广东和陕西 5 个地区创业投资管理资本位列全国前五。与 2021 年不同的是，陕西取代上海，全国排名成为第 5 位，上海落至第 6 位。排名前 5 位地区创业投资管理资本合计是 10 117.5 亿元，比 2021 年增加 1147.5 亿元，占比为 69.7%，比 2021 年增长 0.8 个百分点。其中，北京、江苏、浙江的创业投资管理资本总额位居前三，3 个地区排名与 2021 年一样。调查数据显示，广东创业投资机构管理资本规模较大，而浙江的很多创业投资机构规模很小。

③ 位列第二集团地区的创业投资管理资本规模整体继续增加。上海、河南、山东、天津、湖南、新疆、福建、四川、安徽、重庆和广西地区的创业投资管理资本规模都在 100 亿元以上，其中，上海、河南、山东和天津等地创业投资管理资本规模都在 500 亿元以上。

④ 部分经济欠发达地区和中部地区的创业投资管理资本规模较大。2022 年，新疆、黑龙江、湖北和甘肃等地的创业投资管理资本规模都在 50 亿元以上，其中，新疆创业投资管理资本规模达到 261.4 亿元。

⑤ 多数西部地区创业投资仍不发达，管理资本相对较少。例如，青海、海南、内蒙古和西藏等地的创业投资管理资本规模都在 5 亿元以下，但江西和贵州两省创业投资管理资本规模相较 2021 年增长较快，均超过 10 亿元。

表 6-2　中国创业投资管理资本的地区分布（2022 年）　　单位：亿元

地区	管理资本总额
北京	3348.1
江苏	3248.8
浙江	1365.5
广东	1206.0
陕西	949.1
上海	672.4
河南	610.9
山东	550.8
天津	541.0
湖南	462.7
新疆	261.4
福建	205.9
四川	200.6
安徽	151.3
重庆	127.9
广西	123.0
黑龙江	97.9
湖北	76.9
甘肃	58.6
河北	49.8
山西	47.5
吉林	44.7
辽宁	40.9
宁夏	28.2

续表

地区	管理资本总额
云南	20.5
江西	14.5
贵州	13.9
青海	4.0
海南	1.8
内蒙古	1.0

6.3 中国各地区创业投资机构的规模分布

表 6–3 显示了 2022 年中国各地区创业投资机构的管理资本规模分布。

2022 年，国内大部分地区创业投资机构的管理资本低于 5000 万元。例如，湖南、江苏、山东、贵州、广东、山西、河南、河北、浙江、广西、重庆、宁夏、江西和海南等地管理资本在 5000 万元以下的创业投资机构数量占比超过 30%，机构数量位居全国第一的浙江的比例超过 40%，这也解释了为何浙江创业投资机构数排名首位而管理资本总量只排在第 3 位。

北京创业投资机构的管理资本规模较大，管理资本 5 亿元以上的机构数量占比为 52.00%，这与北京的首都位置、众多金融机构总部和高科技企业在北京聚集等因素有关。

虽然江苏和广东规模小的创业投资机构数量较多，但是管理资本在 5 亿元以上的机构数量同样较多，占比分别为 13.87% 和 15.54%。

表 6–3　中国各地区创业投资机构的管理资本规模分布（2022 年）

地区	5000 万元以下	5000 万 ~ 1 亿元	1 亿 ~ 2 亿元	2 亿 ~ 5 亿元	5 亿元以上
安徽	10.71%	14.29%	28.57%	28.57%	17.86%
北京	12.00%	8.00%	8.00%	20.00%	52.00%
福建	22.00%	10.00%	24.00%	18.00%	26.00%
甘肃	0	0	60.00%	10.00%	30.00%
广东	35.81%	13.51%	20.61%	14.53%	15.54%
广西	45.45%	9.09%	18.18%	9.09%	18.18%
贵州	34.48%	24.14%	24.14%	13.79%	3.45%

续表

地区	5000 万元以下	5000 万 ~ 1 亿元	1 亿 ~ 2 亿元	2 亿 ~ 5 亿元	5 亿元以上
海南	66.67%	0	33.33%	0	0
河北	38.89%	16.67%	11.11%	11.11%	22.22%
河南	38.46%	15.38%	15.38%	15.38%	15.38%
黑龙江	22.58%	19.35%	29.03%	16.13%	12.90%
湖北	13.79%	10.34%	13.79%	48.28%	13.79%
湖南	30.10%	15.53%	13.59%	23.30%	17.48%
吉林	28.57%	0	14.29%	28.57%	28.57%
江苏	32.88%	13.87%	20.21%	19.18%	13.87%
江西	59.26%	22.22%	11.11%	7.41%	0
辽宁	20.00%	15.00%	10.00%	35.00%	20.00%
内蒙古	0	0	100.00%	0	0
宁夏	50.00%	0	16.67%	0	33.33%
青海	0	0	50.00%	50.00%	0
山东	34.18%	10.76%	20.89%	17.72%	16.46%
山西	36.84%	15.79%	10.53%	26.32%	10.53%
陕西	29.13%	10.68%	16.50%	18.45%	25.24%
上海	14.52%	8.06%	22.58%	37.10%	17.74%
四川	13.79%	13.79%	37.93%	13.79%	20.69%
天津	19.18%	19.18%	23.29%	19.18%	19.18%
新疆	22.22%	11.11%	22.22%	22.22%	22.22%
云南	0	0	0	0	100.00%
浙江	42.59%	18.97%	16.65%	13.55%	8.23%
重庆	45.83%	6.25%	16.67%	16.67%	14.58%

6.4 中国各地区创业投资机构管理资本来源

6.4.1 按资本来源的机构性质划分

表 6–4 显示了 2022 年各地区创业投资机构管理资本的所有制性质构成，具有以下特点。

（1）政府依然是国内大部分地区创业投资机构的主要资本提供方

国内大部分地区创业投资的管理资本主要来源于财政资金。数据显示：以国有独资投资机构、政府引导基金及其他政府财政资金构成的财政资金占管理资本比重超过 50% 的地区有 19 个。而在经济欠发达地区，财政资金在助力地区创业投资发展过程中的作用明显。内蒙古、甘肃、贵州、吉林、河南的财政资金占比都在 90% 以上；广西、宁夏、黑龙江、上海和辽宁的财政资金占比在 70% 以上；湖南、云南、安徽是以国有独资投资机构为主，财政资金占比超过了 50%。

在财政资金支持方式上，绝大部分地区都通过设立政府引导基金来推动创业投资的发展，2022 年有 27 个地区设立了政府引导基金。其中，宁夏、青海、山西、天津、贵州和黑龙江等地政府出资设立的引导基金对推动当地创业投资发展作用较大，政府引导基金占比超过了 30%。

（2）民营资本是国内创业投资的重要资金来源

2022 年有 29 个地区的创业投资管理资本中包括民营资本，显示出国内各地民营机构广泛参与创业投资；其中，民营机构资本占比较高的地区有浙江、天津、重庆和广东等。

（3）个人投资者是中国创业投资机构资本的有益补充

2022 年有 25 个地区的创业投资管理资本中包含个人资本，比 2021 年减少 1 个。其中，个人资本占比较高的地区有江西、四川、浙江、重庆和湖北。

（4）部分地区混合所有制投资机构的资金占比较高

与往年相同，2022 年有 24 个地区创业投资的资本来源于混合所有制投资机构；其中，混合所有制投资机构投资资金占比较高的地区有海南、云南和河北。

（5）外资参与国内创业投资的地区增长缓慢

2022 年有 7 个地区的创业投资资本有外资参与，与 2021 年持平，而且外资资金占比都比较低。其中，占比最高的是山西，占比为 2.1%；其次是四川和江苏，占比分别为 1.9% 和 1.1%，其余地区的占比都在 1% 以下。

表 6–4　中国各地区创业投资的资本来源（按机构性质）（2022 年）

地区	个人	国有独资投资机构	混合所有制投资机构	民营投资机构	其他	其他政府财政资金	政府引导基金	非营利组织	境内外资机构	境外机构
安徽	2.0%	52.8%	0.3%	6.1%	31.0%	5.4%	2.4%	0	0	0
北京	1.7%	7.2%	2.3%	10.3%	69.9%	1.1%	6.7%	0.1%	0.7%	0
福建	16.5%	22.1%	8.8%	21.2%	5.5%	16.3%	9.6%	0	0	0
甘肃	0	59.9%	1.4%	4.6%	0	11.5%	22.6%	0	0	0
广东	15.5%	22.4%	1.8%	24.0%	4.7%	16.8%	14.7%	0	0	0
广西	0.6%	73.7%	12.3%	1.6%	5.4%	0.1%	6.3%	0	0	0
贵州	1.5%	61.8%	0.6%	4.6%	0	1.1%	30.4%	0	0	0
海南	0	0	86.8%	10.3%	0	2.9%	0	0	0	0
河北	1.5%	16.9%	31.1%	20.7%	0.2%	22.3%	7.3%	0	0	0
河南	0.3%	79.7%	0.2%	2.3%	7.3%	6.7%	3.6%	0	0	0
黑龙江	2.9%	17.3%	0	7.4%	13.1%	29.0%	30.2%	0	0	0
湖北	19.4%	26.9%	11.7%	18.4%	3.6%	1.3%	18.7%	0	0	0
湖南	9.4%	62.7%	6.0%	8.2%	6.9%	3.3%	3.5%	0	0	0
吉林	0	15.0%	0.1%	4.5%	4.1%	67.7%	8.5%	0	0	0
江苏	5.8%	37.2%	3.4%	10.9%	19.5%	5.9%	16.1%	0	0.4%	0.7%
江西	50.3%	15.1%	0	13.5%	15.1%	0	6.0%	0	0	0
辽宁	3.2%	59.7%	1.9%	23.3%	0	0.2%	11.7%	0	0	0
内蒙古	0	0	0	0	0	100.0%	0	0	0	0
宁夏	16.2%	5.3%	2.8%	2.5%	0	0	73.3%	0	0	0
青海	6.3%	0	0	2.5%	37.5%	10.0%	43.8%	0	0	0
山东	7.4%	44.6%	1.3%	23.8%	4.0%	3.0%	15.8%	0	0	0.1%
山西	3.6%	19.2%	0.8%	3.3%	20.6%	14.3%	36.1%	0	2.1%	0
陕西	2.0%	24.0%	7.5%	10.8%	14.8%	25.5%	15.4%	0	0	0
上海	4.9%	52.4%	1.1%	8.7%	9.1%	1.6%	22.2%	0	0	0
四川	41.4%	10.5%	0	12.4%	8.5%	9.3%	15.9%	0.3%	0	1.9%
天津	6.5%	11.1%	2.9%	42.4%	0.3%	0.9%	35.7%	0	0	0.1%
新疆	0.3%	43.9%	1.6%	3.0%	47.5%	0	3.6%	0	0	0
云南	0	56.2%	41.7%	2.2%	0	0	0	0	0	0
浙江	20.4%	13.9%	4.9%	44.3%	1.7%	3.1%	11.7%	0	0.1%	0
重庆	19.6%	8.1%	0	28.1%	27.2%	4.9%	6.4%	5.7%	0	0

6.4.2 按金融/非金融资本类型划分

从金融资本/非金融资本角度来看，2022 年中国创业投资机构的管理资本呈现出以下特点（表 6–5）。

（1）非金融资本依旧是中国各地创业投资机构的主要资本来源

与往年相同，非金融资本依旧是国内各地区创业投资管理资本的主要来源，其中，非金融资本占比较高的地区是海南、河北、天津、广西、甘肃、上海、安徽和辽宁等。

值得注意的是，一些地区创业投资机构资本来自基金的比例较高，如浙江、宁夏和吉林等地，基金所占比例达到 60% 以上。

（2）银行是个别地区创业投资资本的重要来源

2022 年，共有 18 个地区的创业投资管理资本来源于银行，比 2021 年增加 2 个。其中，个别地区银行资金占比较高，如占比最高的新疆为 44.9%；福建排第 2 位，占比为 4.9%；北京排第 3 位，占比为 4.8%。

（3）证券、保险、信托是部分地区创业投资资本的有益补充

2022 年，国内很多地区的创业投资都获得了证券、信托和保险等公司的支持。来源于证券机构投资的地区有 9 个，较 2021 年减少 2 个；来源于信托机构投资的地区数量是 9 个，较 2021 年增加 1 个；来源于保险机构投资的地区数量和 2021 年相同，仍是 4 个。

表 6–5 中国各地区创业投资的资本来源（按金融资本类型）（2022 年）

地区	非金融资本	基金	其他金融资本	信托	银行	证券	保险
安徽	76.3%	4.0%	15.4%	0.3%	2.8%	1.2%	0
北京	32.1%	28.8%	30.3%	1.4%	4.8%	2.3%	0.3%
福建	59.5%	20.1%	14.7%	0	4.9%	0.8%	0
甘肃	80.1%	18.2%	1.7%	0	0	0	0
广东	53.5%	17.7%	25.9%	0.1%	0.4%	0	2.4%
广西	82.3%	11.9%	4.9%	0.7%	0.1%	0	0
贵州	68.9%	29.6%	1.3%	0	0.2%	0	0
海南	100.0%	0	0	0	0	0	0
河北	93.5%	2.0%	4.6%	0	0	0	0
河南	44.2%	6.0%	49.6%	0.2%	0	0	0
黑龙江	64.8%	8.7%	26.3%	0	0.2%	0	0
湖北	42.0%	51.9%	6.1%	0	0	0	0
湖南	31.5%	48.4%	16.5%	0	3.3%	0.4%	0

续表

地区	非金融资本	基金	其他金融资本	信托	银行	证券	保险
吉林	10.2%	60.6%	29.0%	0	0.2%	0	0
江苏	42.6%	53.0%	1.6%	0.8%	0.7%	0.5%	0.7%
江西	59.7%	38.1%	2.2%	0	0	0	0
辽宁	76.0%	4.5%	14.8%	0	4.7%	0	0
内蒙古	0	0	100.0%	0	0	0	0
宁夏	6.6%	75.4%	18.0%	0	0	0	0
青海	0	53.8%	46.3%	0	0	0	0
山东	64.2%	27.7%	7.6%	0	0.5%	0	0
山西	60.6%	22.1%	16.1%	0	0.8%	0.4%	0
陕西	37.5%	43.8%	15.8%	0	1.3%	0	1.6%
上海	78.1%	13.7%	8.2%	0	0.1%	0	0
四川	74.6%	17.5%	5.7%	0	1.2%	1.0%	0
天津	85.1%	6.3%	7.4%	1.1%	0	0	0
新疆	48.4%	4.1%	1.3%	1.4%	44.9%	0	0
云南	56.2%	0	42.8%	0	0	1.1%	0
浙江	5.2%	88.9%	4.6%	0.2%	1.0%	0.1%	0
重庆	32.9%	46.9%	20.2%	0	0	0	0

6.5 中国各地区创业投资的投资特征

6.5.1 中国不同地区创业投资机构投资项目比较[①]

2022年，全国共有25个地区的创业投资机构进行了项目投资（表6–6），与2021年相比，减少了3个地区。创业投资项目数量排名全国前四的地区依次是浙江、广东、江苏和陕西，这4个地区创业投资机构所投资的项目数量合计占比达66.9%，高于2021年的64.7%，显示出这4个地区的创业投资机构更加活跃。与2021年一样，浙江的创业投资机构投资项目数量依旧占据榜首，而广东取代江苏，占据投资项目数量全国第二的位置；陕西取代北京，占据投资项目数量全国第四的位置；北京的排名和往年相比，发生较大变化，排名从2021

① 本部分从两个维度来分析2022年中国创业投资项目的地区分布。一个是从投资机构的注册地角度出发，分析比较不同地区创业投资机构的投资项目；另一个是从投资项目所在地角度出发，分析创业投资最乐于选择投资的地区。

年的第 3 位降至第 8 位，项目数量占比从 2021 年的 14.7% 降至 2.9%。

处于第二梯队的地区有山东、湖南、上海、北京、安徽、福建、天津、四川、湖北和贵州等地，这些地区的创业投资机构投资相对活跃，投资项目数量占比均超过 1%；西部地区和东北地区的黑龙江、辽宁等地，创业投资机构的投资行为相对不活跃，投资的项目数量依然较少。

表 6-6　不同地区创业投资机构所投资项目分布（2022 年）

地区	投资项目数量占比
浙江	22.8%
广东	16.7%
江苏	15.7%
陕西	11.7%
山东	5.5%
湖南	4.8%
上海	3.1%
北京	2.9%
安徽	2.8%
福建	2.5%
天津	2.1%
四川	1.9%
湖北	1.7%
贵州	1.4%
辽宁	0.8%
吉林	0.7%
河南	0.6%
黑龙江	0.5%
江西	0.5%
山西	0.3%
新疆	0.3%
云南	0.2%
重庆	0.2%
河北	0.2%
广西	0.1%

6.5.2 中国创业投资机构所投资项目的地区分布

表 6–7 显示，2022 年中国创业投资机构的投资项目分布在全国 30 个省、自治区和直辖市，比 2021 年增加西藏、云南和内蒙古 3 个地区。与往年相同的是，中国创业投资还是最青睐东部经济和科技发达的地区，投资于江苏、浙江、广东、上海、陕西和北京 6 个地区的项目占比达 74.5%，合计投资约占总数的 3/4。

2022 年，江苏和浙江成为全国创业投资机构投资项目占比并列第一的地区，都是 18.9%。从排名上看，浙江上升 1 位；广东排名与上年相同，仍旧排名第三，但是投资项目占比从 2021 年的 13.4% 升至 15.2%；北京排名从 2021 年第 3 位降至第 6 位，投资项目占比也从 2021 年的 13.4% 降至 6.5%；上海排名从 2021 年第 5 位提升至第 4 位。

部分地区，如黑龙江、江西、新疆、广西、河北、山西、重庆、宁夏等地的投资项目很少，投资项目占比都在 0.5% 及以下。

表 6–7　中国创业投资机构所投资项目的地区分布（2022 年）

地区	投资项目占比
江苏	18.9%
浙江	18.9%
广东	15.2%
上海	7.7%
陕西	7.3%
北京	6.5%
山东	4.0%
湖南	3.7%
安徽	2.4%
福建	2.3%
四川	2.2%
天津	1.8%
湖北	1.7%
贵州	1.3%
河南	1.0%
吉林	0.9%
辽宁	0.9%

续表

地区	投资项目占比
黑龙江	0.5%
江西	0.5%
新疆	0.4%
广西	0.3%
河北	0.3%
山西	0.3%
重庆	0.2%
宁夏	0.1%
海南	0.1%
甘肃	0.1%
西藏	0.1%
云南	0.1%
内蒙古	0.1%

6.5.3 中国各地区创业投资的投资强度

表 6–8 显示，与往年类似，2022 年中国各地创业投资机构所投资项目的投资强度大部分在 1000 万 ~ 3000 万元/项。地区项目投资强度最高的仍然是新疆，项目投资强度是 4979.6 万元/项，相较于 2021 年的 12 489.5 万元/项，下降显著[①]；项目投资强度最低的是宁夏，项目投资强度是 500.0 万元/项，和 2021 年最低的西藏相同。

与 2021 年相比，贵州、吉林、辽宁、云南、天津、黑龙江、河北和山西等地的项目投资强度增幅较大，增幅为 48% ~ 153%；而宁夏、江西、北京、新疆等地的项目投资强度降幅较大，降幅为 42% ~ 60%。河南和湖北等地的项目投资强度变化不大。

表 6–8 各地区创业投资的投资强度（2022 年）　　单位：万元/项

地区	投资强度
新疆	4979.6
河南	4297.6

① 这些地区创业投资的项目数量少，而金额较大，故投资强度较高。

续表

地区	投资强度
云南	4192.0
上海	4186.3
重庆	3828.6
贵州	3631.6
天津	3270.9
广东	3198.3
四川	3187.3
湖南	2712.0
辽宁	2430.4
福建	2411.8
安徽	2356.5
陕西	2356.3
浙江	2110.8
黑龙江	2060.5
江西	1885.9
山东	1866.0
北京	1578.4
江苏	1485.4
湖北	1460.4
河北	1427.2
山西	1419.3
吉林	1386.1
广西	1007.7
宁夏	500.0

6.5.4 中国各地区创业投资项目的持股结构

表 6-9 显示，和往年一样，2022 年国内大部分地区创业投资机构所投资项目持股比例低于 10%，包括北京等地在内的 19 个地区有一半以上投资项目的持股比例低于 10%，而广西和宁夏创业投资所投资项目持股比例均在 30% ~ 50%（不含）。

表 6–9 中国创业投资机构所投资项目持股结构的地区分布（2022 年）

地区	< 10%	10% ~ 20%（不含）	20% ~ 30%（不含）	30% ~ 50%（不含）	≥ 50%
安徽	70.27%	10.81%	2.70%	8.11%	8.11%
北京	84.62%	7.69%	7.69%	0	0
福建	58.90%	16.44%	4.11%	8.22%	12.33%
广东	83.88%	10.41%	2.86%	1.63%	1.22%
广西	0	0	0	100.00%	0
贵州	72.22%	16.67%	5.56%	2.78%	2.78%
河北	40.00%	0	60.00%	0	0
河南	50.00%	22.22%	11.11%	16.67%	0
黑龙江	57.14%	28.57%	14.29%	0	0
湖北	53.66%	12.20%	0	2.44%	31.71%
湖南	78.57%	10.71%	5.71%	3.57%	1.43%
吉林	35.00%	25.00%	20.00%	5.00%	15.00%
江苏	76.86%	8.68%	4.55%	5.37%	4.55%
江西	62.50%	12.50%	12.50%	6.25%	6.25%
辽宁	75.00%	12.50%	8.33%	0	4.17%
宁夏	0	0	0	100.00%	0
山东	83.63%	7.60%	4.09%	2.92%	1.75%
山西	33.33%	33.33%	33.33%	0	0
陕西	58.62%	35.92%	3.45%	1.72%	0.29%
上海	76.60%	10.64%	9.57%	2.13%	1.06%
四川	96.08%	3.92%	0	0	0
天津	65.57%	21.31%	3.28%	3.28%	6.56%
新疆	22.22%	11.11%	22.22%	44.44%	0
云南	33.33%	33.33%	0	33.33%	0
浙江	84.48%	10.77%	1.54%	2.52%	0.70%
重庆	85.71%	14.29%	0	0	0

6.5.5 中国各地区创业投资项目所处阶段

表 6–10 显示了 2022 年中国各地区创业投资项目的所处阶段，主要呈现如下特点。

① 起步期和成长（扩张）期阶段的项目依旧是大部分地区创业投资机构的投资重点。2022 年，贵州、黑龙江、新疆、广东、上海、吉林、北京等地投资起步期的项目占比最高，且均超过 40%。

② 种子期阶段的项目继续获得各地重视。2022 年，宁夏、陕西、湖北、天津、江西、广西、北京、河南、吉林、新疆、福建、广东等 12 个地区创业投资种子期的项目占比都超过 20%。

③ 大部分地区创业投资在成熟（过渡）期、重建期的项目占比都较低。其中，成熟（过渡）期项目占比较高的地区有重庆、河北、黑龙江、四川、上海和湖南，占比在 10% 以上。

表 6-10　中国各地区创业投资项目的所处阶段（2022 年）

地区	种子期	起步期	成长（扩张）期	成熟（过渡）期	重建期
安徽	15.6%	28.1%	53.1%	3.1%	0
北京	32.9%	40.5%	26.6%	0	0
福建	22.2%	18.1%	56.9%	2.8%	0
广东	20.6%	45.2%	31.6%	2.6%	0
广西	33.3%	33.3%	33.3%	0	0
贵州	0	93.2%	6.8%	0	0
河北	20%	20%	20%	40%	0
河南	26.3%	31.6%	42.1%	0	0
黑龙江	13.3%	60.0%	6.7%	20.0%	0
湖北	41.8%	32.7%	23.6%	1.8%	0
湖南	10.0%	30.8%	48.5%	10.8%	0
吉林	22.7%	40.9%	31.8%	4.5%	0
江苏	15.7%	30.8%	46.0%	7.0%	0.4%
江西	40.0%	20.0%	33.3%	6.7%	0
辽宁	0	29.2%	62.5%	8.3%	0
宁夏	100.0%	0	0	0	0
山东	5.0%	25.8%	62.3%	6.3%	0.6%
山西	18.2%	9.1%	72.7%	0	0
陕西	45.3%	19.9%	33.6%	1.2%	0
上海	17.3%	42.9%	27.6%	11.2%	1.0%

续表

地区	种子期	起步期	成长（扩张）期	成熟（过渡）期	重建期
四川	12.5%	39.3%	33.9%	14.3%	0
天津	40.0%	23.1%	32.3%	4.6%	0
新疆	22.2%	55.6%	22.2%	0	0
云南	0	33.3%	66.7%	0	0
浙江	16.6%	39.0%	40.3%	3.6%	0.6%
重庆	0	14.3%	42.9%	42.9%	0

6.6 中国各经济区域创业投资活动情况

本节从经济区域角度来比较、分析 2022 年我国创业投资的运行状况，尤其在当前中国经济发展进入新常态的情况下，通过比较经济发达、有特色的地区与经济相对不发达、创业投资活动不活跃地区之间的差异，一定程度上可以揭示创业投资对促进地区经济发展的重要作用，为我国创业投资发展提供指导借鉴。

本节的区域是根据区域经济发展的联系紧密程度及发展特色，参照国家现有的经济区域进行划分的，并考虑了研究的连续性。当前我国最为关注的几个经济区域增长带是珠三角、长三角及京津冀等地区，同时还有正在重新振兴的东北三省老工业基地。故本节划分区域如下：

① 京津冀地区（北京、天津、河北）；

② 长三角地区（上海、江苏、浙江）；

③ 珠三角地区［广东（深圳）］；

④ 东北三省地区（辽宁、吉林、黑龙江）；

⑤ 其他地区。

6.6.1 中国创业投资机构项目的区域分布

表 6–11 显示了 2022 年中国创业投资项目的区域分布。2022 年，长三角地区仍然是国内创业投资机构最活跃的地区，在该地区投资的项目占比达 45.5%，比 2021 年增加 2.1 个百分点；珠三角地区创业投资项目占比反超京津冀地区，且二者差距开始拉大，达到 15.2%，比 2021 年增加 1.8 个百分点；京津冀地区创业投资项目占比是 8.6%，比 2021 年减少 6.7 个百分点，是唯一占比减少的地区；东北三省地区创业投资项目占比较 2021 年增加 0.4 个百分点；其他地区的创业投资项目占比回升，达到 28.4%，比 2021 年增加 2.4 个百分点。

表 6–11　中国创业投资项目的区域分布（2022 年）

区域	长三角	珠三角	京津冀	东北三省	其他地区
项目占比	45.5%	15.2%	8.6%	2.3%	28.4%

6.6.2　中国不同区域创业投资的投资强度

表 6–12 显示，2022 年，珠三角地区仍为国内创业投资项目的投资强度最高的地区，比 2021 年增加超过 560 万元/项；京津冀地区创业投资项目的投资强度上升一位，位居第二；长三角地区位居第三。但相比 2021 年，京津冀地区和长三角地区创业投资项目的投资强度均出现下降，且长三角地区降幅最大。值得注意的是，珠三角地区的投资强度与另外 4 个地区的差距开始拉大。与 2021 年相比，东北三省地区创业投资项目的投资强度虽然排名仍是末位，但和珠三角地区一样实现正增长，且创业投资项目的投资强度增长幅度最大，达 1100 万元/项；其他地区创业投资项目的投资强度变化不大，较 2021 年减少约 60 万元/项。

表 6–12　中国创业投资强度的区域分布（2022 年）　单位：万元 / 项

区域	珠三角	京津冀	长三角	东北三省	其他地区
投资强度	3198.3	2252.8	2029.5	1953.5	2433.6

6.6.3　中国各区域创业投资的持股结构

表 6–13 显示了 2022 年中国各区域创业投资的持股结构。与 2021 年相同，2022 年不同区域创业投资的持股比例仍是低于 10% 的项目占比最高，均在 50% 以上，且 5 个地区各自占比均比 2021 年有所增加。持股比例低于 10% 的项目占比最高的是珠三角地区，占比达 84.3%；最低的是东北三省地区，占比是 58.1%，增长幅度最多。持股比例大于或等于 50% 的项目在所有区域内的项目占比都很小。

表 6–13　中国各区域创业投资的持股结构（2022 年）

区域	< 10%	10% ~ 20%（不含）	20% ~ 30%（不含）	30% ~ 50%（不含）	≥ 50%
珠三角	84.3%	10.6%	2.9%	1.2%	1.0%
京津冀	81.7%	9.1%	5.2%	1.7%	2.2%
长三角	81.4%	10.1%	2.7%	3.5%	2.4%
东北三省	58.1%	17.7%	14.5%	3.2%	6.5%
其他地区	64.4%	22.0%	5.4%	4.6%	3.6%

6.6.4 中国各区域创业投资项目所处阶段

表 6–14 显示，2022 年各区域内创业投资主要投资起步期和成长（扩张）期的项目，两者占比相当。京津冀地区创业投资在种子期阶段的项目占比最高且增长显著，占比从 2021 年的 23.6% 增加到 35.6%，从 2021 年第 3 位跃居至第 1 位；珠三角地区居第 3 位，种子期阶段的项目占比是 20.6%，比 2021 年增加了 4.6 个百分点；东北三省地区在种子期阶段的项目占比是 11.5%，开始出现正增长。除其他地区外，仅有长三角地区在种子期阶段的项目占比出现下降，减少了 8.8 个百分点。

表 6–14 各区域创业投资项目所处阶段（2022 年）

区域	种子期	起步期	成长（扩张）期	成熟（过渡）期	重建期
珠三角	20.6%	45.2%	31.6%	2.6%	0
东北三省	11.5%	41.0%	37.7%	9.8%	0
长三角	16.4%	36.2%	41.4%	5.5%	0.5%
京津冀	35.6%	32.2%	28.9%	3.4%	0
其他地区	23.5%	29.0%	42.4%	4.9%	0.1%

6.6.5 中国各区域创业投资项目的行业分布

图 6–1 显示，2022 年长三角地区创业投资项目分布在 27 个行业，数量和 2021 年相同。其中，除其他行业外，在半导体，新能源、高效节能技术和生物科技领域的创业投资较多，这与近年来中美科技竞争下中国迫切需求加快补齐芯片领域短板，以及应对能源危机和气候危机保障经济社会可持续发展等因素有关。初步看出，长三角地区的创业投资发展方向与实现国家科技自立自强发展战略是一致的。另外，投资较多的行业还有新材料工业、其他制造业、医药保健和软件产业。

图 6–2 显示，2022 年京津冀地区创业投资项目分布在 20 个行业，数量比 2021 年减少 4 个。2022 年，医药保健从之前作为投资最多的行业下降到第 3 位，占比从 2021 年的 13.3% 降至 10%，显示京津冀地区创业投资关注的焦点产业已经出现转换。与 2021 年相比，半导体行业占比排名升至第 1 位，达到 10.7%。另外，投资较多的行业为其他制造业、软件产业和科技服务。

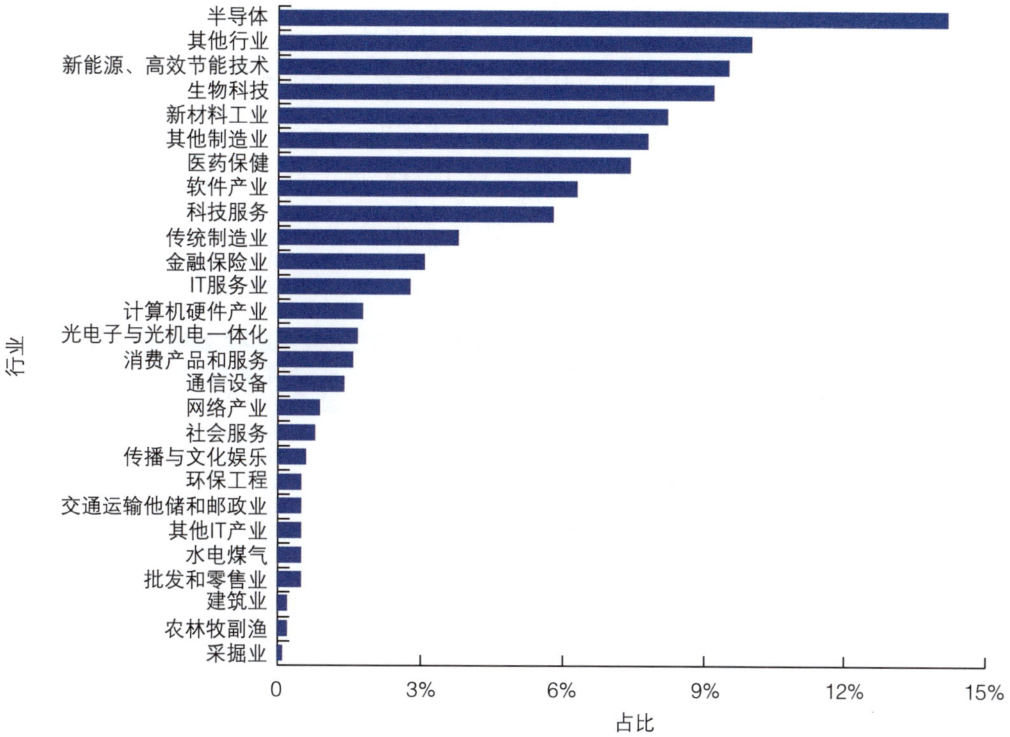

图 6-1　长三角地区创业投资项目的行业分布（2022 年）

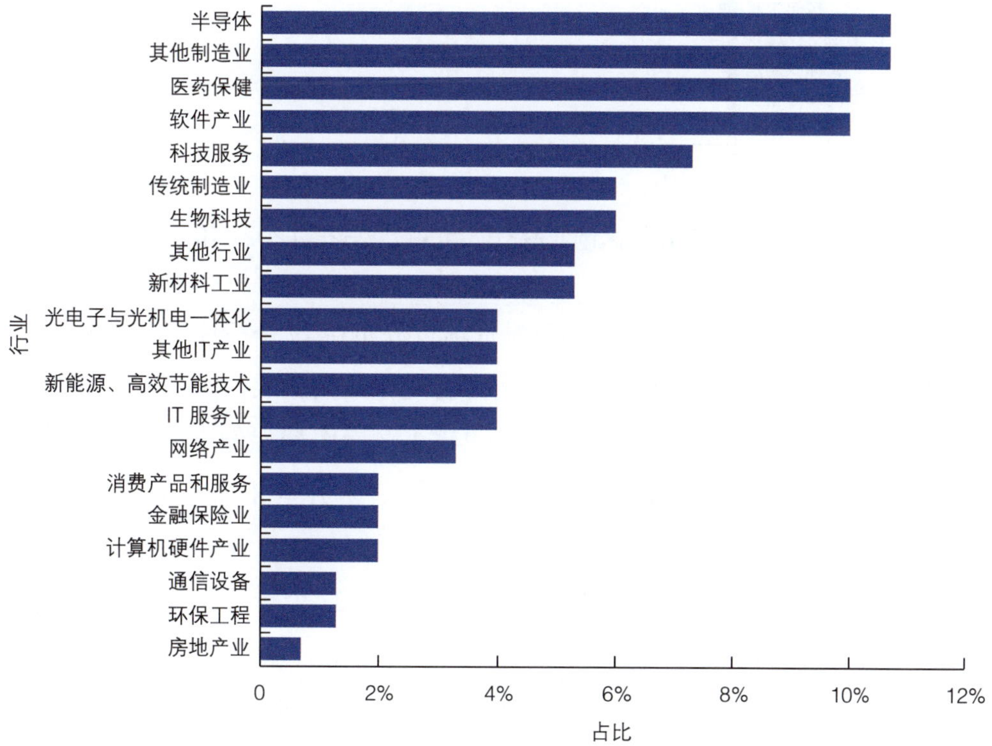

图 6-2　京津冀地区创业投资项目的行业分布（2022 年）

图 6-3 显示，2022 年珠三角地区创业投资项目分布在 22 个行业，比 2021 年减少 2 个。投资最多的行业是其他制造业，占比达 16.8%；其次是去年排名第 1 位的半导体，占比达 16.6%。这两个行业占投资行业总数的 33.4%，可以看出，珠三角地区的创业投资与京津冀地区类似，与当前国家解决芯片等“卡脖子”技术的发展方向是一致的。另外投资较多的行业是生物科技、医药保健，以及新能源、高效节能技术。

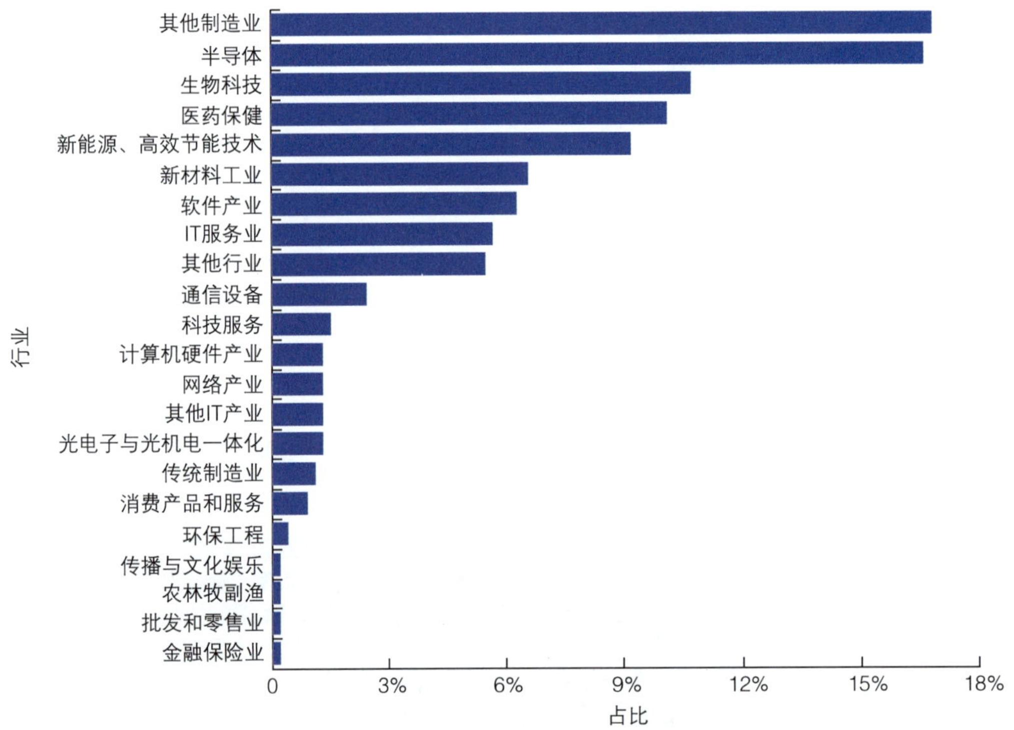

图 6-3　珠三角地区创业投资项目的行业分布（2022 年）

图 6-4 显示，2022 年东北三省地区创业投资项目分布在 17 个行业，比 2021 年增加 1 个，科技服务和通信设备进入投资行业。生物科技排名变化最大，取代医药保健成为 2022 年投资最多的行业，占比从 2021 年的 1.7% 增长至 24.2%，而医药保健下降较多，占比从 2021 年的 21.7% 降至 8.1%；农林牧副渔占比从 2021 年的 1.7% 升至 8.1%。其他投资较多的行业是新材料工业和软件产业。

图 6-5 显示，2022 年其他地区创业投资项目分布在 27 个行业，比 2021 年减少 1 个。其中投资最多的是 2021 年排名第 2 位的半导体，占比是 13.4%，其他行业投资占比排名则降至第 2 位，占比从 2021 年的 18.3% 降至 11.2%。其他制造业，新能源、高效节能技术，新材料工业和软件产业等行业的投资项目也相对较多。

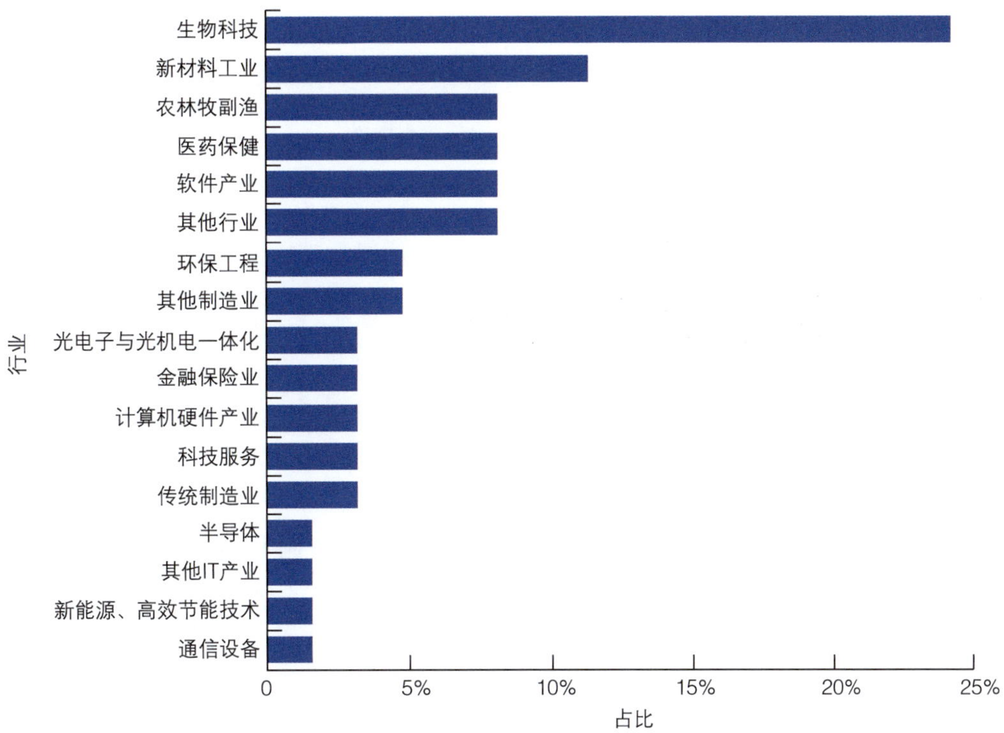

图 6-4 东北三省地区创业投资项目的行业分布（2022 年）

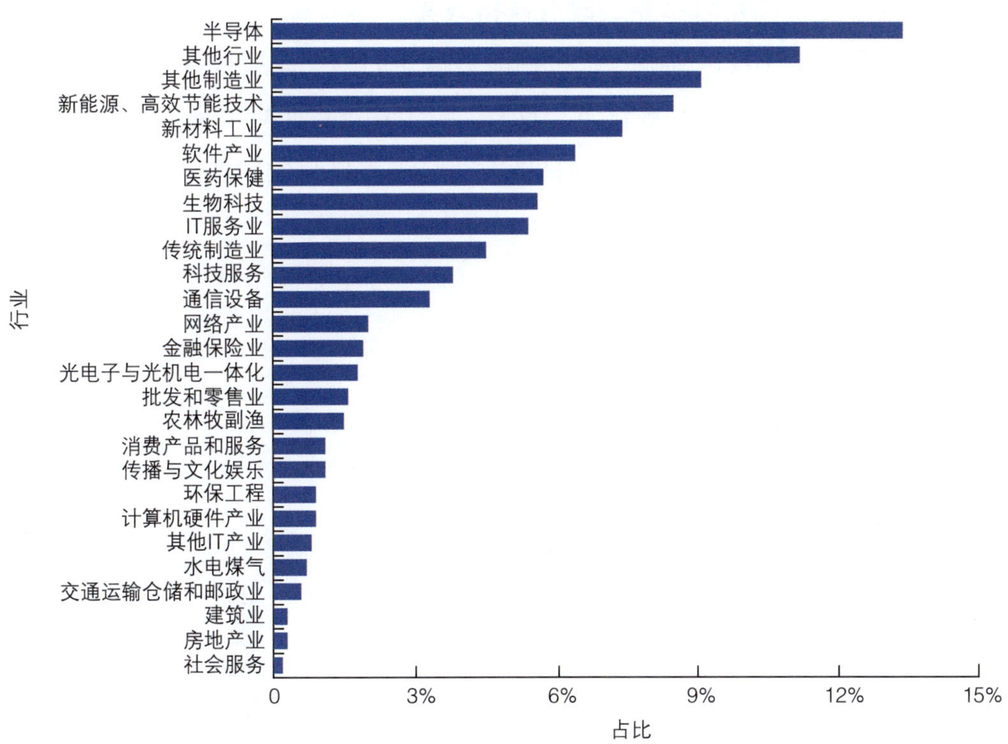

图 6-5 其他地区创业投资项目的行业分布（2022 年）

7

中国创业投资发展环境

2022 年，我国政府部门通过进一步发挥资本市场作用、施行改革试点等措施，持续加大对创业投资机构的支持力度，引导创业投资机构健康发展。本章将重点分析 2022 年中国创业投资机构的政策环境。

7.1 中国创业投资机构的政策环境

7.1.1 中国创业投资机构可以享受的政府扶持政策

图 7–1 展示了 2022 年我国创业投资机构能够享受的中央政府扶持政策情况[①]。其中，22.6% 的创业投资机构享受了“税收优惠”政策，22.1% 的创业投资机构享受了“政策宣讲”政策，11.6% 的创业投资机构享受了“项目推荐”政策，11.0% 的创业投资机构享受了“获得政府资金直接支持”政策等。

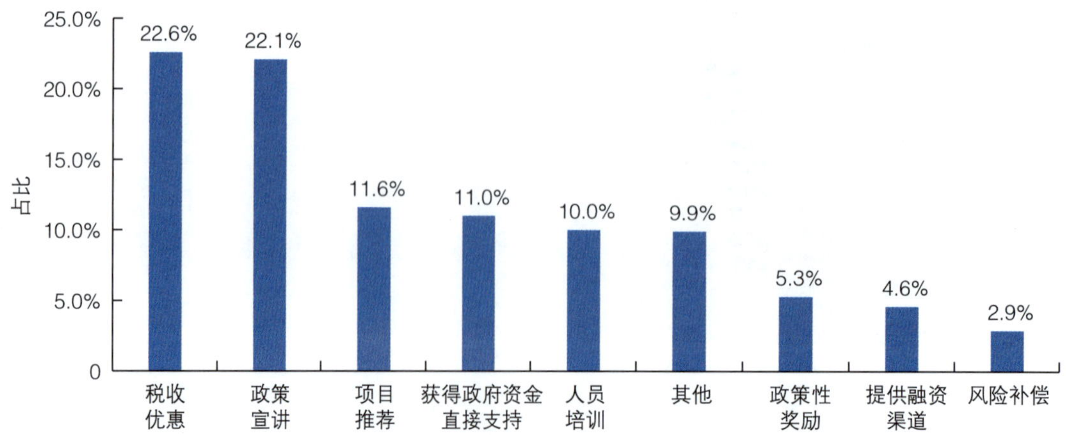

图 7–1 中国创业投资机构能够享受的中央政府扶持政策（2022 年）

① 有效样本数为 2627 份。

地方政府在促进创业投资发展的政策导向与中央政府基本一致。图 7–2 展示了 2022 年中国创业投资机构能够享受的地方政府扶持政策情况①。其中，22.8% 的创业投资机构享受了“税收优惠”政策，17.2% 的创业投资机构享受了“政策宣讲”政策，15.3% 的创业投资机构享受了“项目推荐”政策，12.0% 的创业投资机构享受了“获得政府资金直接支持”政策，9.7% 的创业投资机构享受了“人员培训”政策等。

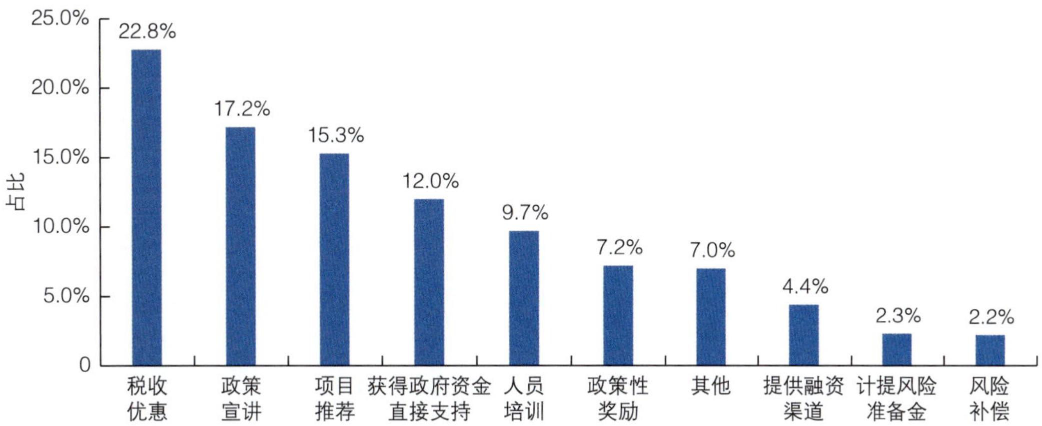

图 7–2　中国创业投资机构能够享受的地方政府扶持政策（2022 年）

从地域层面来看，2022 年，中国创业投资机构能够享受的中央和地方政府扶持政策如图 7–3、图 7–4 所示②。

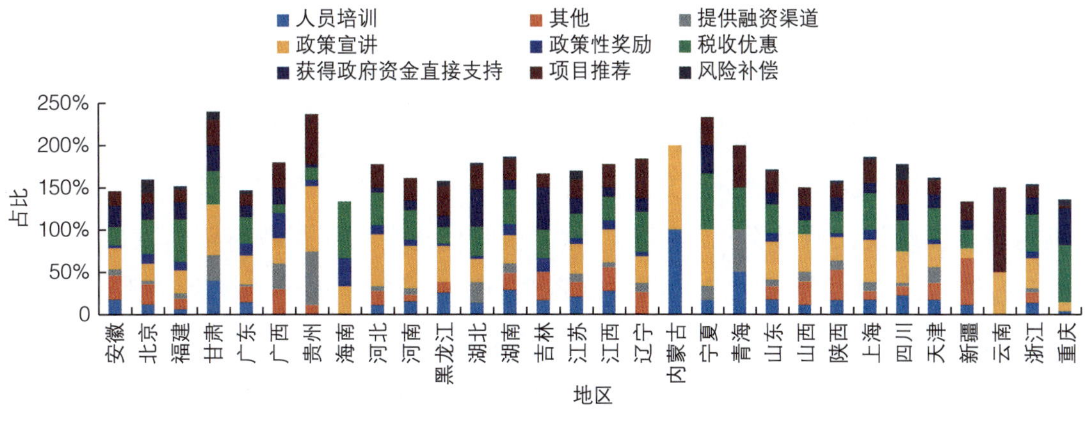

图 7–3　中国各地创业投资机构能够享受的中央政府扶持政策（2022 年）

① 有效样本数为 2708 份。

② 有效样本数为 2721 份。此处问卷设置了多个选项，因此出现纵轴合计比例超过 100% 的情况。

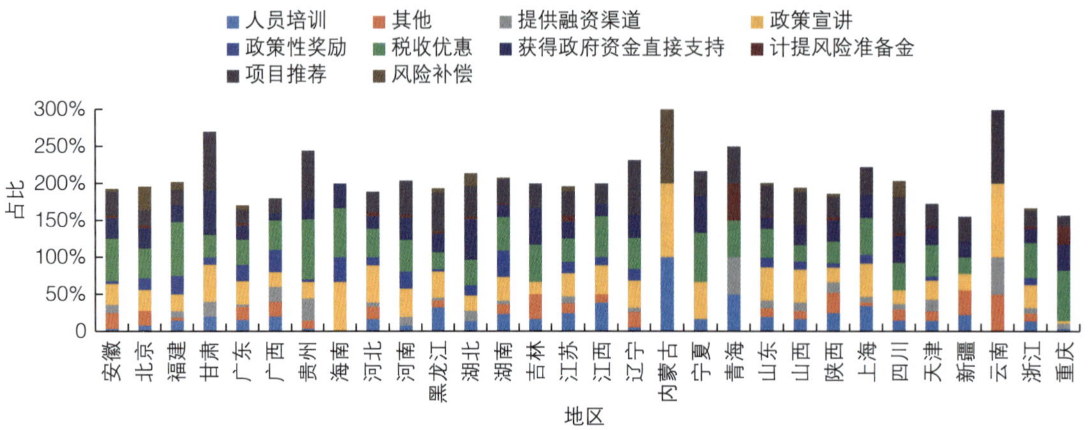

图 7–4　中国各地创业投资机构能够享受的地方政府扶持政策（2022 年）

总体而言，“税收优惠”“获得政府资金直接支持”“政策宣讲”等是各地创业投资机构享受的主要政策形式。从中央政府支持政策层面来看，北京、福建、甘肃、广东、海南、河北、河南、湖北、湖南、吉林、辽宁、宁夏、青海、山东、上海、四川、天津、浙江、重庆等地超过 30% 的创业投资机构享受了中央“税收优惠”政策；甘肃、湖北、吉林、宁夏、重庆等地超过 30% 的创业投资机构享受了中央“获得政府资金直接支持”政策；甘肃、广东、广西、贵州、海南、河北、河南、黑龙江、湖南、江苏、江西、辽宁、内蒙古、宁夏、山东、山西、上海、四川、云南、浙江等地超过 30% 的创业投资机构享受了“政策宣讲”政策。从地方政策层面来看，安徽、福建、贵州、海南、吉林、江西、宁夏、青海、上海、重庆等地超过 50% 的创业投资机构享受了地方“税收优惠”政策；甘肃、湖北、吉林、宁夏等地超过 50% 的创业投资机构享受了地方“获得政府资金直接支持”政策；甘肃、海南、河北、内蒙古、宁夏、云南等地超过 50% 的创业投资机构享受了“政策宣讲”政策。

相对而言，我国欠发达地区的创业投资机构获得的政策扶持种类相对种类单一，多集中在“税收优惠”“获得政府资金直接支持”“政策宣讲”等方面；较为发达地区的创业投资机构享受的政策扶持种类相对多元，除“税收优惠”“获得政府资金直接支持”“政策宣讲”政策外，“政策性奖励”“提供融资渠道”等政策也得到了普遍应用。

7.1.2　中国创业投资机构享受的主要税收政策及缴税情况

近年来，财政部、国家税务总局等部门采取一系列税收优惠政策支持创业投资机构发展。2017 年，财政部、国家税务总局发布《财政部　税务总局关于创业投资企业和天使投资个人有关税收试点政策的通知》（财税〔2017〕38 号），对京津冀、上海、广东、安徽、四川、武汉、西安、沈阳 8 个全面创新改革试验区域和苏州工业园区，从税收试点政策、相关政策条件、管理事项及管理要求等方面作了具体说明。试点政策执行一年之后，2018 年，财政部、国家税务总局发布《财政部　税务总局关于创业投资企业和天使投资个人有关税收政策的通知》（财税〔2018〕55号），就全国范围内实施的创业投资企业和天使投资个人税收政策进行明确。2019年，财政部、国家税务总局、国家发展改革委、证监会发布《财政部　税务总局　发展改革委　证监会关于创业投资企业个人合伙人所得税政策问题的通知》（财税〔2019〕8号），提出创业投资企业可以选择按单一投资基金核算或按创业投资企业年度所得整体核算两种方式之一。2020年，财政部、国家税务总局、国家发展改革委、证监会发布《财政部　税务总局　发展改革委　证监会关于中关村国家自主创新示范区公司型创业投资企业有关企业所得税试点政策的通知》（财税〔2020〕63号），明确在北京市中关村国家自主创新示范区试行公司型创业投资企业的企业所得税优惠政策。该政策首次在税收优惠政策制定中考虑了长期投资的反向挂钩机制。2021年，财政部、国家税务总局、国家发展改革委、证监会联合发布《财政部　税务总局　发展改革委　证监会关于上海市浦东新区特定区域公司型创业投资企业有关企业所得税试点政策的通知》(财税〔2021〕53号)，基本延续了中关村国家自主创新示范区相关优惠政策。深圳、重庆、成都等地对于创业投资机构的税收优惠政策也相继落地。为进一步支持创业创新，2022年，财政部、国家税务总局发布《关于延续执行创业投资企业和天使投资个人投资初创科技型企业有关政策条件的公告》（财政部　税务总局公告2022年第6号），提出自2022年1月1日至2023年12月31日，对于初创科技型企业需符合的条件，延续财政部、国家税务总局《财政部　税务总局关于实施小微企业普惠性税收减免政策的通知》（财税〔2019〕13号）的要求，从业人数继续按不超过300人、资产总额和年销售收入按均不超过5000万元执行，财税〔2018〕55号文件规定的其他条件不变。

2022年统计数据显示，国内披露缴税情况的创业投资机构919家（2021年为1261家），合计缴纳所得税金额逾20.59亿元（2021年为20.65亿元）。2022年，享受各类税收优惠的企业情况如下。

享受《国家税务总局关于实施创业投资企业所得税优惠问题的通知》（国税发〔2009〕87号）政策的企业占比32.5%[①]。调查显示，未享受该政策的企业认为原因主要集中在未投资符合条件的项目（46.0%）、机构不符合政策要求（28.4%）、不了解相关政策（11.7%）等[②]。

享受《财政部　国家税务总局关于将国家自主创新示范区有关税收试点政策推广到全国范围实施的通知》（财税〔2015〕116号）政策的企业占比31.7%[③]。调查显示，企业未享受该政策的原因同样集中在未投资符合条件的项目（45.7%）、机构不符合政策要求（29.2%）、

① 有效样本数为2722份。
② 有效样本数为1836份。
③ 有效样本数为2716份。

不了解相关政策（11.6%）等[①]。

享受《财政部　税务总局关于创业投资企业和天使投资个人有关税收政策的通知》（财税〔2018〕55 号）政策的企业占比 21.6%[②]；其中，31.1% 的企业按创投企业年度所得整体核算所得税应纳税额，68.9% 的企业按单一投资基金核算所得税应纳税额[③]。调查显示，企业未享受该政策的原因同样集中在未投资符合条件的项目（43.2%）、机构不符合政策要求（33.3%）、不了解相关政策（9.9%）等[④]。

享受《财政部　税务总局　发展改革委　证监会关于中关村国家自主创新示范区公司型创业投资企业有关企业所得税试点政策的通知》（财税〔2020〕63 号）政策的北京企业占比 10.2%[⑤]。调查显示，未享受该政策的机构认为，原因主要为机构为非公司型创业投资企业、没有项目退出等[⑥]。

享受《财政部　税务总局　发展改革委　证监会关于上海市浦东新区特定区域公司型创业投资企业有关企业所得税试点政策的通知》（财税〔2021〕53 号）政策的上海企业占比 13.3%[⑦]。调查显示，未享受该政策的机构认为，原因主要为机构未注册在浦东新区、为非公司型创业投资企业等[⑧]。

7.2 中国创业投资机构的政策需求

7.2.1 中国创业投资机构希望出台的激励政策[⑨]

图 7-5 展示了 2022 年中国创业投资机构希望出台的政府激励政策，主要类型如下。

① 完善创业投资税收优惠政策。2022 年，我国创业投资机构最希望出台的政府激励政策是税收优惠类政策，占比为 30.7%。与 2021 年相比，创业投资机构的税收优惠政策诉求基本一致（2021 年为 29.9%）。

② 设立政策性基金。创业投资机构希望设立政策性基金的诉求占比为 20.1%，与 2021 年相比有所上升（2021 年为 17.9%）。

③ 鼓励科研人员创新创业。创业投资机构认为政府应当出台鼓励科研人员创新创业的相关政策，进一步激发创新创业热情，促进科技成果转化。相关政策诉求占比为 10.3%，

① 有效样本数为 1854 份。
② 有效样本数为 2710 份。
③ 有效样本数为 747 份。
④ 有效样本数为 1963 份。
⑤ 有效样本数为 49 份。
⑥ 有效样本数为 18 份。
⑦ 有效样本数为 83 份。
⑧ 有效样本数为 40 份。
⑨ 有效样本数为 2743 份。

这一数据与 2021 年相比有所下降（2021 年为 11.6%）。

④ 加快注册制改革，建立转板机制。创业投资机构希望政府继续推动资本市场注册制改革，加快建立场内外市场之间的转板机制，该政策诉求占比为 14.4%，与 2021 年相比有些许下降（2021 年为 16.0%）。

⑤ 完善和落实相关法律。创业投资机构希望政府能够完善和落实创业投资相关法律，营造规范的制度环境，该政策诉求占比为 8.3%，与 2021 年相比有所提升（2021 年为 7.9%）。

⑥ 理顺国有创业投资管理体制。创业投资机构希望健全符合创业投资行业特点和发展规律的国有创业投资管理体制，激发国有创业投资活力，提高国有创业投资运行效率，相关政策诉求占比为 5.4%，与 2021 年相比有所提升（2021 年为 5.1%）。

⑦ 发展众创空间等新型孵化器。创业投资机构希望政府加大众创空间等新型孵化器的扶持力度，进一步加快推进大众创新创业，该政策诉求占比为 10.1%，与 2021 年相比有所下降（2021 年为 10.9%）。

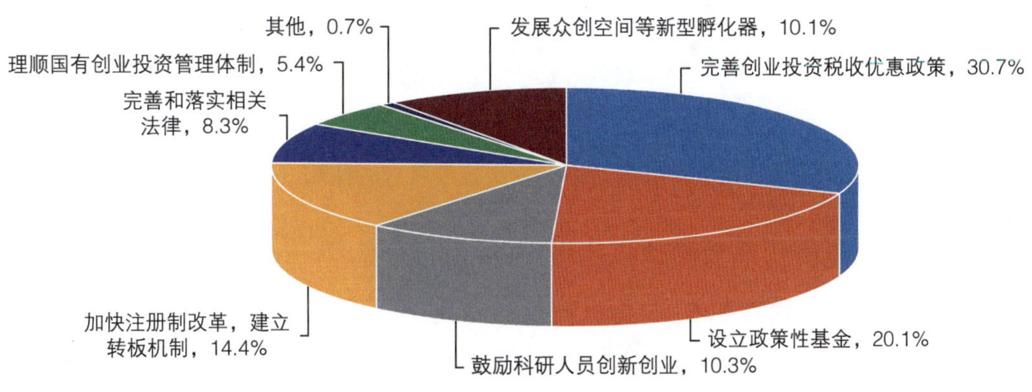

图 7–5　创业投资机构希望的政府激励政策（2022 年）

7.2.2　中国创业投资机构对中小企业政策需求的认知[①]

图 7–6 展示了 2022 年中国创业投资机构对中小企业政策需求的认知。创业投资机构认为，政府应该在以下方面对中小企业进行政策扶持。

① 建立项目库，提高科技项目信息的透明度，推动创业投资机构投资。政府应该优化科技项目信息管理方式，建立项目库，助力创业投资机构识别相关项目信息，以便精准投资中小企业（占比为 23.25%）。

② 对创业投资项目给予直接资助。政府应该对投资于中小企业的创业投资项目给予直接资助，激励创业投资机构开展相关业务（占比为 22.59%）。

③ 尽快设立科技型中小企业上市的绿色通道。政府应该尽快设立科技型中小企业上市

① 有效样本数为 7066 份。

的绿色通道，拓宽科技型中小企业融资渠道（占比为 20.51%）。

④ 创新银行贷款方式，降低贷款成本。政府应该在如何创新银行贷款方式上下功夫，以便降低中小企业的贷款成本，使融资难、融资贵问题得到缓解（占比为 18.54%）。

⑤ 对科技类投资项目提供培训、管理咨询。政府应对科技类投资项目提供培训、管理咨询，为中小企业与创业投资对接搭建良好的理论和实践平台（占比为 8.34%）。

⑥ 鼓励、资助创业投资与孵化器之间的合作。政府应鼓励、资助创业投资与孵化器之间的合作，推动科技型中小企业健康成长（占比为 6.47%）。

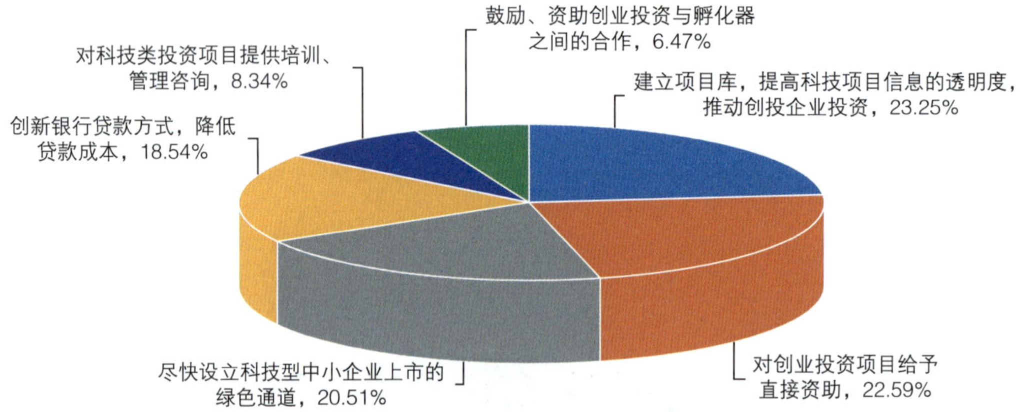

图 7-6　创业投资机构对中小企业政策需求的认知（2022 年）

7.2.3　中国创业投资机构认为影响机构发展的关键政策[①]

2022 年，中国创业投资机构认为影响机构发展的关键政策因素排序为疫情管控政策（34.2%）、资本市场政策（上市、注册、披露等）（27.5%）、监管政策（21.0%）、税收政策（7.5%）、美国投资审查政策（6.7%）等（图 7-7）。

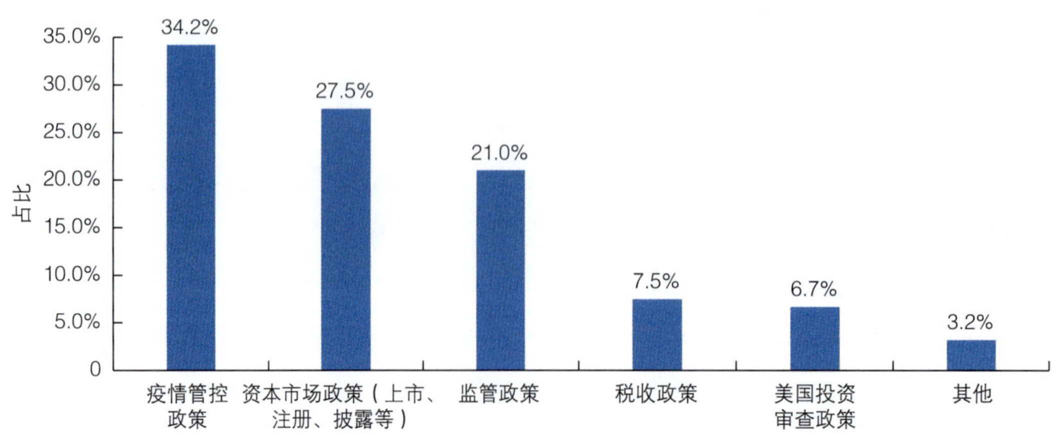

图 7-7　中国创业投资机构认为影响机构发展的关键政策（2022 年）

① 有效样本数为 2739 份。

7.2.4 中国创业投资机构对政府引导基金政策落实的认知[①]

2022年，中国创业投资机构认为，政府引导基金政策落实难的主要原在于募集社会资本难（25.8%）、对投资地区限制过严（18.2%）、财政出资占比缺乏弹性（15.9%）、地方缺乏好的投资项目（15.9%）、财政资金使用效率偏低（11.9%）、财政拨款时间滞后（7.9%）等（图7-8）。

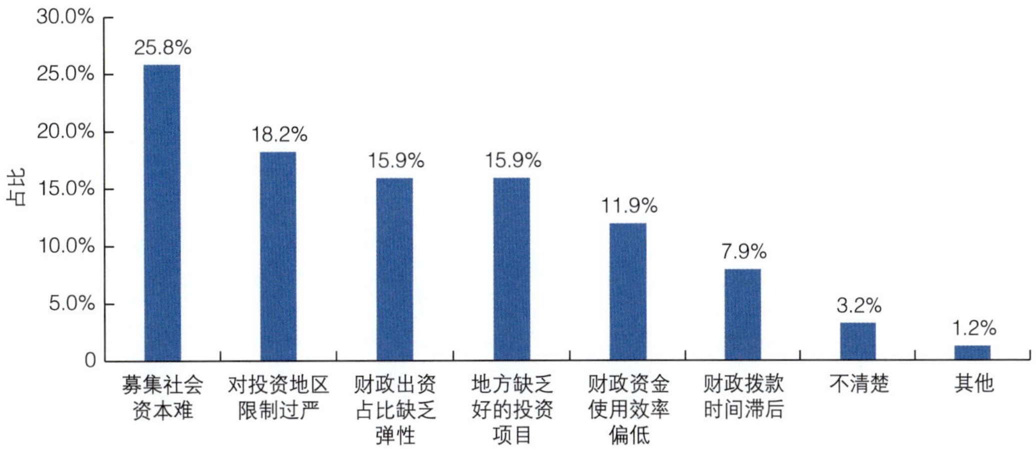

图7-8 中国创业投资机构认为政府引导基金政策落实难的主要原因（2022年）

7.3 中国促进创业投资发展的主要政策

政策支持是创业投资发展的直接助推器。本节对2020—2022年国家层面出台的促进创业投资发展的相关政策文件进行梳理（表7-1）。

表7-1 2020—2022年中国促进创业投资发展主要政策文件

政策领域	文件名称	发布时间	发布机构	主要内容
出台创业投资企业所得税试点政策	《国务院关于深化北京市新一轮服务业扩大开放综合试点建设国家服务业扩大开放综合示范区工作方案的批复》	2020年	国务院	提出以中关村国家自主创新示范区为依托，打造创业投资集聚区，在中关村国家自主创新示范区开展公司型创业投资企业所得税优惠政策试点
	《关于中关村国家自主创新示范区公司型创业投资企业有关企业所得税试点政策的通知》	2020年	财政部、国家税务总局、国家发展改革委、证监会	明确在北京市中关村国家自主创新示范区试行公司型创业投资企业的企业所得税优惠政策

① 有效样本数为2752份。

续表

政策领域	文件名称	发布时间	发布机构	主要内容
修订创业投资基金股东减持规则	《上市公司创业投资基金股东减持股份的特别规定》(2020年修订)	2020年	证监会	提出简化反向挂钩政策适用标准；取消大宗交易方式下减持受让方的锁定期限制；取消投资期限在5年以上的创业投资基金减持限制；调整投资期限计算方式；允许私募股权投资基金参照适用反向挂钩政策；明确弄虚作假申请政策的法律责任
持续进行创业板、科创板改革	《创业板首次公开发行股票注册管理办法(试行)》《创业板上市公司证券发行注册管理办法(试行)》《创业板上市公司持续监管办法(试行)》《科创板上市公司证券发行注册管理办法(试行)》	2020年	证监会	推出创业板、科创板改革举措
加强私募投资基金监管	《关于加强私募投资基金监管的若干规定》	2020年	证监会	包括对私募基金管理人名称及经营范围、业务范围等的规范要求，并实行新老划断；对私募基金管理人出资人(股东)的规范要求；明确私募基金募集过程中的10项禁止行为；明确私募基金从业人员的13项禁止行为；明确私募基金投资活动的"负面清单"；细化私募基金提供借款、担保的要求
支持中小企业直接融资	《关于健全支持中小企业发展制度的若干意见》	2020年	工业和信息化部等17个部门	提出完善中小企业直接融资支持制度。大力培育创业投资市场，完善创业投资激励和退出机制，引导天使投资人群体、私募股权、创业投资等扩大中小企业股权融资，更多地投长、投早、投小、投创新等
营造外商投资的良好环境	《国务院办公厅关于进一步做好稳外贸稳外资工作的意见》	2020年	国务院办公厅	提出给予重点外资企业金融支持，加大重点外资项目支持服务力度，鼓励外资更多投向高新技术产业，降低外资研发中心享受优惠政策门槛

续表

政策领域	文件名称	发布时间	发布机构	主要内容
完善资本市场，设立北京证券交易所	《建设高标准市场体系行动方案》	2021 年	中共中央办公厅、国务院办公厅	提出要促进资本市场健康发展。主要包括稳步推进股票发行注册制改革、建立常态化退市机制、培育资本市场机构投资者、降低实体经济融资成本
	《北京证券交易所向不特定合格投资者公开发行股票注册管理办法（试行）》《北京证券交易所上市公司证券发行注册管理办法（试行）》《北京证券交易所上市公司持续监管办法（试行）》《关于修改〈非上市公众公司监督管理办法〉的决定》《关于修改〈非上市公众公司信息披露管理办法〉的决定》	2021 年	证监会	规范北京证券交易所上市公司证券发行行为，规范北京证券交易所试点注册制公开发行相关活动，规范北京证券交易所上市公司相关各方行为等
加强私募基金管理	《关于依法从严打击证券违法活动的意见》	2021 年	中共中央办公厅、国务院办公厅	提出加快制定私募投资基金管理暂行条例，对创业投资机构和创业投资管理企业实行差异化监管和行业自律
	《关于加强私募投资基金监管的若干规定》	2021 年	证监会	形成私募基金管理人及从业人员等主体的“十不得”禁止性要求
	《中国银保监会办公厅关于资产支持计划和保险私募基金登记有关事项的通知》	2021 年	银保监会	决定将资产支持计划和保险私募基金由注册制改为登记制
扩大公司型创业投资企业所得税试点政策范围	《关于上海市浦东新区特定区域公司型创业投资企业有关企业所得税试点政策的通知》	2021 年	财政部、国家税务总局、国家发展改革委、证监会	提出在上海市浦东新区特定区域试行公司型创业投资企业的企业所得税优惠政策
优化创新创业环境	《国务院关于印发“十四五”就业促进规划的通知》	2021 年	国务院	加强创业政策支持。拓展创业企业直接融资渠道，健全投资生态链，更好发挥创业投资引导基金和私募股权基金作用，加大初创期、种子期投入
	《国务院办公厅关于进一步支持大学生创新创业的指导意见》	2021 年	国务院办公厅	提出对创业投资企业、天使投资人投资于未上市的中小高新技术企业及种子期、初创期科技型企业的投资额，按规定抵扣所得税应纳税所得额等

续表

政策领域	文件名称	发布时间	发布机构	主要内容
发挥资本市场功能	《关于进一步发挥资本市场功能 支持受疫情影响严重地区和行业加快恢复发展的通知》	2022 年	证监会	着眼于加大直接融资支持力度、实施延期展期政策、优化监管工作安排、发挥行业机构作用等 4 个方面，在企业申请首发上市、北交所上市、再融资、并购重组、公司债券、资产证券化产品等方面加大政策支持力度等
	《证券公司科创板股票做市交易业务试点规定》	2022 年	证监会	包括做市商准入条件与程序、内部管控、风险监测监控、监管执法等内容
延续执行创业投资企业和天使投资个人投资初创科技型企业有关政策条件	《关于延续执行创业投资企业和天使投资个人投资初创科技型企业有关政策条件的公告》	2022 年	财政部、国家税务总局	对于初创科技型企业需符合的条件，从业人数继续按不超过 300 人、资产总额和年销售收入按均不超过 5000 万元执行
施行相关试点	《上海市、南京市、杭州市、合肥市、嘉兴市建设科创金融改革试验区总体方案》	2022 年	中国人民银行等 8 个部门	提出大力发展创业投资，支持各类私募股权、私募证券基金管理公司发展；推动试验区内相关机构在银行间债券市场、交易所债券市场、区域性股权市场发行创业投资基金类债券等；支持二手份额转让基金（S 基金）发展，促进股权投资和创业投资份额转让与退出，有效增强创业投资资本服务科技创新能力等具体试点举措
引导创业投资投早投小投科技	《科技部办公厅关于营造更好环境支持科技型中小企业研发的通知》	2022 年	科技部办公厅	提出支持国家、地方及行业各类科技成果转化引导基金设立科技型中小企业子基金，鼓励有条件的地方设立天使投资基金，支持科技型中小企业加大关键核心技术研发力度
	《企业技术创新能力提升行动方案（2022—2023 年）》	2022 年	科技部、财政部	提出强化对企业创新的风险投资等金融支持。鼓励各类天使投资、风险投资基金支持企业创新创业，深入落实创业投资税收优惠政策，引导创投企业投早、投小、投硬科技

续表

政策领域	文件名称	发布时间	发布机构	主要内容
引导创业投资投早投小投科技	《中国证监会　国务院国资委关于支持中央企业发行科技创新公司债券的通知》	2022 年	证监会、国务院国资委	提出鼓励中央企业产业基金和创业投资基金发行科技创新公司债券，募资用于对国家重点支持的科技创新领域企业进行股权投资

2022 年，我国完善和优化创业投资环境的主要做法如下。

（1）持续发展资本市场

为支持受疫情影响严重地区和行业企业加快恢复发展，2022 年 5 月，证监会发布《关于进一步发挥资本市场功能 支持受疫情影响严重地区和行业加快恢复发展的通知》，着眼于加大直接融资支持力度、实施延期展期政策、优化监管工作安排、发挥行业机构作用等 4 个方面，在企业申请首发上市、北交所上市、再融资、并购重组、公司债券、资产证券化产品等方面加大政策支持力度。2022 年 5 月，为落实《关于在上海证券交易所设立科创板并试点注册制的实施意见》，深入推进设立科创板并试点注册制改革，完善科创板交易制度，提升科创板股票流动性、增强市场韧性，证监会制定并发布了《证券公司科创板股票做市交易业务试点规定》（中国证券监督管理委员会公告〔2022〕32 号，简称《规定》）。该《规定》主要包括做市商准入条件与程序、内部管控、风险监测监控、监管执法等方面的内容。《规定》发布后，符合条件的证券公司可以按照要求向证监会申请科创板股票做市交易业务试点资格。

（2）延续执行创业投资企业和天使投资个人投资初创科技型企业有关政策条件

2022 年 2 月，财政部、国家税务总局发布《关于延续执行创业投资企业和天使投资个人投资初创科技型企业有关政策条件的公告》（财政部　税务总局公告 2022 年第 6 号），提出为进一步支持创业创新，自 2022 年 1 月 1 日至 2023 年 12 月 31 日，对于初创科技型企业需符合的条件，从业人数继续按不超过 300 人、资产总额和年销售收入按均不超过 5000 万元执行，财税〔2018〕55 号文件规定的其他条件不变。在此期间已投资满 2 年及新发生的投资，可按财税〔2018〕55 号文件和本公告规定适用税收政策。

（3）在试验区开展科创金融改革试点

2022 年 11 月，中国人民银行、国家发展改革委、科技部、工业和信息化部、财政部、银保监会、证监会、外汇局印发《上海市、南京市、杭州市、合肥市、嘉兴市建设科创金融改革试验区总体方案》，着眼金融、科技和产业良性循环与互动，紧扣科技高水平供给和区域高质量发展，以金融支持长三角协同创新体系建设，加快构建广渠道、多层次、全覆盖、可持续的科创金融服务体系为主线，提出大力发展创业投资，支持各类私募股权、私募证券基金管理公司发展；推动试验区内相关机构在银行间债券市场、交易所债券市场、区域性股权市场发行创业投资基金类债券等；支持二手份额转让基金（S 基金）发展，促进股权投资和创业投资份额转让与退出，有效增强创业投资资本服务科技创新能力等具体举措。

（4）引导创业投资投早投小投科技

2022 年 1 月，《科技部办公厅关于营造更好环境支持科技型中小企业研发的通知》（国科办区〔2022〕2 号），提出支持国家、地方及行业各类科技成果转化引导基金设立科技型中小企业子基金，鼓励有条件的地方设立天使投资基金，支持科技型中小企业加大关键核心技术研发力度。2022 年 8 月，科技部、财政部发布《企业技术创新能力提升行动方案（2022—2023 年）》，提出强化对企业创新的风险投资等金融支持。鼓励各类天使投资、风险投资基金支持企业创新创业，深入落实创业投资税收优惠政策，引导创投企业投早、投小、投硬科技。2022 年 11 月，《中国证监会　国务院国资委关于支持中央企业发行科技创新公司债券的通知》（证监发〔2022〕80 号），提出鼓励中央企业产业基金和创业投资基金发行科技创新公司债券，募资用于对国家重点支持的科技创新领域企业进行股权投资。

8

中国创业投资引导基金发展情况

8.1 中国创业投资引导基金支持创业投资发展概况

截至2022年底，政府引导基金累计出资1170.19亿元，较2021年累计数量增加了203.62亿元；带动的创业投资参股基金累计629支，较上年累计数量增加了6支；带动创业投资机构管理资金规模4972.58亿元，较上年累计数量增加了839.91亿元。

2022年调查结果显示①，获得引导基金支持的创业投资机构平均管理资本规模达到11.62亿元，比2021年减少了1.95亿元，下降幅度为14.38%。未获得引导基金支持的创业投资机构平均管理资本规模为3.04亿元，比2021年减少了0.95亿元，下降幅度为23.89%（图8–1）。

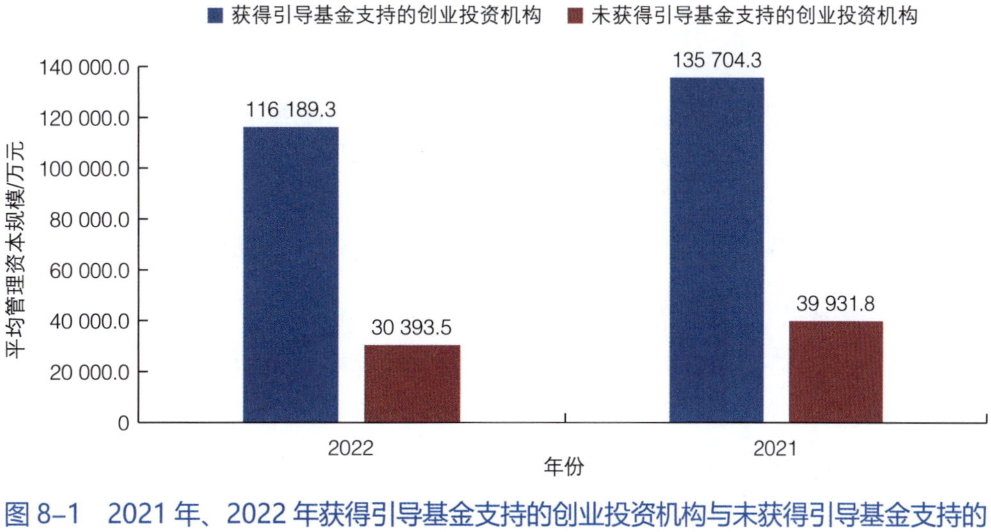

图8–1　2021年、2022年获得引导基金支持的创业投资机构与未获得引导基金支持的创业投资机构的平均管理资本规模对比

① 有效样本数为：获得引导基金支持789份，未获得引导基金支持2037份。

我们按照两种方式来划分创业投资机构的资金募集来源：一种按照机构类型划分；另一种按照金融资本属性划分。

按机构类型划分，2022 年数据显示，在获得引导基金支持的创业投资机构资本构成中，“国有独资投资机构”资本高居首位，占比高达 25.9%，较上年有所提升，体现了引导基金资金和国有独资投资机构资金等财政资金在支持企业方面的一致性；第二是“政府引导基金”，占比为 24.3%，略低于 2021 年水平；第三是“民营投资机构”，占比为 17.3%，较上年略有下降。未获得引导基金支持的创业投资机构资本构成中，最多的来自“国有独资投资机构”，占比为 38.2%；“其他”占比为 19.7%；“民营投资机构”占比由 2021 年的 22.5% 下降至 19.3%，位居第三（图 8–2）。

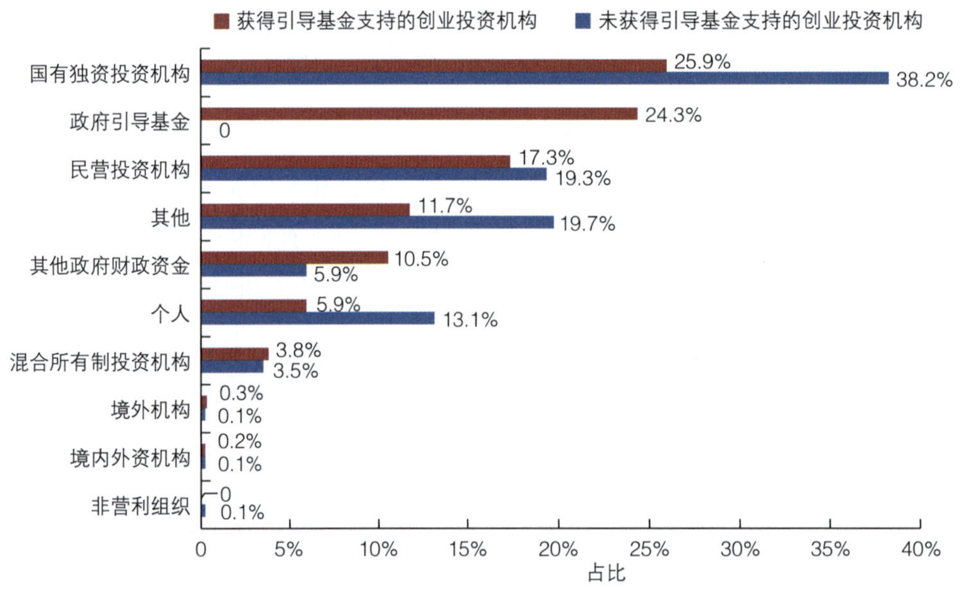

图 8–2　获得引导基金支持的创业投资机构与未获得引导基金支持的创业投资机构的资本构成（分类一）对比（2022 年）

按金融资本属性划分，2022 年数据显示，获得引导基金支持的创业投资机构资本构成中，“非金融资本”占比为 40.4%，高居首位；第二为“基金”，占比为 38.5%；“其他金融资本”占比为 10.6%，位列第三；保险、银行、证券、信托等金融资本占比之和仅为 10.5%。未获得引导基金支持的创业投资机构资本构成中，“基金”占比为 45.4%，“非金融资本”占比为 43.5%，“其他金融资本”占比为 9.2%，信托、银行、证券、保险等金融资本占比同样很少，整体分布较 2021 年无显著变化（图 8–3）。

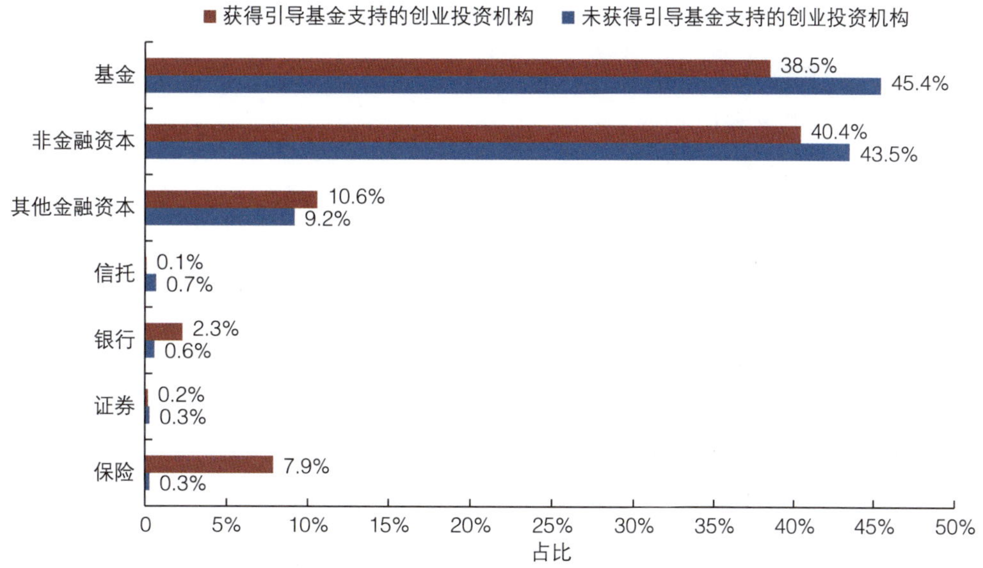

图 8–3　2022 年获得引导基金支持的创业投资机构与未获得引导基金支持的创业投资机构的资本构成（分类二）对比（2022 年）

8.2　中国创业投资引导基金投资项目的行业分布

从投资金额[①]来看，获得引导基金支持和未获得引导基金支持的创业投资机构的投资项目行业分布情况如图 8–4 所示[②]。2022 年获得引导基金支持的创业投资机构倾向于投资其他行业，其他制造业，生物科技，半导体，新能源、高效节能技术等领域，5 个行业合计的投资金额占比达 57.5%；未获得引导基金支持的创业投资机构倾向于投资新能源、高效节能技术，半导体，其他行业，生物科技，新材料工业等领域，5 个行业合计的投资金额占比达 57.7%。

从投资项目数量来看，获得引导基金支持和未获得引导基金支持的创业投资机构的投资项目行业分布情况如图 8–5 所示[③]。2022 年获得引导基金支持的创业投资机构倾向于投资半导体、其他制造业、生物科技、医药保健、新材料工业、软件产业等领域，这 6 个行业合计投资的项目数占比达到 58.0%；未获得引导基金支持的创业投资机构倾向于投资半导体，其他行业，新能源、高效节能技术，其他制造业，新材料工业，生物科技等领域，这 6 个行业合计投资的项目数占比达到 58.9%。

① 排除未获得引导基金支持但资本来源中有引导基金的机构。

② 有效样本数：获得引导基金支持 1005 份，未获得引导基金支持 1842 份。

③ 有效样本数：获得引导基金支持 1365 份，未获得引导基金支持创投 1482 份。

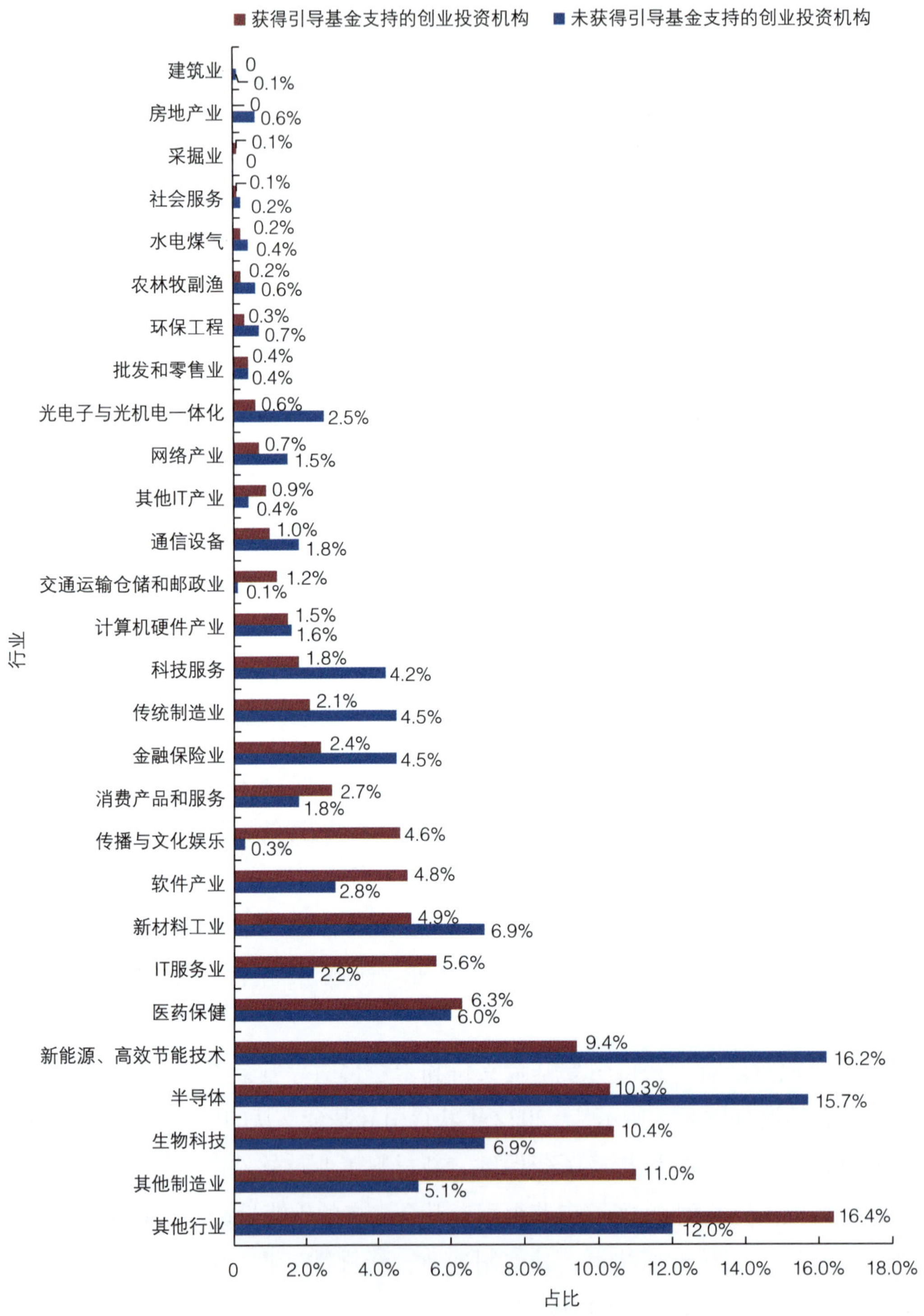

图 8-4 获得引导基金支持和未获得引导基金支持的创业投资企业投资项目（按投资金额）行业分布情况（2022 年）

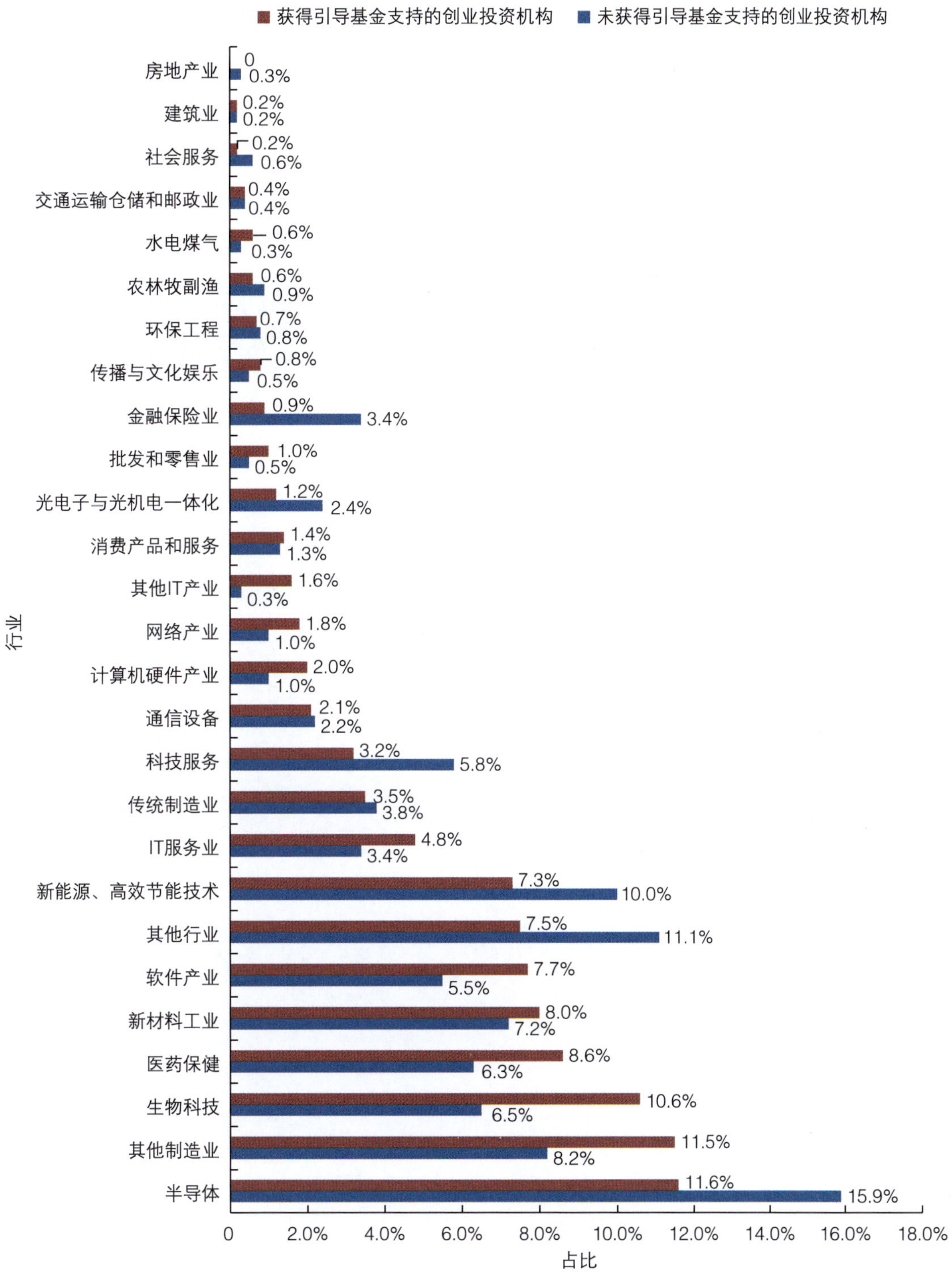

图 8-5 获得引导基金支持和未获得引导基金支持的创业投资企业投资项目（按投资项目数）行业分布情况（2022 年）

从获得引导基金支持创业投资机构的投资行业分布趋势看，按投资金额计算，2022 年在生物科技，其他行业，新能源、高效节能技术，传播与文化娱乐等方面的投资金额有明显提升，在其他制造业、半导体、科技服务、医药保健等方面的投资金额有所下降。按投资项目数量计算，2022 年获得引导基金支持创业投资企业的投资项目数量在生物科技、其他制造业、新能源高效节能技术等方面有所提升，在医药保健等方面略有下降，整体行业分布基本稳定（表 8–1）。

表 8–1　获得引导基金支持创业投资机构的投资项目行业分布（2020—2022 年）

行业	投资金额占比			投资项目占比		
	2022 年	2021 年	2020 年	2022 年	2021 年	2020 年
生物科技	10.4%	3.8%	6.6%	10.6%	8.2%	8.0%
医药保健	6.3%	9.2%	16.0%	8.6%	10.2%	11.1%
其他行业	16.4%	4.1%	13.7%	7.5%	10.0%	8.4%
其他制造业	11.0%	16.0%	7.1%	11.5%	9.3%	7.7%
金融保险业	2.4%	1.4%	0.5%	0.9%	1.4%	1.1%
软件产业	4.8%	5.7%	4.4%	7.7%	8.9%	6.8%
IT服务业	5.6%	4.6%	3.6%	4.8%	6.5%	6.2%
新能源、高效节能技术	9.4%	2.3%	1.7%	7.3%	4.3%	3.5%
新材料工业	4.9%	5.3%	4.2%	8.0%	5.6%	5.5%
传统制造业	2.1%	3.4%	1.9%	3.5%	2.4%	2.8%
环保工程	0.3%	0.8%	1.1%	0.7%	1.9%	1.5%
消费产品和服务	2.7%	4.8%	5.8%	1.4%	3.5%	2.8%
网络产业	0.7%	2.3%	4.8%	1.8%	2.4%	3.0%
建筑业	0	0.1%	0.8%	0.2%	0.3%	0.6%
农林牧副渔	0.2%	0.4%	0.6%	0.6%	0.7%	1.0%
传播与文化娱乐	4.6%	0.6%	1.1%	0.8%	0.8%	1.4%
科技服务	1.8%	4.3%	3.3%	3.2%	5.2%	5.2%
通信设备	1.0%	1.7%	2.3%	2.1%	1.4%	2.7%
半导体	10.3%	19.3%	12.5%	11.6%	10.9%	11.7%
交通运输仓储和邮政业	1.2%	2.6%	0.1%	0.4%	0.6%	0.2%
其他 IT 产业	0.9%	0.1%	0.3%	1.6%	0.6%	0.4%
计算机硬件产业	1.5%	3.6%	4.4%	2.0%	1.3%	3.0%

续表

行业	投资金额占比			投资项目占比		
	2022 年	2021 年	2020 年	2022 年	2021 年	2020 年
光电子与光机电一体化	0.6%	0.7%	1.3%	1.2%	1.6%	3.1%
社会服务	0.1%	1.0%	0.8%	0.2%	0.4%	0.9%
批发和零售业	0.4%	1.6%	0.7%	1.0%	1.3%	1.0%
水电煤气	0.2%	0.2%	0.1%	0.6%	0.1%	0.2%
采掘业	0.1%	0.1%	0.1%	—	0.1%	0.2%
核应用技术	0	—	0.3%	—	0.1%	—

8.3 中国创业投资引导基金投资项目所处阶段

从投资金额来看，2022 年获得引导基金支持与未获得引导基金支持的创业投资项目所处阶段如图 8-6 所示[①]。

在种子期，获得引导基金支持的创业投资机构占比为 9.7%，未获得引导基金支持的创业投资机构占比为 8.3%；在起步期，获得引导基金支持的创业投资机构占比为 41.5%，未获得引导基金支持的创业投资机构占比为 27.4%；在成长（扩张）期，获得引导基金支持的创业投资机构占比为 41.8%，未获得引导基金支持的创业投资机构占比为 52.1%；在成熟（过渡）期，获得引导基金支持的创业投资机构占比为 7.0%，未获得引导基金支持的创业投资机构占比为 11.7%。总体而言，获得引导基金支持的创业投资机构在早前期的项目金额占比明显高于未获得引导基金支持的创业投资机构。与 2021 年相比，2022 年获得引导基金支持的创业投资机构在起步期的项目金额占比明显增加，种子期、成熟（过渡）期的项目金额占比明显减少，其余阶段的项目金额分布基本保持稳定。未获得引导基金支持的创业投资机构在成长（扩张）期的项目金额占比由 48.5% 上升至 52.1%，成熟（过渡）期的项目金额占比由 15.6% 下降至 11.7%。

① 有效样本数：获得引导基金支持 989 份，未获得引导基金支持 1833 份。

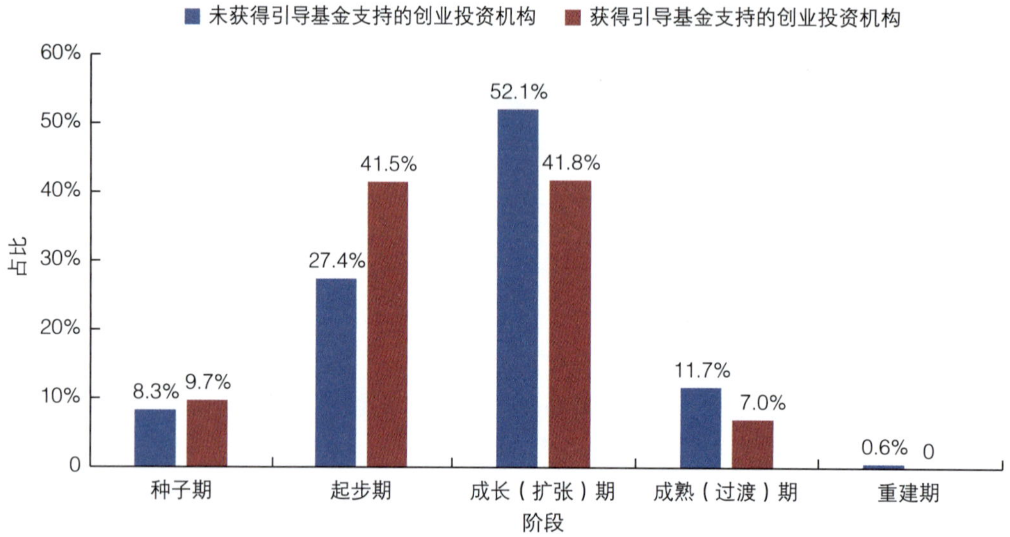

图 8-6　获得引导基金支持与未获得引导基金支持的创业投资项目所处阶段比较（按投资金额）（2022 年）

从投资项目[①]来看（图 8-7），在种子期，获得引导基金支持的创业投资机构占比为 18.3%，未获得引导基金支持的创业投资机构占比为 21.2%；在起步期，获得引导基金支持的创业投资机构占比为 42.4%，未获得引导基金支持的创业投资机构占比为 31.5%；在成长（扩张）期，获得引导基金支持的创业投资机构占比为 34.5%，未获得引导基金支持的创业投资

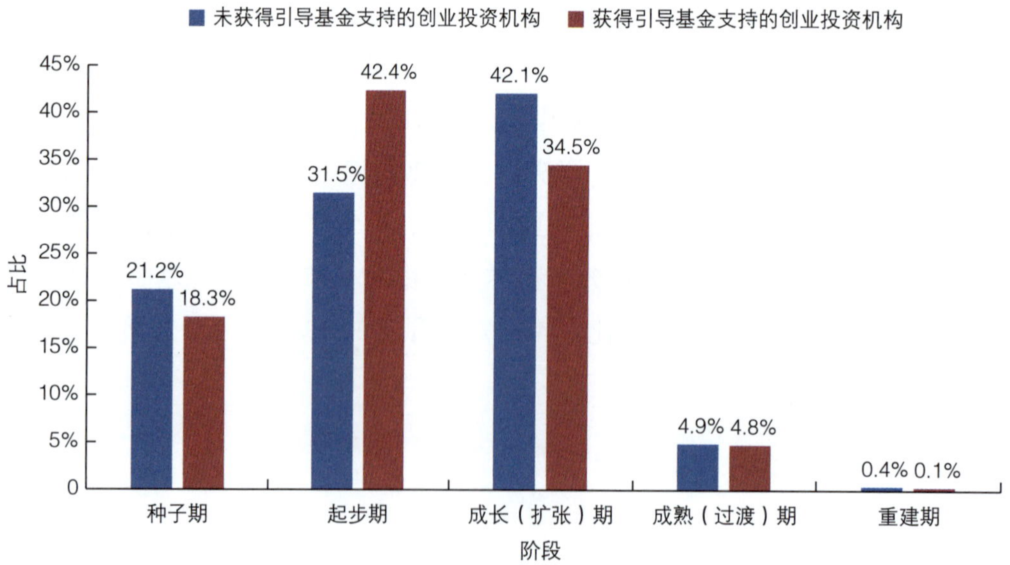

图 8-7　获得引导基金支持与未获得引导基金支持的创业投资项目所处阶段比较（按投资项目数量）（2022 年）

① 排除未获得引导基金支持但资本来源中有引导基金的机构。

机构占比为 42.1%；在成熟（过渡）期，获得引导基金支持的创业投资机构占比为 4.8%，未获得引导基金支持的创业投资机构占比为 4.9%。总体而言，获得引导基金支持的创业投资机构在早前期的项目金额占比明显高于未获得引导基金支持的创业投资机构。与 2021 年相比，2022 年创业投资机构的项目阶段分布特征均无明显变化。

8.4 中国创业投资引导基金投资项目运作情况

2022 年，获得引导基金支持的创业投资机构与未获得引导基金支持的创业投资机构在投资强度上略有差异。相比而言，未获得引导基金支持的创业投资机构投资强度更大，2000 万元以上项目的投资占比为 74.2%，高于获得引导基金支持的创业投资机构（图 8–8、表 8–2）。

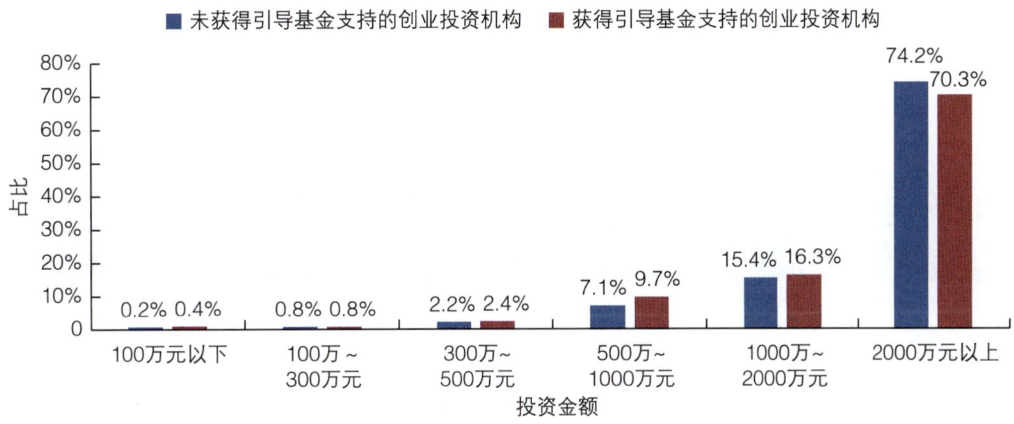

图 8–8 获得引导基金支持与未获得引导基金支持的创业投资机构单项投资金额分布（2022 年）

表 8–2 获得引导基金支持的创业投资机构与未获得引导基金支持的创业投资机构单项投资金额占比（2022 年）

类别	100 万元以下	100 万～300 万元	300 万～500 万元	500 万～1000 万元	1000 万～2000 万元	2000 万元以上
获得引导基金支持的创业投资机构	0.4%	0.8%	2.4%	9.7%	16.3%	70.3%
未获得引导基金支持的创业投资机构	0.2%	0.8%	2.2%	7.1%	15.4%	74.2%

从投资趋势来看，2022 年，获得引导基金支持的创业投资机构投资金额在 2000 万元以上的项目占比明显减少，为近 5 年内最低值（表 8–3）。

表 8-3　获得引导基金支持的创业投资机构的单项投资金额占比（2018—2022 年）

年份	100 万元以下	100 万～300 万元	300 万～500 万元	500 万～1000 万元	1000 万～2000 万元	2000 万元以上
2018	0.2%	1.4%	3.1%	6.8%	13.4%	75.0%
2019	0.2%	1.2%	2.5%	6.4%	12.6%	77.2%
2020	0.1%	1.1%	2.8%	8.8%	16.2%	70.9%
2021	0.3%	0.7%	1.5%	7.2%	14.3%	76.0%
2022	0.4%	0.8%	2.4%	9.7%	16.3%	70.3%

统计数据显示，2022 年获得引导基金支持的创业投资机构共计投资了 590 家高新技术企业，未获得引导基金支持的创业投资机构共计投资了 672 家高新技术企业。与 2021 年相比，获得引导基金支持的创业投资机构投资高新技术企业项目占比和平均投资金额均有所下降（表 8-4）。

表 8-4　创业投资机构项目中投资高新技术企业情况（2021—2022 年）

类别	投资高新技术企业数量/家		投资高新技术企业项目占比		平均投资金额/万元	
	2022 年	2021 年	2022 年	2021 年	2022 年	2021 年
未获得引导基金支持的创业投资机构	672	634	42.0%	39.6%	2564.1	2018.9
获得引导基金支持的创业投资机构	590	940	37.9%	44.3%	1868.2	2717.8

图 8-9 和表 8-5 对比了 2022 年获得引导基金支持创业投资机构和未获得引导基金支持创业投资机构的项目运作状况。结果显示，获得引导基金支持的创业投资机构的投资项目绝大多数还在继续运行，少数选择股东（管理者、同行）回购或清算等；未获得引导基金支持的创业投资机构的投资项目中，59.3% 在项目清算，继续运行的比例为 22.7%，还有极少数项目选择股东（管理者、同行）回购、境内上市、境外上市等。相比 2021 年，2022 年获得引导基金支持的创业投资机构投资项目选择股东（管理者、同行）回购的比例明显增加，由 6.7% 增加至 21.6%。

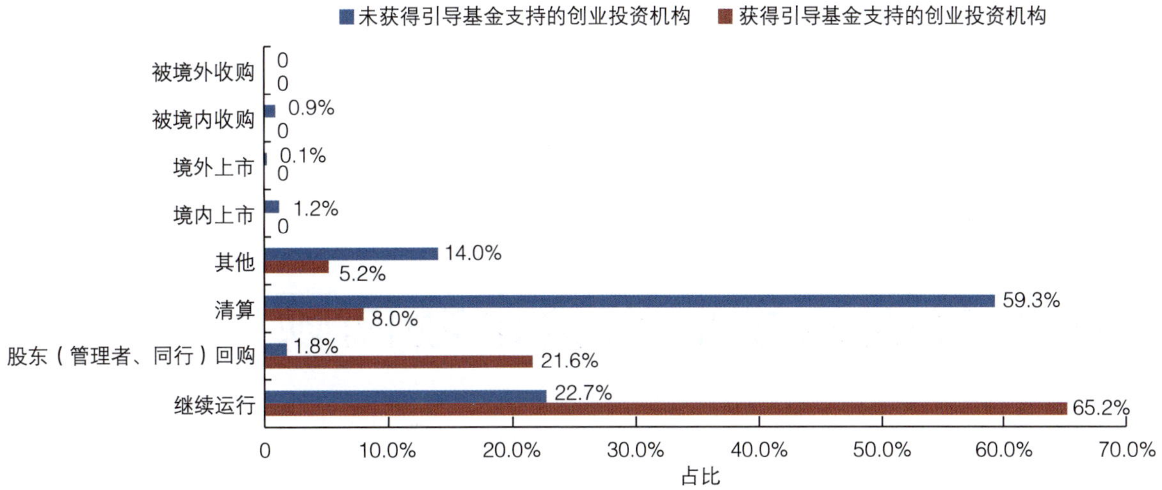

图 8-9　获得引导基金支持与未获得引导基金支持的创业投资机构投资项目运作情况对比（2022 年）

表 8-5　创业投资机构项目运作状况（2022 年）

类别	继续运行	股东（管理者、同行）回购	清算	其他	境内上市	境外上市	被境内收购	被境外收购
获得引导基金支持的创业投资机构	65.2%	21.6%	8.0%	5.2%	0	0	0	0
未获得引导基金支持的创业投资机构	22.7%	1.8%	59.3%	14.0%	1.2%	0.1%	0.9%	0

9

全球部分国家创业投资市场回顾

9.1 2022 年美国创业投资回顾

9.1.1 总体概括

2022 年初，美国创业投资活动水平几乎与 2021 年底相同。2022 年第一季度完成了 5033 笔交易，尽管估值中值略低于 2021 年，但整体交易活动却很强劲。此外，数据显示，可用于创业投资的资金供给与需求的比率接近 1.5 ∶ 1。第二季度的资金供需增长速度与第一季度持平，但市场在第三季度发生了变化，进入防御性的低迷状态，约 2.5 万亿美元资产的投资者开始积极筹资，以应对不确定的未来。交易数量减少，交易价值增加，估值下降。第三季度的趋势一直延续到 2022 年最后一个季度。到第四季度末，投资者共持有 3120 亿美元的资金（约 1000 美元/人），首次融资处于多年来的低点，而内部融资数量有所增加，创业投资的需求与供给之比超过 2 ∶ 1。

2022 年是创业投资史上融资最多的一年，共新增 784 支创业投资基金筹集了近 1630 亿美元，再加上前几年的过剩资金，该行业拥有创纪录的 3120 亿美元的巨额资金（表 9-1、图 9-1、图 9-2）。

表 9-1 美国创业投资总体情况

指标	2018 年	2019 年	2020 年	2021 年	2022 年
累计基金数 / 支	7458	8194	9063	10 349	11 133
累计机构数 / 家	3226	3507	3792	4062	4064
累计资本总额 / 十亿美元	715.1	786.0	875.3	1030.5	1193.5
现存基金数 / 支	3991	4519	5076	6024	6318
在过去的 8 年里筹集资金的机构 / 家	2291	2515	2712	2889	2718

续表

指标	2018 年	2019 年	2020 年	2021 年	2022 年
创业投资管理资金规模 / 十亿美元	458.4	544.8	694.0	1004.2	1115.7
基金规模均值 / 百万美元	105.9	120.9	134.4	149.4	225.7
基金规模中位数 / 百万美元	30.0	334.2	34.3	30.0	40.6

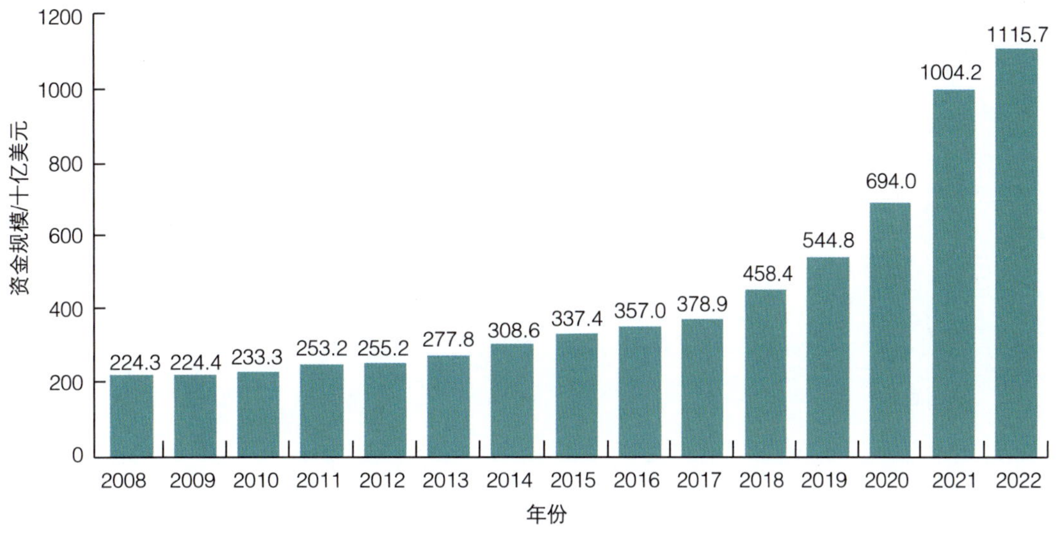

图 9-1　美国创业投资管理资金规模（2008—2022 年）

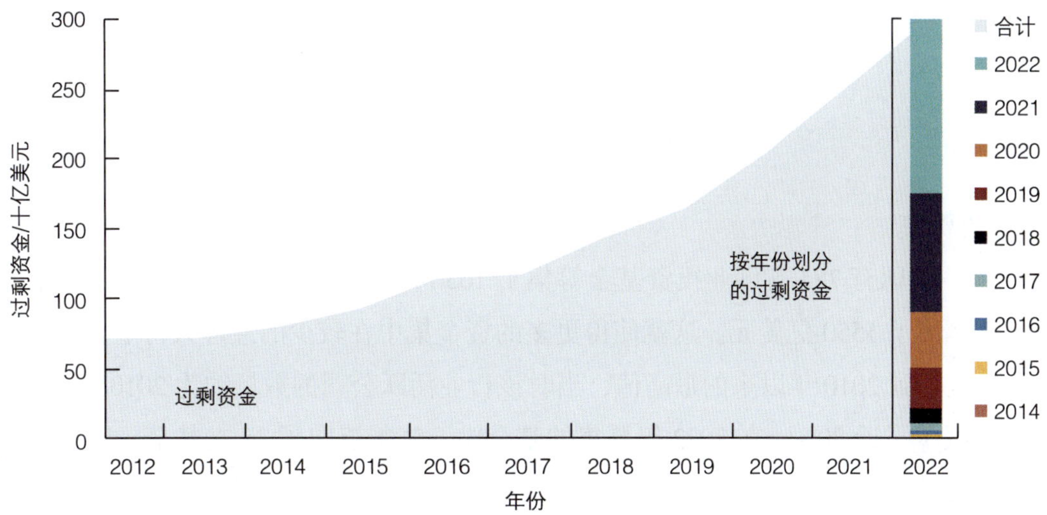

图 9-2　美国创业投资未使用的可投资金累计情况（2012—2022 年）

从全球范围来看，伴随全球交易额的显著下降，美国交易额也有所回落，由 2021 年的 3454 亿美元下降至 2409 亿美元，交易量也呈现同样趋势。因此，美国交易额和交易量占比基本保持稳定。长周期来看，由于中国、欧盟等地创投的发展，美国交易额占全球交易额的百分比从 2009 年的 73% 下降到 2022 年的 47%，美国交易量占全球交易量的百分比从 2009 年的 62% 下降到 2022 年的 37%（表 9–2）。

表 9–2　美国创业投资交易量在全球的占比情况

年份	全球交易额/十亿美元	美国交易额/十亿美元	全球交易量/项	美国交易量/项	美国交易额占全球交易额的百分比	美国交易量占全球交易量的百分比
2009	38.4	27.9	7394	4604	73%	62%
2010	49.3	32.4	9654	5586	66%	58%
2011	67.4	45.7	12 222	6950	68%	57%
2012	62.7	41.7	14 601	8092	67%	55%
2013	76.0	50.1	18 771	10 036	66%	53%
2014	121.8	73.8	23 674	11 084	61%	47%
2015	180.1	86.4	29 474	11 870	48%	40%
2016	195.0	84.0	30 053	10 829	43%	36%
2017	208.4	90.0	32 188	11 730	43%	36%
2018	349.9	146.4	35 952	12 410	42%	35%
2019	326.7	149.3	37 253	13 513	46%	36%
2020	367.8	171.4	38 208	13 359	47%	35%
2021	739.1	345.4	51 601	18 620	47%	36%
2021	508.1	240.9	44 491	16 464	47%	37%

9.1.2　资金募集

2022 年，美国有 784 支创业投资基金筹集了 1630 亿美元资本。而 2021 年，近乎两倍数量的基金仅募集了 1550 亿美元。这就使得更多的资金集中在较少的经理人身上，也导致了基金规模中位数达到 2010 年以来的最高值，当时该行业活跃公司的数量约为 2010 年的 1/3，资产管理规模减少了近 80%。在 2022 年募集的基金中，56% 流向了 35 支基金。所有基金都有至少 10 亿美元的承诺资本。这种趋势是否会持续到 2023 年，还有待观察（图 9 –3）。

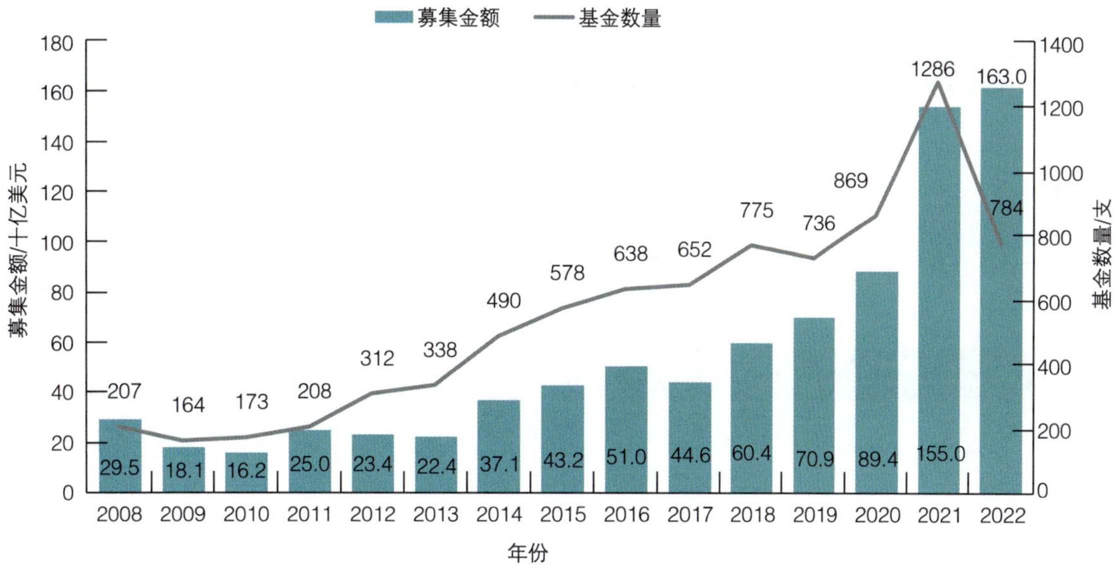

图 9-3 美国创业投资基金募集情况（2008—2022 年）

2022 年，利率陡然上升，创投募资环境面临着更加严峻的挑战。随着利率的不断提高，投资者在向有限合伙人推销时竞争则更加激烈。2022 年，只有 144 名管理人首次完成了创投基金的募资，这是自 2013 年以来最少的募资机构数量。

众所周知，创业投资主要集中在一些热点地区，在过去的 5 年里，南部、大西洋中部和西部山区的创业投资的增长速度均高于美国平均水平（表 9-3、表 9-4）。

表 9-3 美国募集的十大创业投资基金（2022 年）

投资者	基金名称	基金规模 / 百万美元	募资完成日	基金所在州
老虎全球管理基金	老虎全球私募投资合伙人团体 15 期	12 700	2022-03-21	纽约州
Alpha Wave Global	Alpha Wave 基金 Ⅱ	10 000	2022-01-25	纽约州
安德森霍茨基金	安德森霍茨基金 LSV 基金 Ⅲ	5000	2022-01-21	加利福尼亚州
General Catalyst	General Catalyst Group XI	4600	2022-03-11	马萨诸塞州
安德森霍茨基金	a16z crypto IV	4500	2022-03-25	加利福尼亚州
阿塞尔	阿塞尔领导人 IV	4000	2022-06-21	加利福尼亚州
柏尚创业投资	柏尚风险合作伙伴 XII	3850	2022-09-09	纽约州
创始人基金	创始人基金成长 II	3431	2022-03-04	加利福尼亚州

续表

投资者	基金名称	基金规模/百万美元	募资完成日	基金所在州
巴特利创投	巴特利创投 XIV	3081	2022-07-14	马萨诸塞州
ARCH 创投伙伴	ARCH Venture Fund XII	2975	2022-06-29	伊利诺伊州

表 9-4　美国募集投资基金的十大地区（2022 年）

地区	基金数量 / 支	资金募集 / 百万美元	增长率
加利福尼亚州	306	78 275.4	3.5%
纽约州	153	45 349.8	42.1%
马萨诸塞州	62	15 649.5	-0.5%
伊利诺伊州	25	4150.7	33.1%
佛罗里达州	23	2613.4	139.7%
得克萨斯州	36	2419.5	-46.3%
康涅狄格州	10	2126.1	0.8%
华盛顿州	11	2078.0	-8.9%
哥伦比亚特区	8	2018.0	539.5%
芝加哥州	7	1180.5	-6.4%

9.1.3　投资活动

创业投资行业投资情况在很大程度上反映了该国的宏观经济环境。2022 年上半年，美国创业投资行业的投资金额大约为 1550 亿美元，而下半年的投资金额则减少到大约 840 亿美元。虽然许多事件可能导致创业投资行业投资交易的减少，但美联储的基准利率上调是导致行业投资交易减少的最直接原因。虽然 2022 年创业投资行业投资交易出现了断崖式的下降，但全年交易额共计 2380 亿美元，达到了历史上的第 2 次高位。与前几年相比，更多的投资者在更广泛的领域和地区进行了更大的交易。能源、商业产品、医疗保健服务、生物技术和制药及软件行业的创业投资交易在年底都达到或接近 2021 年的高点水平。

（1）投资阶段

2022 年，最值得关注的趋势之一是天使/种子期交易数量的相对减少。在 2020 年和 2021 年，天使/种子期交易数量约占创业投资行业总交易量的 45%，然而 2022 年天使/种子期的投资数仅占总交易量的 38.5%，远低于该阶段年度平均水平（41.3%）。相比之下，早期交易数量占比 33.4%，远高于该阶段年度平均水平（31.8%），比 2020 年和 2021 年的平均水平高 4%。后期的创业投资实现了类似的相对增长率，该阶段的交易数量占总交易量的 28.1%，而年度平均水平为 26.9%，2020 — 2021 年的平均占比为 25.2%（表 9–5）。

表 9–5　美国创业投资的阶段分布（交易数量）　单位：个

阶段	2012 年	2013 年	2014 年	2015 年	2016 年	2017 年	2018 年	2019 年	2020 年	2021 年	2022 年
天使 / 种子期	3385	4582	5220	5802	5148	5414	5538	6012	5964	7736	6536
早期	2752	3282	3421	3531	3217	3576	3665	3798	3515	5366	4887
后期	1525	1680	1899	2025	1979	2210	2592	3022	3139	4507	4181
风险成长	430	491	543	512	483	530	613	679	733	1003	828

（2）投资行业

2022 年，软件行业继续在创业投资领域占主导地位，约占投资总额的 38%，这与前两年的情况一致。作为总资本投资的一部分，所有行业的投资活动保持相对平稳，商业产品和服务行业的投资额绝对值增长最多（从占投资总额的 12% 增长至 16%），能源行业的相对值增长最多（从 1% 提升至 2%）（表 9–6）。

表 9–6　美国按行业分类统计的投资状况（2021—2022 年）　单位：十亿美元

行业分类	2021 年	2022 年
软件	123.7	90.2
商业产品和服务	39.3	37.2
制药与生物技术	36.6	31.3
消费品与服务	32.0	18.6
医疗服务和系统	29.8	22.1
IT 硬件	9.0	8.2
医疗设备和用品	8.8	7.3
能源	8.7	5.9
媒体	4.8	3.2
其他行业	27.1	14.1

（3）投资轮次

2022 年，后续投资的投资金额显著减少，交易数量基本保持稳定。软件行业的 2027 项首轮投资创造了 86.5 亿美元的交易额，其次是制药与生物技术领域的 260 项首轮投资创造了 38.5 亿美元的交易额。商业产品和服务、能源、医疗服务和系统、其他行业等交易额也超过 10 亿美元（图 9 –4、图 9 –5）。

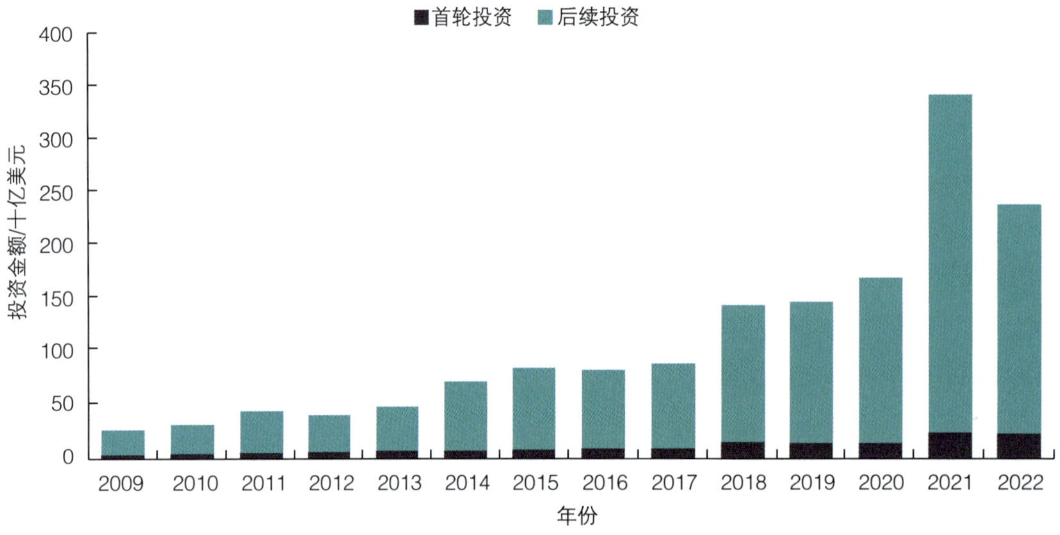

图 9 –4 美国创业投资的首轮投资与后续投资（按投资金额）（2009—2022 年）

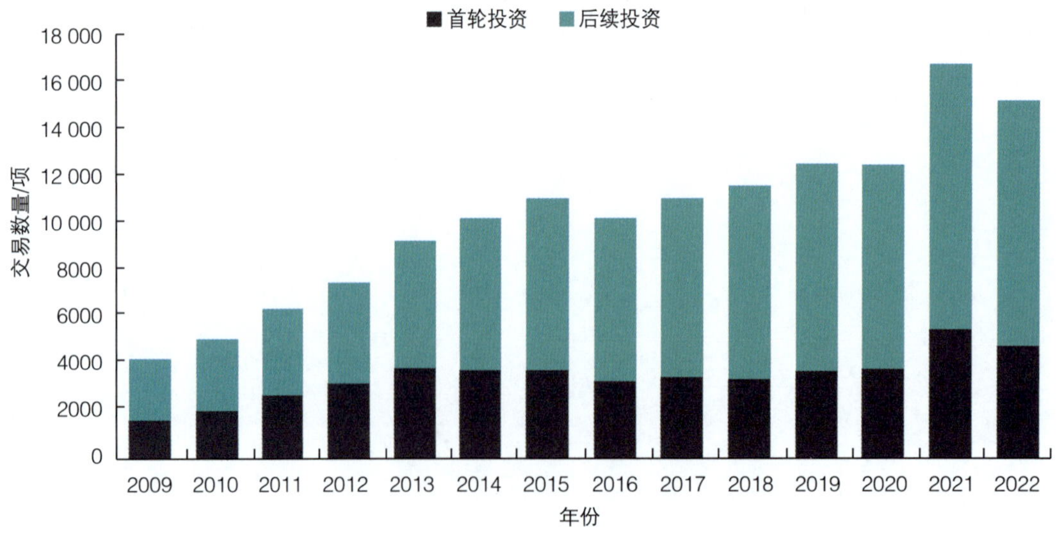

图 9 –5 美国创业投资的首轮投资与后续投资（按交易数量）（2009—2022 年）

9.1.4 投资退出

退出的形式多种多样，包括公开上市、并购和 SPACs①。在经历了 2021 年的疫情后，美国创业投资市场在 2022 年的退出交易金额相较 2021 年显著下降约 90%，退出交易数量则下降了 36%。在大多数其他类型的交易中，2021—2022 年美国的份额保持不变。然而，2021—2022 年，美国创业投资市场的退出交易金额占全球的份额下降了 57%，是至少 20 年来最低的份额。虽然可能有大量未披露的交易会减少这种相对的下降，但应该对美国在全球退出交易金额中的占比下降幅度加以深入分析。

2022 年，有 36 家创投支持的公司进行了 IPO，这比自 2017 年以来的任何一年的 IPO 数量都少了近一半（2017 年有 69 家创投支持的公司进行了 IPO）。医疗保健、生物技术和软件领域 IPO 的急剧下降是主要原因。近 3 年，生物技术和制药业 IPO 数量的平均数为 66，几乎是 2022 年 IPO 总数的两倍。与 2019 年相比，消费品和服务企业通过 IPO 退出的平均时间延长了一年（表 9–7）。

表 9–7 美国创业投资企业的 IPO 价值及特征（2010—2022 年）

年份	IPO 数量/家	总价值/百万美元	IPO 规模中位值/百万美元	平均交易值/百万美元	IPO 价值/百万美元	IPO 后估值中位值/百万美元	IPO 后价值平均数/百万美元	从首次获得创业投资到 IPO 的时间中位值/年	从首次获得创业投资到 IPO 的平均时间/年
2010	45	12 787.9	199.3	297.4	16 035.6	277.2	372.9	6.3	6.8
2011	46	37 793.3	331.2	944.8	43 333.3	423.6	1083.3	5.8	6.7
2012	60	91 613.3	291.7	1832.3	112 792.3	353.2	2050.8	7.1	7.7
2013	87	44 148.7	240.1	573.4	52 970.8	328.5	654.0	6.7	7.3
2014	126	44 415.5	187.1	370.1	53 708.5	249.4	451.3	7.1	7.2
2015	86	31 134.7	219.3	404.3	38 872.4	294.0	492.1	6.5	6.1
2016	43	13 270.2	178.3	316.0	16 132.0	239.3	375.2	7.5	7.0
2017	69	50 734.5	264.7	831.7	60 163.5	349.3	986.3	6.3	6.5
2018	94	64 444.8	330.8	724.1	76 358.8	411.0	848.4	4.6	6.4
2019	90	178 397.8	353.9	2050.5	222 359.4	456.4	2526.8	6.6	6.7
2020	109	215 567.3	508.2	2134.3	251 404.8	703.7	2440.8	5.2	6.3

① Special Purpose Acquisition Companies（特殊目的收购公司）。

续表

年份	IPO 数量/家	总价值/百万美元	IPO 规模中位值/百万美元	平均交易值/百万美元	IPO 价值/百万美元	IPO 后估值中位值/百万美元	IPO 后价值平均数/百万美元	从首次获得创业投资到 IPO 的时间中位值/年	从首次获得创业投资到 IPO 的平均时间/年
2021	191	512 560.0	566.6	2945.7	619 212.8	707.8	3459.3	5.4	6.3
2022	36	6599.0	54.4	235.7	8447.0	78.9	301.7	3.1	5.1

2022 年，在美国创业投资支持的整体并购活动中，总体并购数量同比下降了近 30%。如果与过去 3 年的平均值相比，只下降了 13%。在已披露的交易中，活动减少最多的是商业产品和服务领域的并购，年降幅为 40%。能源领域的并购交易则同比增加了一倍，但只是从 6 项交易跃升到 12 项，2021 年没有披露价值，因此该行业对全国整体交易价值的影响可能是最小的（图 9 -6、表 9-8）。

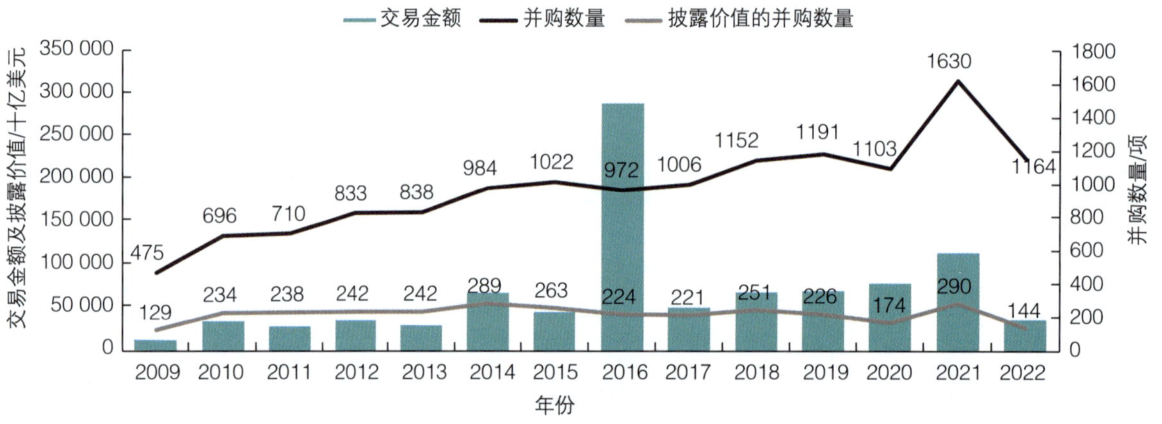

图 9 -6　美国创业投资支持企业并购情况（2009—2022 年）

表 9-8　美国创业投资企业并购退出情况及特征（2009—2022 年）

时间	并购数量/项	披露并购数量/项	交易金额/百万美元	交易金额中位值/百万美元	交易金额平均值/百万美元	并购退出时间的中位值/年	并购退出的平均时间/年
2009	475	129	13 160.9	22.0	91.4	4.4	4.8
2010	696	234	35 439.1	40.0	135.8	4.3	5.0
2011	710	238	29 681.2	40.3	107.9	4.2	4.8
2012	833	242	36 818.5	40.0	136.4	4.6	5.1
2013	838	242	30 739.9	35.0	109.0	3.8	5.0

续表

时间	并购数量/项	披露并购数量/项	交易金额/百万美元	交易金额中位值/百万美元	交易金额平均值/百万美元	并购退出时间的中位值/年	并购退出的平均时间/年
2014	984	289	68 733.1	50.0	205.8	4.3	5.3
2015	1022	263	46 265.0	45.0	153.2	4.2	5.3
2016	972	224	290 165.3	65.0	1036.3	4.4	5.5
2017	1006	221	51 427.3	50.0	189.8	4.9	5.9
2018	1152	251	69 751.6	70.0	220.0	5.1	6.0
2019	1191	226	71 333.4	69.5	216.2	5.1	5.9
2020	1103	174	80 165.0	70.8	277.4	5.3	6.2
2021	1630	290	115 800.6	67.8	233.5	5.4	6.1
2022	1164	144	37 548.2	59.0	169.1	5.5	6.3

资料来源：美国创业投资协会（National Venture Capital Association）。

SPACs 是 2020 年和 2021 年上市的主要方式之一，分别有 229 项和 558 项退出交易，对应退出价值分别为 706 亿美元和 1355 亿美元。2022 年，有 71 项退出交易，总价值为 104 亿美元。此外，2022 年，De-SPAC 指数下降了近 70%。2023 年初对 SPACs 比较友好，该指数自年初以来上涨了 23%（图 9 –7）。

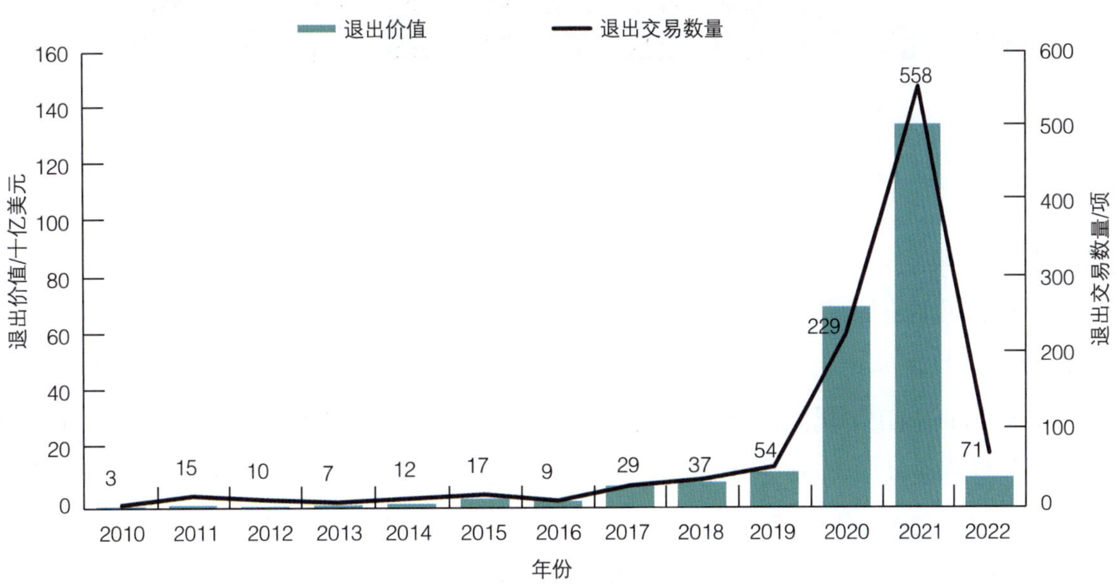

图 9 –7　美国创投行业通过 SPACs 退出交易情况（2010—2022 年）

9.2 2022 年欧洲创业投资回顾

2022 年，共 916 亿欧元投资于欧洲的初创企业，比 2021 年下降了 15.9%。受到高通胀、利率上升、经济疲软及地缘政治紧张等宏观经济形势恶化影响，投资者对投资成本上升和不确定性增加等担忧情绪加剧，2022 年的欧洲创业投资市场依然面临考验。

从美国的大型科技公司到欧洲的初创公司，都有公司宣布裁员。大型科技股的市值已经重新调整，估值下降正在渗透到风险投资生态系统。尽管金融市场充满了悲观情绪，但风险投资金额每年都保持了一定的弹性。在过去 3 年，欧洲风险投资金额一直处于积极上升的轨道，但 2022 年标志着该资产类别扩张期的结束（图 9–8）。

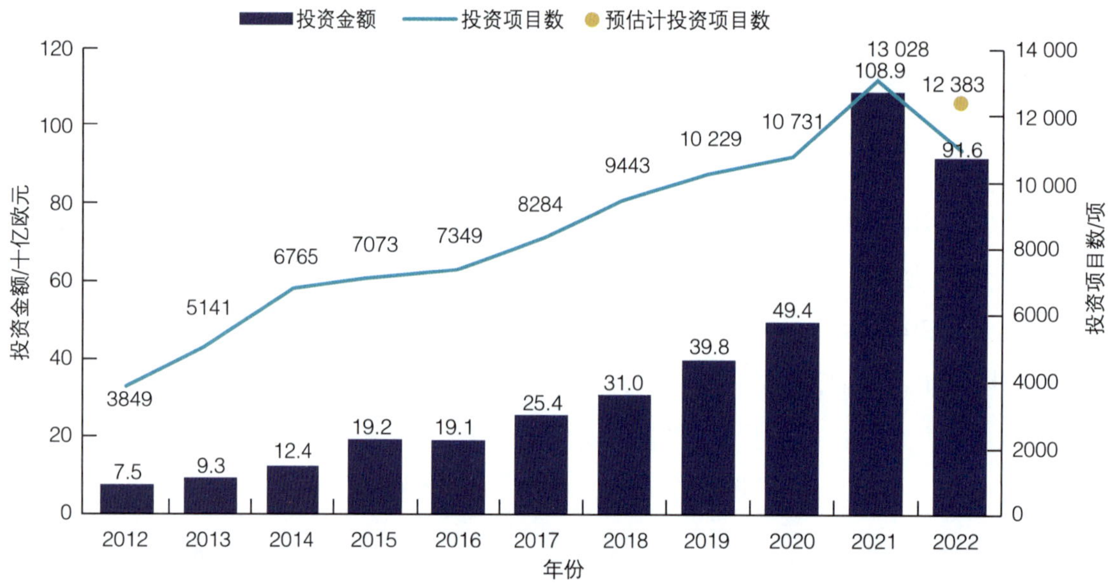

图 9–8 欧洲创业投资总体情况一览（2012—2022 年）

9.2.1 资金募集

2022 年，欧洲创业投资基金总共募集到 254 亿欧元，与 2021 年持平（图 9–9）。尽管 2022 年已经呈现熊市特征，但是募集资金总额与过去 2 年基本持平，这表明普通合伙人（General Partner，GP）仍然能够吸引大量的有限合伙人（Limited Partner，LP）出资并完成大量的基金募资活动。基金资金的募集通常需要几个月的时间才能完成，还需要管理各种 LP 的关系，因此 2022 年全年都存在明显的时间滞后效应。考虑到这一滞后效应，2023 年的募集金额应当可以更准确地反映当前的情况。2023 年募资额将趋于平稳，因为借贷成本增加将导致资本配置趋紧，同时包括分母效应在内的因素也将导致投资组合的重新调整。因此，募集资金可能会变得更具挑战性。

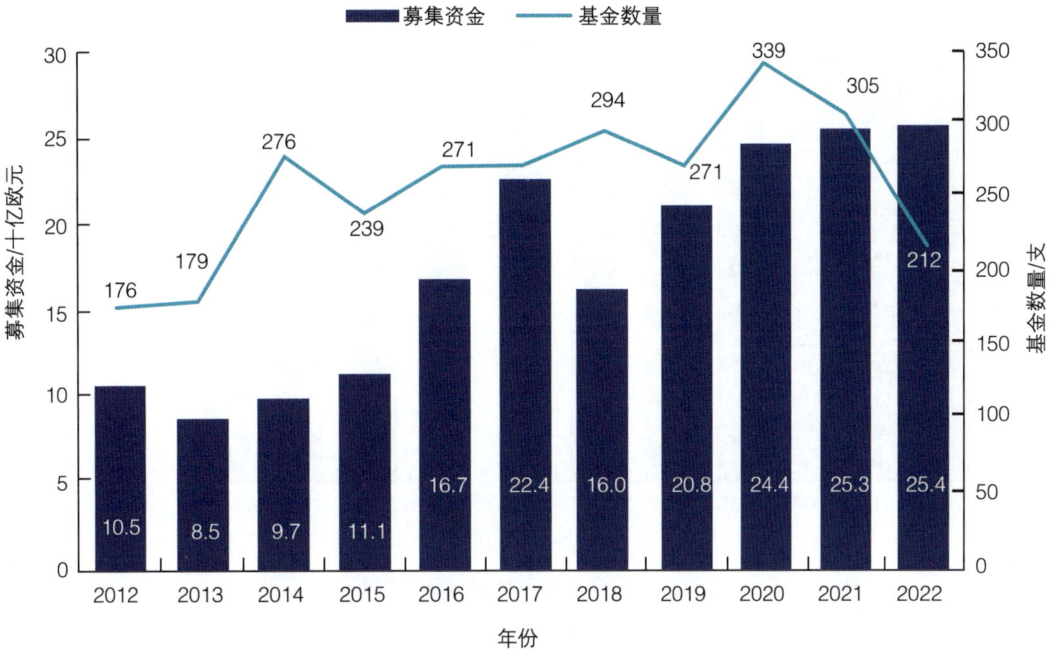

图 9-9　欧洲创业投资基金融资情况（2012—2022 年）

9.2.2　投资活动

随着 2022 年交易格局的演变，可以看到 2022 年下半年完成的估值较高的大型交易减少了。随着对成本和增长率的担忧，2022 年风险偏好正在发生变化（图 9-10）。

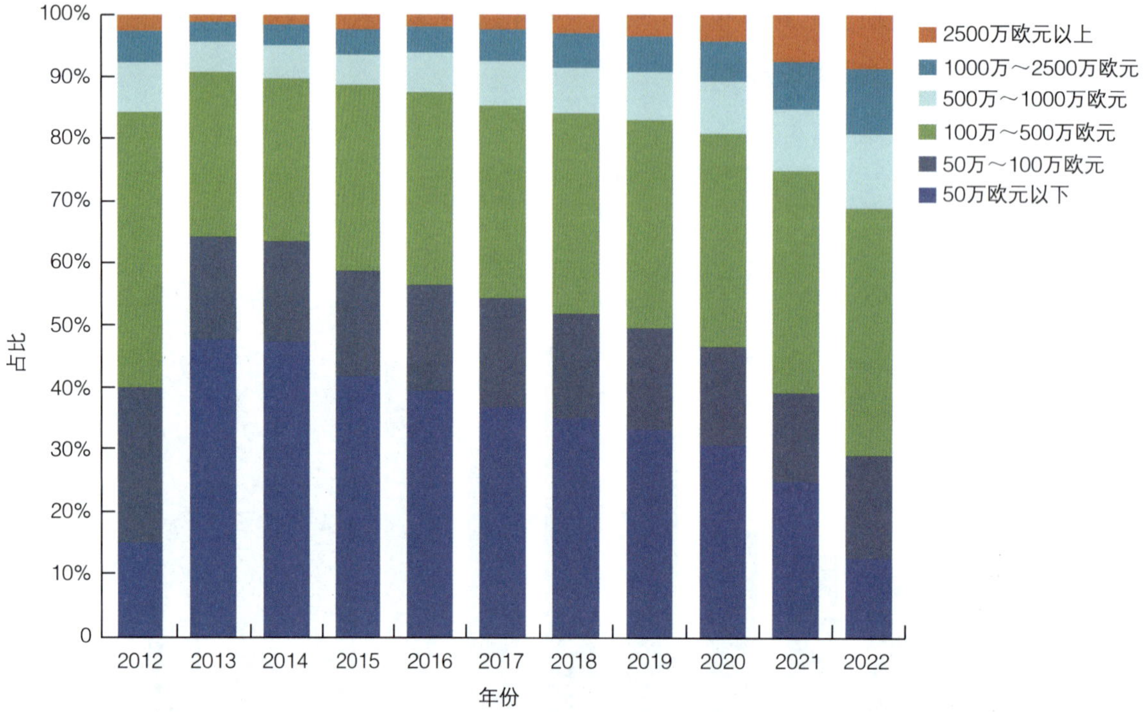

图 9–10　欧洲创业投资单个项目规模（2012—2022 年）

（1）投资阶段

自 2017 年以来，后期项目投资每年占投资总额比例最高。由于后期资本的崛起与估值的膨胀和更多的轮次有关，《欧洲创业风险投资年报》引入了一类新的风险投资融资阶段分类——风险增长阶段。重新分类投资阶段后可以发现，过去 10 年中后期风险投资的范围已经扩大，风险投资的增长将更准确地反映风险投资生态系统顶端发生的交易活动。2022 年，处于后期投资和风险增长阶段的投资额分别达到 435 亿欧元和 166 亿欧元。2022 年，风险增长和后期投资加起来占投资总额的 65.6%，略高于 2021 年的 64.8%。尽管人们担心 2022 年风险投资支持的大型公司难以保持增长率和吸引投资，但资本注入仍然强劲（图 9–11）。

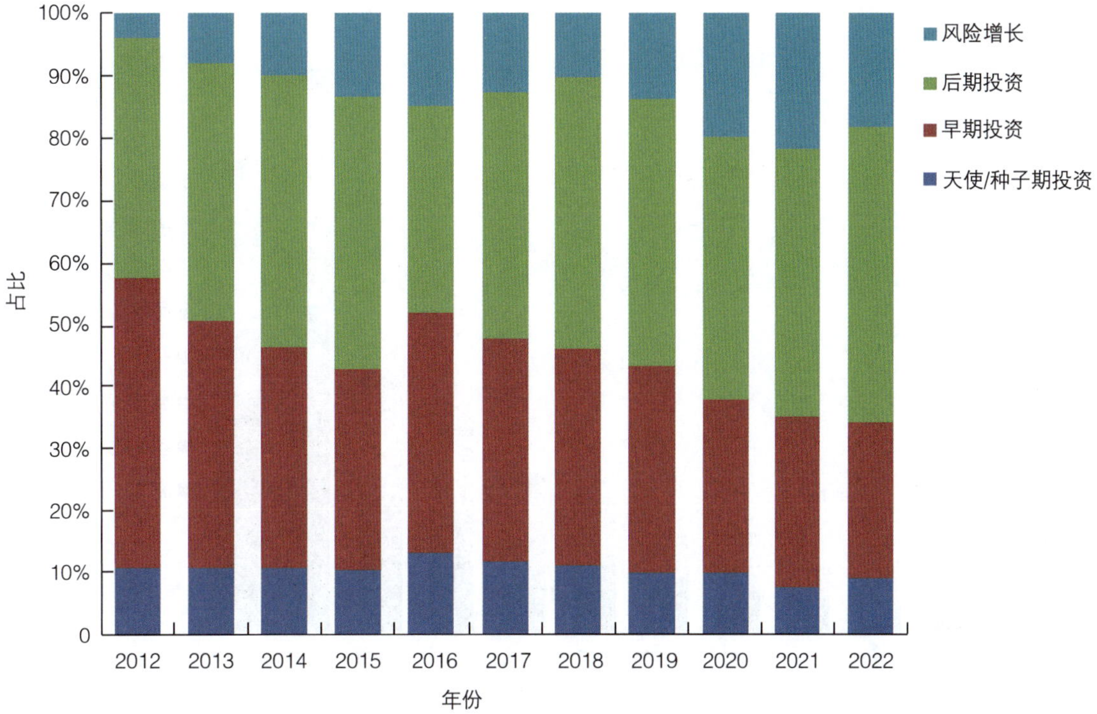

图 9–11　按照投资阶段划分情况（2012—2022 年）

（2）投资行业分布

行业关注受技术发展、法规、政府政策和不断变化的人口结构影响。例如，自全球金融危机以来，金融科技公司已发展成为欧洲主要的风险投资部门，因为数字化的采用、消费者偏好和新玩家扰乱了建立已久且利润丰厚的金融服务业。金融科技公司不断获得大量资本注入，并帮助 Checkout.com 和 Revolut 等公司成为欧洲最有价值的风险投资支持公司。在过去 4 年中，金融科技领域投资额平均占欧洲投资总额的 20.2%。然而，2022 年金融形势发生了重大变化，严重的通货膨胀和利率上升结束了有利的资本市场条件。此外，在最近的加密货币调查中，有关数据、安全和金融服务业的法规等问题也成为投资者们关注的重要问题（图 9–12）。

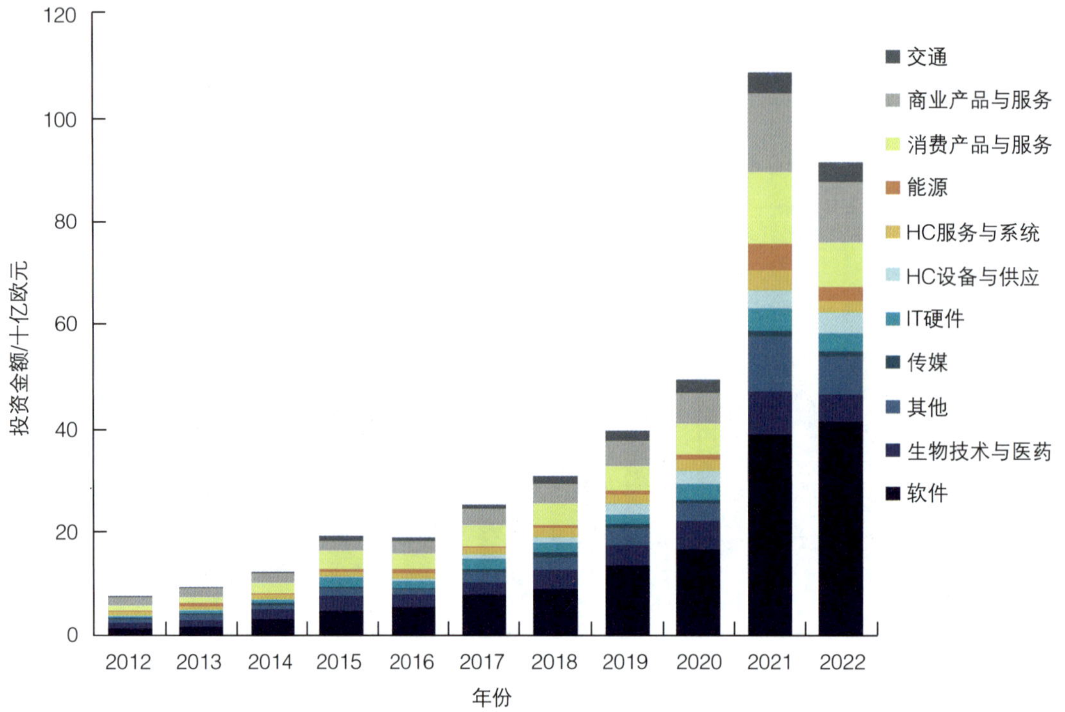

图 9-12　欧洲创业投资基金投资的行业分布（按投资金额）（2012—2022 年）

9.2.3　退出活动

尽管受包括股票暴跌和增长预测减弱在内的多种因素影响，2022 年的退出总额仍为 2012 年以来的第 3 名。2022 年的退出活动可以分为两个阶段：一是上半年的大量退出；二是下半年的极少数退出。随着宏观经济状况和潜在的退出估值在 2022 年进一步恶化，退出活动显著减少。2022 年，上半年退出总额 296 亿欧元，而下半年退出仅为 86 亿欧元。这主要是由于 2021 年退出市场的势头延续到 2022 年上半年。2022 年是欧洲风险投资生态系统中异常年份，可能在几年内都不会再现（图 9-13）。

风险投资热衷于在过热的市场中追求激进的增长目标以寻求更高估值，导致现在面临更艰难的融资和退出。初创企业正在延长融资跑道，削减成本，并确保在市场反弹时做好可能退出的准备。因此，2022 年的退出活动有所下降，预计疲软将持续到 2023 年。由于增长率放缓和对经济衰退的担忧，几家计划在 2022 年退出的成熟企业推迟了退出计划。后期仍可能选择在 2023 年退出，然而由于投资者、创始人和运营商专注于确保企业运营，预计不会在短期内出现大量退出的情况（图 9-14、图 9-15）。

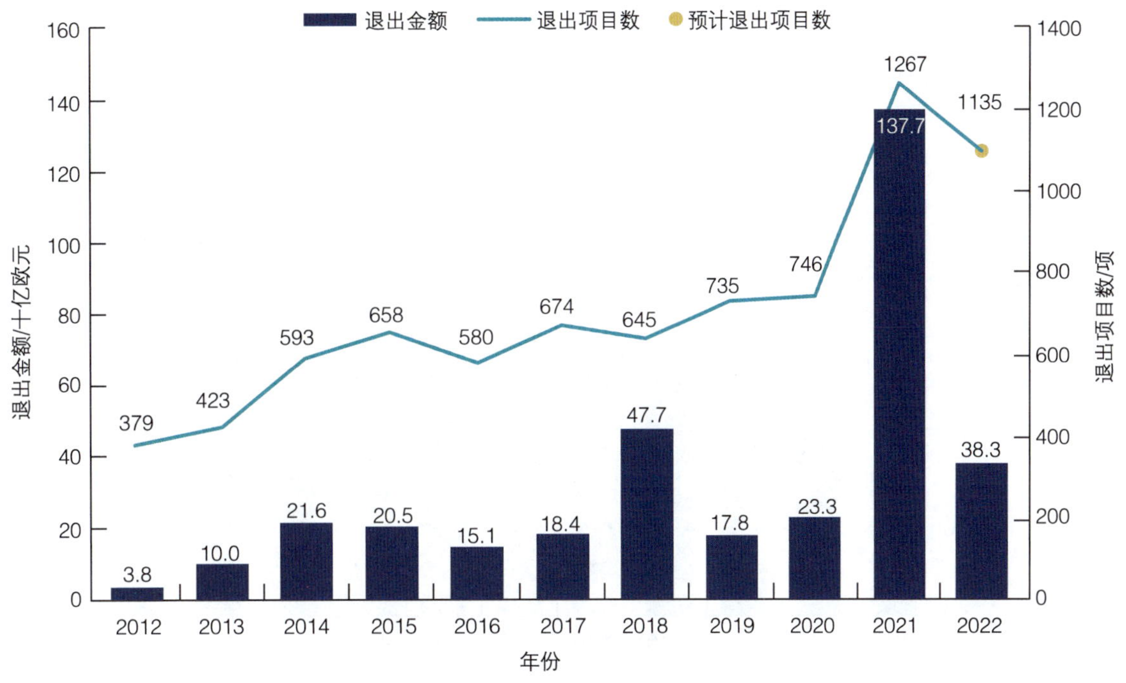

图 9–13　欧洲创业投资基金退出情况（2012—2022 年）

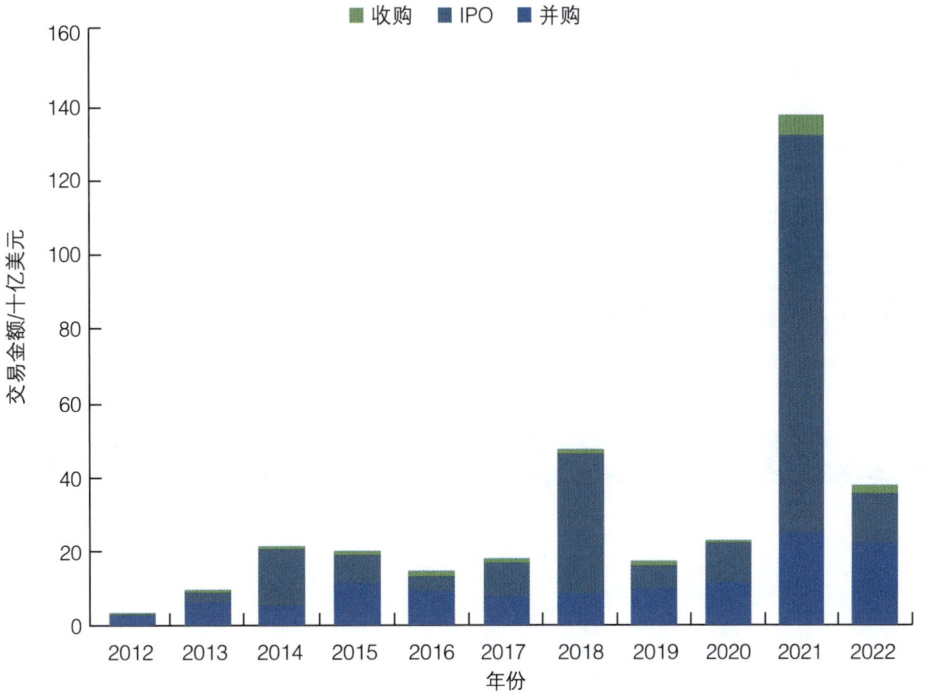

图 9–14　欧洲创业投资的主要退出方式（按金额）（2012—2022 年）

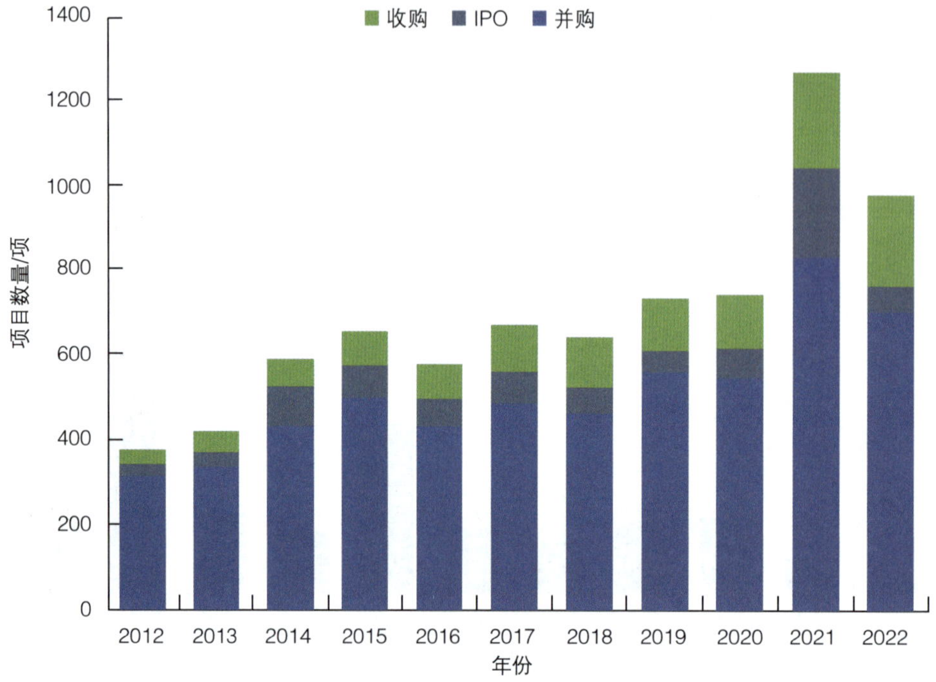

图 9-15　欧洲创业投资的主要退出方式（按项目数量）（2012—2022 年）

9.3　2022 年韩国创业投资回顾

9.3.1　市场概况

2022 年，韩国创业投资发展依旧处于上升态势，当年新注册数和累计注册资本增加显著。当年机构存量较 2021 年净增加 34 家，新增创业投资机构 42 家，注销 8 家，累计注册资本持续增加，达 21 868 亿韩元（表 9-9、图 9-16）。

表 9-9　韩国创业投资机构情况（2013—2022 年）

指标	2013 年	2014 年	2015 年	2016 年	2017 年	2018 年	2019 年	2020 年	2021 年	2022 年
当年新注册数/家	3	6	14	13	5	20	19	21	38	42
当年注销数/家	7	4	2	8	4	8	3	5	6	8
当年机构存量/家	101	103	115	120	121	133	149	165	197	231
累计注册资本/十亿韩元	1394.7	1418.5	1484.3	1502.6	1522.8	1615.6	1788.3	1883.7	2065.6	2186.8

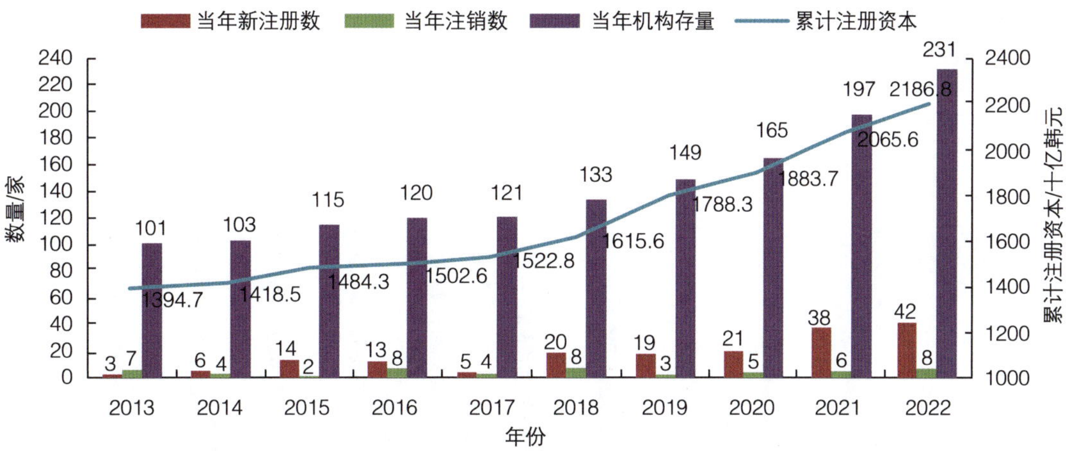

图 9-16　韩国创业投资机构情况（2013—2022 年）

截至 2022 年，共有 231 家创业投资机构管理 1737 支基金（表 9-10、图 9-17）。其中，当年新注册基金 380 支，较 2021 年减少 24 支；注销基金 74 支，比 2021 年注销数增加 23 支；创业投资基金累计承诺资本额为 514 422 亿韩元。

表 9-10　韩国创业投资基金情况（2013—2022 年）

指标	2013 年	2014 年	2015 年	2016 年	2017 年	2018 年	2019 年	2020 年	2021 年	2022 年
当年新注册数/支	54	82	108	120	164	146	170	206	404	380
承诺资本额/十亿韩元	1719.1	2602.8	2582.2	3662.1	4574.1	4859.0	4241.3	6866.1	9496.5	10 920.8
当年注销数/支	31	37	26	46	51	58	55	48	51	74
承诺资本额/十亿韩元	527.2	833.0	570.9	842.4	1114.3	1125.6	984.5	993.5	1204.0	1042.6
当年基金存量/支	403	448	530	604	717	805	920	1078	1431	1737
累计承诺资本额/十亿韩元	10 253.6	12 118.0	14 129.3	16 949.0	20 408.8	24 142.1	27 398.9	33 271.5	41 564.0	51 442.2

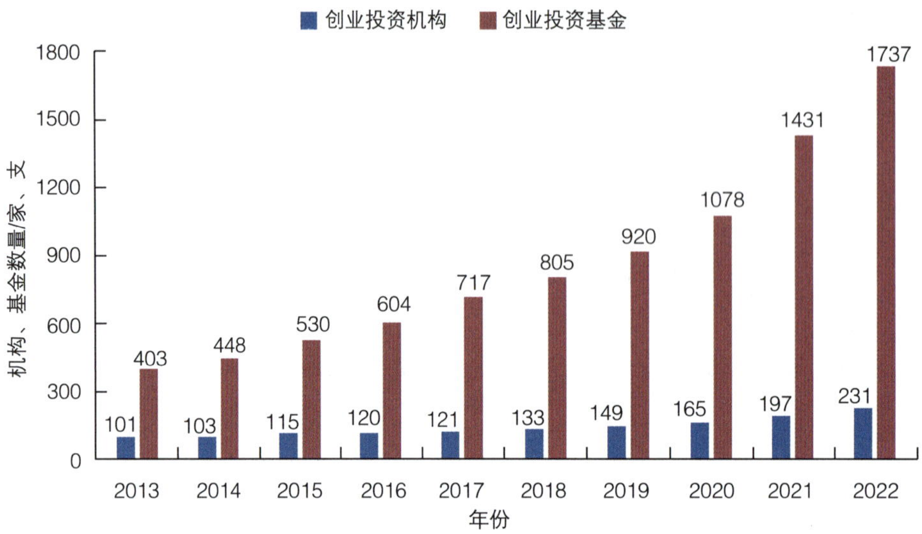

图 9-17　韩国创业投资市场概况（2013—2022 年）

9.3.2　投资活动

2022 年，韩国创业投资项目数为 2474 项，投资金额为 67 640 亿韩元，投资项目数保持连年增长；投资金额与 2021 年相比出现回落；投资强度也因此略有下降，由 2021 年的 3.15 十亿韩元/项下降为 2.73 十亿韩元/项（表 9-11）。

表 9-11　韩国创业投资项目数及金额（2013—2022 年）

指标	2013 年	2014 年	2015 年	2016 年	2017 年	2018 年	2019 年	2020 年	2021 年	2022 年
投资项目数/项	755	901	1045	1191	1266	1399	1608	2130	2438	2474
投资金额/十亿韩元	1384.5	1639.3	2085.8	2150.3	2380.3	3424.9	4277.7	4304.5	7680.2	6764.0
投资强度/（十亿韩元/项）	1.83	1.82	2.00	1.81	1.88	2.45	2.66	2.02	3.15	2.73

注：投资强度 = 投资金额 ÷ 投资项目数。

9.3.3　投资行业分布

2022 年，从投资项目数看，排名前 3 位的分别是 ICT 服务、零售/服务和生物/医药；从投资金额看，和投资项目数排名一致，ICT 服务、零售/服务和生物/医药也是投资金额最多的 3 个行业。以上 3 个行业投资活动发展延续了多年历史态势，与上年不同的是，2022 年零售/服务在投资项目数和投资金额上均超越了生物/医药，排名第 2 位；3 个行业投资项目数和投资金额绝对数额均有较多增加，三者合计占总量的比重有升有降，其中投资项目数占比较2021年略有上升，达到67.07%，投资金额占比较2021年略有下降，达到70.53%（表9–12、图9–18）。

表9–12 韩国创业投资行业分布（2022年）

指标	ICT服务	零售/服务	生物/医药	图像/性能/存储	其他	电子/机器/设备	化工/材料	ICT制造	游戏	合计
投资项目数/项	979	587	318	234	224	175	110	101	81	2474①
投资金额/十亿韩元	2351.8	1312.6	1105.8	460.4	375.3	410.8	287.1	298.7	161.5	6764.0

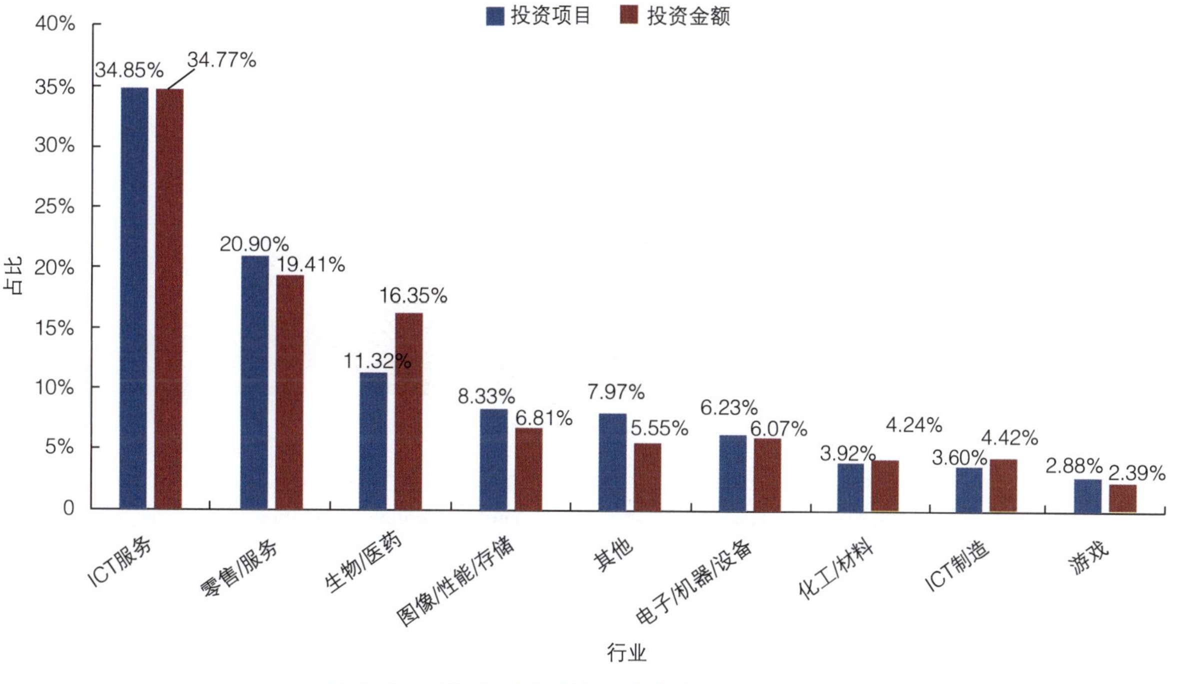

图9–18 韩国创业投资行业分布（2022年）

9.3.4 投资阶段分布

2022年，从投资项目看，早期的投资项目仍然多于创建期和扩展期，其占比较2021年增加，从39.20%升至45.34%；从投资金额看，早期和创建期集中了韩国创业投资大量资金，二者累计占比较2021年微升，从69.55%升至70.01%（表9–13、图9–19、图9–20）。

① 报告原文投资项目总量数值为2474，但根据该表格分项数合并计算为2809，本节是以2809为基数计算。

表 9-13　韩国创业投资阶段分布（2022 年）

指标	早期	创建期	扩展期	合计
投资项目数 / 项	1139	867	506	2474①
投资金额 / 十亿韩元	2005	2731	2029	6764

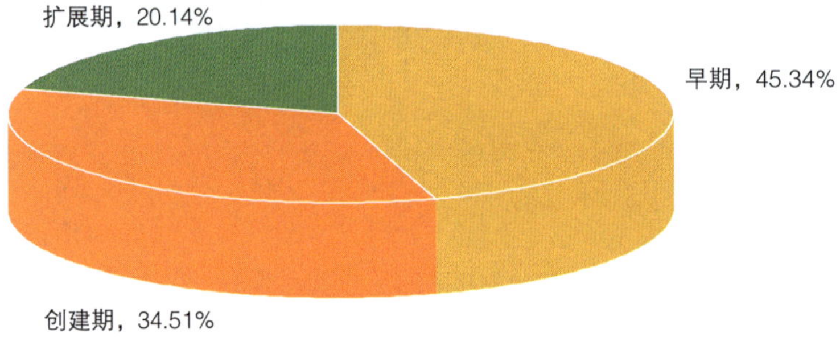

图 9-19　韩国创业投资阶段分布（按投资项目）（2022 年）

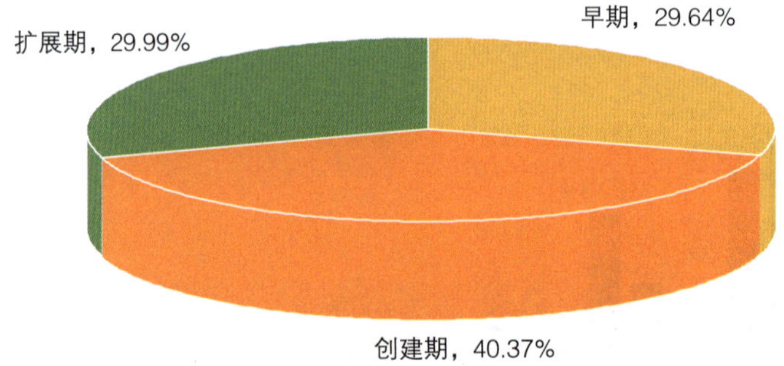

图 9-20　韩国创业投资阶段分布（按投资金额）（2022 年）

［资料来源：韩国风险投资协会（Korean Venture Capital Association）］

① 报告原文投资项目总量数值为 2474，但根据该表格分项数合并计算为 2512，本节是以 2512 为基数计算。

附 录

附录 A 2022 年度主要相关政策

1. 科技部办公厅关于营造更好环境支持科技型中小企业研发的通知

国科办区〔2022〕2 号

各省、自治区、直辖市及计划单列市科技厅（委、局），新疆生产建设兵团科技局：

科技型中小企业技术含量高、创新能力强，是极具活力和潜力的创新主体，是强化企业创新主体地位的重要力量。为贯彻落实党的十九大和十九届历次全会精神，以及中央经济工作会议精神，营造更好环境支持科技型中小企业研发，促进科技型中小企业成长为创新重要发源地。现将有关事项通知如下。

一、总体要求

（一）指导思想。以习近平新时代中国特色社会主义思想为指导，坚决贯彻落实党中央、国务院决策部署，立足新发展阶段、贯彻新发展理念、构建新发展格局，以支持科技型中小企业研发为主线，推动科技、金融、财税等政策加大落实力度，从优化资助模式、完善政策措施、集聚高端人才、创造应用场景、夯实创新创业基础条件等方面，形成支持科技型中小企业研发的制度安排，支持科技型中小企业开展关键核心技术攻关，大幅提升中小企业研发能力，推动高水平科技自立自强。

（二）主要目标。到“十四五”末，形成支持科技型中小企业研发的制度体系，营造全社会支持中小企业研发的环境氛围，科技型中小企业数量新增 20 万家。增强科技型中小企业研发能力，实现“四科”标准科技型中小企业新增 5 万家（即每个科技企业要拥有关键核心技术的科技产品、科技人员占比大于 60%、以高价值知识产权为代表的科技成果超过 5 项、研发投入强度高于 6%）。

二、优化支持科技型中小企业研发的资助模式

（三）优化科技计划支持研发的机制。在国家重点研发计划重点专项中，单列一定预算资助科技型中小企业研发活动，精准支持具备条件的科技型中小企业承担国家科技任务，开展关键核心技术攻关，引导创新要素向企业聚集，加快培养一批研发能力强、技术水平高、科技人才密集、能够形成核心技术产品等“四科”特征明显的科技型中小企业。

（四）优化政府引导基金支持研发的机制。优化国家科技成果转化引导基金绩效评价制度，将支持科技型中小企业突破关键核心技术作为重要绩效考核指标。支持国家、地方及行业各类科技成果转化引导基金设立科技型中小企业子基金，鼓励有条件的地方设立天使投资基金，支持科技型中小企业加大关键核心技术研发力度。

三、落实支持科技型中小企业研发的政策措施

（五）促进鼓励企业研发的政策应享尽享。按照应落尽落原则，进一步推动简化普惠性优惠政策兑现程序，进一步落实好科技型中小企业研发费用加计扣除、高新技术企业所得税减免、技术开发及技术转让增值税免税、技术转让企业所得税减免、小型微利企业所得税减征等政策，激发企业技术创新活力。推动进一步提高科技型中小企业研发费用加计扣除比例。

（六）建立金融资本支持企业创新积分制。鼓励各地建立科技型中小企业创新积分评价指标体系，统筹银行信贷、风险补偿、融资担保、金融债等，完善企业创新积分与涉企金融政策支持联动机制，引导金融机构支持科技型中小企业研发。升级科技型中小企业成长路线图计划，为不同发展阶段科技型中小企业提供公共服务、金融服务等，支持形成与北交所、深交所、上交所等证券交易机构的协同机制，拓展融资渠道。

四、提升支持科技型中小企业研发的人才服务

（七）支持科技型中小企业集聚高端人才。鼓励各地方探索完善校企、院企科研人员“双聘”或“旋转门”机制。探索市场评价人才机制，对市场认可的科技型中小企业研发人才及团队，按照一定比例对个人所得税形成地方财力部分给予奖补，在项目支持、政府投资等方面给予优先支持。支持各地将科技型中小企业高端研发人才纳入相应的职称序列。

（八）鼓励科技型中小企业引进国际人才。鼓励有条件的科技型中小企业聘请国外高水平专家。优化科技型中小企业外国高端人才来华工作许可等程序，推动完善家属签证、子女入学等服务。支持企业聘请的外国专家承担各类外国专家项目。鼓励在企业工作并取得永久居留资格的外籍科学家领衔承担科技计划项目。

五、创造支持科技型中小企业研发的应用场景

（九）创造应用场景驱动研发模式。国家创新型城市、国家自主创新示范区等要向科技型中小企业开放智慧城市、重大工程等应用场景，发布场景清单，形成一批具有核心竞争力和商业价值的示范产品。支持探索科技型中小企业创新产品政府采购制度，加大装备首台套、材料首批次、软件首版次等创新产品政府非招标采购力度，带动企业新技术研发及产品迭代升级。

（十）探索更加适应研发的新型园区治理模式。完善高新区等评价指标体系，将支持科技型中小企业技术研发作为重要评价指标。高新区要加大对科技型中小企业技术研发、中试熟化基地、平台建设、场地租赁等支持力度。探索多主体协同创新的科技型中小企业创新治理模式。鼓励区内大企业建立技术研发“揭榜挂帅”制度，形成大中小企业融通创新发展模式。

六、夯实支持科技创新创业的基础条件

（十一）厚植科技型中小企业研发根基。进一步优化“众创空间—孵化器—加速器—产业园”创新创业载体，为初创期中小企业注入研发理念和创新文化基因，推广“投资＋孵化”模式，提升培育科技型中小企业的载体效能。加大科技企业孵化器等载体税收优惠政策落实力度，依托龙头企业、高校、科研院所建设一批国家专业化众创空间。深化赋予科研人员职务科技成果所有权或长期使用权改革，激发科研人员创新创业积极性。鼓励国有创业服务载体改革释放活力。

（十二）强化支持科技型中小企业研发评价导向。完善科技型中小企业评价，加强提升企业研发能力的评价导向作用，精准选择一批研发能力强、成长性高的企业纳入全国科技型中小企业信息库。完善科技型中小企业创新调查制度，加强企业研发能力监测和统计分析，为制定完善支持科技型中小企业创新政策提供支撑与服务。

七、强化组织落实

（十三）各地方科技管理部门要坚决贯彻落实党对科技创新工作的领导，将支持科技型中小企业摆在科技创新工作的重要位置，结合本地方实际，因地制宜、主动部署、主动推进。省级科技管理部门要制定落实工作方案，建立相应的制度安排和工作体系，加大支持力度，有效发挥市场机制作用，引导人才、资本、项目、平台等创新要素向科技型中小企业聚集。

（十四）科技部将持续优化支持科技型中小企业研发的制度安排，指导地方各级科技管理部门加大对科技型中小企业研发的支持，并纳入对地方科技创新能力的绩效评价体系。推动各类国家级创新平台对科技型中小企业研发活动开放服务，引导更多资源支持中西部欠发达地区科技型中小企业创新。科技部将及时总结典型案例，加强交流和经验推广。

科技部办公厅

2022 年 1 月 11 日

2.【第 32 号公告】《证券公司科创板股票做市交易业务试点规定》

中国证券监督管理委员会公告〔2022〕32 号

现公布《证券公司科创板股票做市交易业务试点规定》，自公布之日起施行。

中国证监会

2022 年 5 月 12 日

证券公司科创板股票做市交易业务试点规定

第一条　为规范科创板股票做市业务，完善科创板交易制度，促进科创板市场健康发展，依据《证券法》、《关于在上海证券交易所设立科创板并试点注册制的实施意见》及相关法律法规，制定本试点规定。

第二条　本试点规定所称科创板股票做市交易业务，是指证券公司依据《证券法》、本试点规定及上海证券交易所业务规则，为科创板股票或存托凭证提供双边报价等行为。

第三条　符合下列条件的证券公司，经中国证监会核准取得上市证券做市交易业务资格的，可以试点从事科创板股票做市交易业务：

（一）具有证券自营业务资格；

（二）最近 12 个月净资本持续不低于 100 亿元；

（三）最近 3 年分类评级在 A 类 A 级（含）以上；

（四）最近 18 个月净资本等风险控制指标持续符合规定标准；

（五）内部管理制度和风险控制制度健全并有效执行；

（六）具备与开展业务相匹配的、充足的专业人员，公司分管做市交易业务的高级管理人员、首席风险官等具备相应的专业能力；

（七）科创板股票做市交易业务实施方案准备充分，技术系统具备开展业务条件并通过上海证券交易所组织的评估测试；

（八）公司最近 1 年未因重大违法违规行为受到行政处罚或被追究刑事责任；

（九）公司最近 1 年未发生重大及以上级别信息安全事件；

（十）中国证监会规定的其他条件。

经中国证监会核准取得上市证券做市交易业务资格的，可以在其他交易所按照规定开展证券做市交易业务。

第四条　证券公司申请科创板股票做市交易业务试点资格，应当向中国证监会提交下列申请材料：

（一）申请书；

（二）股东（大）会或董事会关于开展科创板股票做市交易业务的决议文件；

（三）科创板股票做市交易业务实施方案、内部管理制度文本，实施方案包括但不限于部门设置、人员配备、系统建设、风控措施、业务准备等内容；

（四）负责科创板股票做市交易业务的高级管理人员、首席风险官和业务人员基本情况，包括高级管理人员任职备案相关文件，业务人员名单、履历；

（五）上海证券交易所出具的科创板股票做市交易业务的技术系统测试报告；

（六）中国证监会规定的其他材料。

第五条　证券公司应当按照相关法律法规、本试点规定及上海证券交易所业务规则要求，依法合规开展科创板股票做市交易业务，履行为科创板股票提供双边持续报价、双边回应报价等义务。

证券公司开展科创板股票做市交易业务，可使用自有股票、从中国证券金融股份有限公司借入的股票或其他有权处分的股票。

第六条　证券公司应当将科创板股票做市交易业务纳入全面风险管理体系，建立健全科创板股票做市交易业务内部控制制度、报价决策与授权机制、操作流程，完善风险监测指标，做好业务风险防控，确保做市交易业务规范有序开展。

第七条　证券公司应当建立健全业务隔离制度，确保科创板股票做市交易业务与经纪、自营、资产管理等业务进行有效隔离，防止信息的不当流动和滥用，严格防范利益冲突。

第八条　证券公司应当建立健全异常交易监控机制，制定完善成交金额占比控制、反向交易金额占比和撤单占比监控、委托价格限制、股价异常波动处理等措施，防止对市场稳定造成影响。

第九条 证券公司开展科创板股票做市交易业务应当使用在上海证券交易所报备的专用账户，并遵守各项交易规则。

第十条 证券公司应当按照《证券公司风险控制指标管理办法》及有关规定，参照自营持有股票的标准，计算、填报科创板股票做市交易业务相关风险控制指标。

第十一条 证券公司应当建立健全科创板股票做市交易业务突发事件处理预案制度，妥善处理可能严重影响投资者利益和市场交易秩序的突发事件。

第十二条 证券公司应当向中国证监会派出机构、上海证券交易所履行下列信息报送义务：

（一）科创板股票做市交易业务月度报告和季度压力测试报告；

（二）科创板股票做市交易业务年度评估报告；

（三）中国证监会根据审慎监管原则要求报送的其他材料。

第十三条 证券公司及相关人员应当加强做市交易业务管理，有效控制业务风险，不得利用做市交易业务进行内幕交易、市场操纵等违法违规行为，不得谋取不正当利益。

证券公司应当建立健全科创板股票做市交易业务廉洁从业管理机制，完善科创板股票做市交易业务反洗钱制度，提升防范不当利益输送和反洗钱能力。

第十四条 中国证监会及其派出机构依照相关法律法规规定，对证券公司科创板股票做市交易业务实施监督管理，进行现场或非现场检查，并根据检查情况采取相应监管措施。

第十五条 证券公司及其相关人员未按照相关法律法规及中国证监会规定开展科创板股票做市交易业务的，中国证监会及其派出机构可依法采取监管措施和行政处罚；情节严重的，可以依法采取证券市场禁入的措施；涉嫌犯罪的，依法移送司法机关，追究其刑事责任。

第十六条 上海证券交易所、中国证券登记结算有限责任公司等对科创板股票做市交易业务实行自律管理。上海证券交易所应当制定业务规则，规定做市商权利、义务，明确有关交易安排、交易监控以及自律管理措施。

第十七条 本试点规定自公布之日起施行。

3. 关于进一步发挥资本市场功能支持受疫情影响严重地区和行业加快恢复发展的通知

证监发〔2022〕46 号

中国证监会各派出机构，各交易所，各下属单位，各协会，会内各部门：

为深入贯彻落实党中央、国务院决策部署，进一步发挥资本市场功能，支持受疫情影响严重地区和行业企业加快恢复发展，现就有关事项通知如下：

一、采取有效手段，加大直接融资支持力度

1. 对 2022 年业绩受疫情影响严重地区和行业申请首发上市的企业，在符合板块定位及发行上市条件的前提下，经中介机构核查情况属实且不对持续盈利能力或持续经营能力构成重大不利影响的，相关审核或注册工作正常推进。2022 年年底前对受疫情影响严重地区和行业的上市公司再融资申请实施专人对接、即报即审、审过即发。

2. 受疫情影响严重地区和行业企业申请北交所上市、全国股转系统挂牌的，实施专人对接、即报即审、审过即发。受疫情影响严重地区和行业企业发行公司债券、资产证券化产品的，或者债券募集资金用于疫情防控相关领域或用于偿还疫情防控期间到期债券产品的，实施专人对接、即报即审。

3. 受疫情影响严重地区和行业上市公司发行股份购买资产申请适用“小额快速”审核机制，在计算交易金额时不再适用最近 12 个月内累计计算的要求。发行股份购买资产同时募集配套资金的，放宽募集配套资金用于补充流动资金、偿还债务的比例限制。

4. 加快公募基金产品特别是权益类基金、抗疫主题基金等产品的审核进度。对受疫情影响严重地区和行业企业相关基金产品的行政许可事项，依法依规给予支持。

二、实施延期展期政策，体现监管弹性

5. 受疫情影响严重地区和行业发行人的反馈意见、审核问询回复时限可以延长 3 个月，告知函回复时限可以延长 1 个月。对受疫情影响严重地区和行业企业申报发行公司债券和资产证券化产品的，暂缓计算审核阶段反馈意见回复时限、中止时限 3 个月。

6. 受疫情影响严重地区和行业的上市公司并购重组项目确实不能按期更新财务资料或发出股东大会通知的，可以在充分披露疫情对本次重组的具体影响后，申请财务资料有效期延长或股东大会通知时间延期 1 个月，最多可以延期 3 次。

7. 受疫情影响严重地区和行业的上市公司取得重大资产重组行政许可批文后，可以申请暂缓计算批文有效期，暂缓计算期限最长不超过 12 个月。

8. 支持受疫情影响严重地区的私募基金备案，适当延长管理人首支私募基金备案和信息报送时限，适当放宽私募基金登记备案材料签章要求和部分工商材料要求。

三、优化监管工作安排，传递监管温度

9. 通过视频会议等方式，确保发审委会议、重组委会议、上市委会议正常推进。在首发上市、北交所上市、再融资、并购重组等审核或注册过程中落实好电子化、无接触报送、送达工作机制，加强审核部门与发行人、上市公司、中介机构电话沟通、线上咨询的保障机制，高效高质量提供服务。

10. 发行人、上市公司、中介机构可以通过电子签章方式提交申报材料、问询回复等相关文件。对确受疫情影响、无法统一签名的自然人，可以通过提供签字页电子扫描文档方式办理。

11. 申请发行债券产品的企业，对于确受疫情影响无法及时提交相关签字、盖章文件的，可以视情况先由主承销商出具相关说明，后续补充提交。

12. 对受疫情影响严重地区和行业企业，2022 年 6 月底前拟以 2021 年年报申请首发上市、北交所上市的，如现场走访存在困难，证监局可以借助电子网络手段对辅导验收提前开展预沟通，可以采取非现场验收方式。

13. 对受疫情影响严重地区和行业的公开发行证券并上市的企业，2022 年上市当年因受疫情影响业绩大幅下滑的，对发行人和相关保荐机构给予适当监管包容。

14. 对受疫情影响严重地区的新设证券基金机构，可以通过线上视频的方式开展现场检查，后续补充核查，支持公司在符合开业条件后尽快取得业务许可证。

15. 对受疫情影响严重地区的证券基金期货经营机构，在保持有效监管的前提下，实施更加灵活的监管安排，包括允许推迟报送相关报表、实行许可备案电子化等。在采取有效措施防范风险和利益冲突并报告证监局后，允许在人员配备、隔离制衡、流程管控等方面灵活安排。

16. 优化沪深证券交易所的信息披露业务操作安排，适当延长信息披露直通时段。支持市场主体线上办理业务，支持上市公司召开线上股东大会或债券、资产支持证券持有人会议。律师因疫情影响确实无法现场参会的，可以采取视频等方式见证股东大会、开展簿记建档工作。

17. 对参与化解民营企业特别是上市民营企业流动性风险的证券公司，在风控指标计算、私募基金子公司设立和产品备案、分类评级等方面给予监管支持。

18. 沪深证券交易所免收上市公司 2022 年度上市初费、上市年费和股东大会网络投票服务费。北交所免收上市公司 2022 年上市年费。全国股转公司免收相关地区挂牌公司 2022 年挂牌初费和年费。中国结算免收相关发行人 2022 年登记结算费用。各期货交易所减收相关期货经营机构手续费、减免席位费。支持各协会通过免收减收会费、延期交纳会费、免费培训等方式，加大会员服务力度。

四、发挥行业机构作用，助力抗疫和复工复产

19. 鼓励证券公司积极发挥融资中介职能，支持受疫情影响严重地区和行业开展股权融资和债券融资。引导证券公司与股权质押到期还款困难的客户，协商展期 3 至 6 个月。对于因疫情防控实施隔离或者接受救治的融资融券客户，尽量减少强制平仓，柔性处理。

20. 支持公募基金管理公司践行长期投资、价值投资、责任投资理念，积极以自有资金申购旗下基金产品，积极发挥专业投资者作用，引导更多社会资金流向抗疫相关企业。

21. 鼓励证券公司设立私募资产管理产品，通过私募基金子公司按照市场化、法治化原则设立私募基金产品，对接相关企业融资需求，降低融资成本。

22. 发挥期货市场作用，发挥期货避险功能，助力受疫情影响严重地区和行业企业风险管理。抓好产业客户培育活动，稳步扩展“期货稳价订单”至沥青、低硫燃料油等能化期货品种。对于在疫情期间服务受疫情影响严重地区和行业的中小微企业表现突出的期货公司，在分类评价中予以加分。

23. 持续推动资本市场更多对外开放措施落实落地，及时了解回应境外投资者诉求和关切，保障外资机构同等适用支持政策。

证监会系统各单位、各部门要进一步提高政治站位，切实把思想和行动统一到党中央、国务院决策部署上来，积极开展调研走访，了解市场主体困难和诉求，加强与其他部门的沟通协作，共同帮助企业解决实际问题，扎实推动各项政策落地见效，支持企业克服疫情影响，快速走出困境，实现更好发展。

中国证监会
2022 年 5 月 20 日

4. 科技部　财政部关于印发《企业技术创新能力提升行动方案（2022—2023 年）》的通知

国科发区〔2022〕220 号

国家技术创新工程部际协调小组成员单位，各省、自治区、直辖市及计划单列市科技厅（委、局）、财政厅（局），新疆生产建设兵团科技局、财政局，各国家高新区管委会，各有关单位：

为深入贯彻党中央、国务院关于企业创新的重大决策，按照《科技体制改革三年攻坚方案》任务分工，科技部、财政部联合制定了《企业技术创新能力提升行动方案（2022—2023 年）》。现予印发，请结合实际，认真贯彻执行。

科技部　财政部

2022 年 8 月 5 日

（此件主动公开）

企业技术创新能力提升行动方案（2022—2023 年）

为深入贯彻党中央、国务院关于企业创新的重大决策，落实《科技体制改革三年攻坚方案》关于启动实施企业技术创新能力提升行动的部署要求，根据企业创新发展面临的新形势新需求，制定本行动方案。

一、总体要求

以习近平新时代中国特色社会主义思想为指导，全面贯彻党的十九大和十九届历次全会精神，完整、准确、全面贯彻新发展理念，加快构建新发展格局，充分发挥市场在资源配置中的决定性作用，更好发挥政府作用，聚焦企业创新能力关键环节，突出问题导向，强化精准施策，加大激励力度，优化创新服务，提振发展信心，引导支持各类企业将科技创新作为核心竞争力，为实现高水平科技自立自强、促进经济稳定增长和高质量发展提供有力支撑。到2023年底，一批惠企创新政策落地见效，创新要素加速向企业集聚，各类企业依靠科技创新引领高质量发展取得积极成效，一批骨干企业成为国家战略科技力量，一大批中小企业成为创新重要发源地，形成更加公平公正的创新环境。

二、行动内容

1. 推动惠企创新政策扎实落地。推动研发费用加计扣除、高新技术企业税收优惠、科技创业孵化载体税收优惠、技术交易税收优惠等普惠性政策“应享尽享”，加快落实和推广中关村新一轮先行先试改革措施，进一步放大支持企业创新的政策效应。完善落实国有企业创新的考核、激励与容错机制，健全民营企业获得创新资源的公平性和便利性措施，形成各类企业“创新不问出身”的政策环境。搭建面向企业的创新政策综合服务平台，组织开展企业创新政策的系列宣讲培训，提供更加精准的政策推送服务。健全企业创新政策落实的跟踪问效机制，并将政策落实情况作为地方督查激励考核的重要参考。

2. 建立企业常态化参与国家科技创新决策的机制。建立企业家科技创新咨询座谈会议制度，定期组织沟通交流，开展问计咨询。构建企业创新高端智库网络，引导支持企业提升科技创新战略规划能力。加大国家科技创新规划和重点领域专项规划面向企业的宣贯力度。健全需求导向和问题导向的科技计划项目形成机制，强化从企业和产业实践中凝练应用研究任务。国家科技计划年度指南编制中的重点产业领域技术方向更多征求企业的需求和意见。对于与产业发展密切相关的重点专项，提高指南编制及项目评审中企业专家的比例。国家科技专家库中大幅增加企业专家的数量。

3. 引导企业加强关键核心技术攻关。制定国家鼓励企业研发的重点领域指导目录，引导企业围绕国家需求开展技术创新。国家科技计划中产业应用目标明确的项目，鼓励企业牵头组织实施，探索政府和社会资本合作开展关键核心技术攻关。支持数字经济、平台经济企业加强硬科技创新。支持中央企业、民营科技领军企业聚焦国家重大需求，牵头组建体系化、任务型创新联合体。对于企业牵头的国家科技计划项目，强化以创新联合体方式组织实施。依托更多企业组建一批国家技术创新中心等各类创新基地。加强国家工程技术研究中心评估考核和优化整合，符合条件的纳入国家技术创新中心管理。

4. 支持企业前瞻布局基础前沿研究。对企业投入基础研究实行税收优惠政策。鼓励企业通过捐赠等方式设立基础前沿类的研究基金、研发项目和奖项。优化国家自然科学基金企业创新发展联合基金管理，聚焦企业发展重大需求中的关键科学问题，前瞻部署基础研究。探索建立国家自然科学基金、国家重点研发计划基础前沿类重点专项成果与企业需求对接机制。支持企业通过研发合作、平台共建、成果共享等方式参与国家实验室建设。按照全国重点实验室建设新标准加快企业国家重点实验室重组，支持企业围绕国家重大需求和前沿方向建设一批全国重点实验室。对主要依托企业建设的全国重点实验室通过承担重大科技项目等方式予以支持。开展未来产业科技园建设试点，加快培育前沿领域科技企业。

5. 促进中小企业成长为创新重要发源地。在“十四五”国家重点研发计划应用类重点专项及部分科技创新 2030—重大项目中设立科技型中小企业项目。通过国家科技成果转化引导基金等支持科技型中小企业转移转化科技成果，提升技术创新水平。健全优质企业梯度培育体系，夯实优质企业梯度培育基础，支持掌握关键核心技术的专精特新“小巨人”企业和单项冠军企业创新发展。完善“众创空间—孵化器—加速器—产业园”孵化链条，推广“投资 + 孵化”模式，提升各类创新创业载体的专业化服务能力。

6. 加大科技人才向企业集聚的力度。加强对企业家的战略引导和服务，举办企业家科技创新战略与政策研讨班，充分发挥企业家才能，支持企业家做创新发展的探索者、组织者、引领者。推动企业招收更多高水平科技人才，扩大企业博士后招收规模，鼓励企业吸引更多海外博士后。国家科技人才计划加强对企业科技领军人才和重点领域创新团队的支持。支持企业依托各类科技计划项目和创新基地平台等开发科研助理岗位。加快落实国有企业科技创新薪酬分配激励机制，对符合条件的国有企业科技人才实行特殊工资管理政策。落实国有科技型企业股权和分红激励政策，研究评估并适时推广上市高新技术企业股权激励个人所得税递延纳税试点政策。开展校企、院企科研人员“双聘”等流动机制试点，推广企业科技特派员制度。

7. 强化对企业创新的风险投资等金融支持。建立金融支持科技创新体系常态化工作协调机制。鼓励各类天使投资、风险投资基金支持企业创新创业，深入落实创业投资税收优惠政策，引导创投企业投早、投小、投硬科技。用好用足科技创新再贷款、重大科技成果产业化专题债等政策工具，发挥各类金融机构的作用。推广企业创新积分贷、仪器设备信用贷等新型科技金融产品，为 10 万家以上企业增信授信。推广科技项目研发保险、知识产权保险等新型科技保险产品。鼓励地方建设科技企业信息平台，共享工商、社保、知识产权、税务、海关、水电等信息，完善金融机构与科技企业信息共享机制。

8. 加快推进科技资源和应用场景向企业开放。加大国家重大科研基础设施、大型科学仪器和专利基础信息资源等向企业开放力度，将服务企业情况纳入国家科技资源共享服务平台的评价考核指标。支持地方通过设立数据专区、分级授权等方式，为企业提供公共数据资源。推动国家超算中心、智能计算中心等面向企业提供低成本算力服务。支持建设一批重大示范应用场景，鼓励创新型城市、国家自创区、国家高新区、国家农高区、国家新一代人工智能创新发展试验区等发布一批应用场景清单，向企业释放更多场景合作机会。

9. 加强产学研用和大中小企业融通创新。支持企业与高校、科研院所共建一批新型研发机构。开展促进科技成果转化专项行动，推动各类科技成果转化项目库向企业开放，加快各级科技计划等成果在企业转化和产业化。支持将高校、科研院所职务科技成果通过许可等方式授权企业使用。面向重点行业龙头企业征集技术产品问题，组织中小企业“揭榜”。在大企业牵头承担的科技计划项目中安排一定比例的中小企业参加。鼓励各地培育大中小企业融通创新平台和基地，促进产业链上下游企业合作对接。引导大中小企业融通型特色载体进一步提升服务能力，为融通创新提供有力支撑。依托中国创新创业大赛和“创客中国”中小企业创新创业大赛等，持续开展大中小企业融通创新竞赛。

10. 提高企业创新国际化水平。支持企业建设海外科技创新中心、离岸创新创业中心等基地。支持有条件的企业牵头成立产业创新领域的国际性社会组织，参与制定国际标准。推动一批国家高新区企业与“一带一路”沿线国家科技园区企业在技术、项目、人才等方面开展深层次合作。更好发挥知识产权海外维权援助中心、海外知识产权纠纷应对指导中心作用，提升企业“走出去”知识产权运用和保护能力。加大对企业申报实施国家外国专家项目和国家引才引智示范基地的支持力度。完善对外资研发机构的支持措施，鼓励外资研发机构参与政府科技项目，开展科技成果转化，设立博士后工作站等。

三、保障措施

1. 加强组织保障。依托国家技术创新工程部际协调小组加强统筹协调，会同有关部门、地方积极落实相关任务，形成提升企业技术创新能力的工作合力。2022 年 9 月底前，广泛部署动员，各部门、各地方制定贯彻落实行动方案的工作计划，细化任务安排和职责分工。2022 年底前，各部门、各地方结合实际制定出台具体的落实举措，推出一批可操作的行动抓手和政策工具。2023 年底前，推动各项举措全面落地见效。

2. 加强资源保障。各部门、各地方进一步优化科技投入结构，加大各类科技计划对企业技术创新的支持力度，加强各类创新基地平台在企业的布局。充分发挥国家科技成果转化引导基金和中央引导地方科技发展资金的作用，撬动更多社会资金支持企业技术创新。国家自创区、国家高新区、国家农高区等载体要为区内企业技术创新提供资金支持、政策引导和服务保障，企业技术创新支持情况将纳入评估考核内容。

3. 加强宣传引导。各部门、各地方要加强本行动方案及相关企业创新政策的宣传解读。支持各类新闻媒体开设宣传企业技术创新的专栏和专题节目，总结推广一批企业技术创新能力提升的典型经验和案例。加大正面宣传和舆论引导力度，提振企业发展信心，为企业创新创业营造良好社会氛围。

5. 中国证监会　国务院国资委关于支持中央企业发行科技创新公司债券的通知

证监发〔2022〕80 号

中国证监会各派出机构，上海证券交易所，深圳证券交易所，北京证券交易所，中国证券登记结算有限责任公司，中国证券业协会，中国证券投资基金业协会，各省、自治区、直辖市及计划单列市和新疆生产建设兵团国资委，各中央企业：

中央企业作为国民经济发展的重要支柱，在提高自主创新能力、建设创新型国家进程中肩负着重大历史使命。为深入贯彻党中央、国务院关于实施创新驱动发展的战略决策，强化资本市场服务科技创新能力，进一步支持中央企业发行科技创新公司债券融资，现就有关事项通知如下：

一、健全科技创新金融服务支持机制

（一）完善债券市场服务科技创新机制。加强债券市场对科技创新领域的精准支持，重点支持高新技术产业和战略性新兴产业及转型升级等领域中央企业发行科技创新公司债券。鼓励中央企业发行中长期科技创新公司债券，增强融资工具与科技创新活动的适配性。

（二）优化债券融资服务机制。将科技创新公司债券纳入储架发行机制，对于优质中央企业发行科创债适用优化审核安排，简化文件签章和信息披露等方面要求，提高融资效率。对于推动关键核心技术攻关、打造原创技术策源地、承担国家重大科技项目、推动产业转型升级等方面具有示范作用的中央企业，财报期限要求可予以放宽。对于存在保密要求的事项，可按规定申请豁免披露。

（三）便利债券回购机制。研究适当提高部分优质中央企业科技创新公司债券通用质押式回购折扣系数；研究为中央企业科技创新公司债券单独设立三方回购质押券篮子，在发行人信用资质和折扣系数等方面实行差异化管理。

（四）鼓励金融机构加大业务投入。优化监管考核，鼓励证券公司加大科技创新公司债券承销业务投入。积极创造条件，新增专项排名及评优奖项，鼓励商业银行、社保基金、养老金、保险公司等中长期资金加大科技创新公司债券投资，引导降低融资成本。

（五）畅通信息沟通渠道。加强业务培训，开展针对中央企业发行科技创新公司债券的专题调研，梳理痛点、难点、堵点，广泛听取意见建议，并及时调整优化。加快建立线上信息交流平台，开发“网上路演”、“债市互动”等功能，加强央企发行人、主管部门与投资机构的沟通交流。

二、发挥中央企业创新引领支撑作用

（六）鼓励中央企业增加研发投入。加大中央企业科技创新考核支持力度，引导中央企业加大对基础研究和应用基础研究的投入。鼓励中央企业发行科技创新公司债券融资，加速发展关键核心技术，助推数字化转型和产业结构优化升级，打通科技成果向生产力转化的“最后一公里”。

（七）发挥中央企业“链长”作用。支持中央企业积极发挥产业链“核心”企业作用，借助科技创新公司债券等融资工具汇聚资金，通过权益出资、供应链金融等方式，支持上下游符合国家战略、有技术优势、有发展潜力的中小企业创新发展，共同推动关键核心技术攻关、培育战略性新兴产业，服务产业转型升级。

（八）加强科技创新债券融资规范管理。指导中央企业加强内部资金监管，确保科技创新项目的债券募集资金按要求规范管理和使用。优化科创融资决议程序，适当下放科技创新公司债券发行决策事项，探索取消科技创新公司债券注册额度限制，充分发挥科创企业在项目投融资决策方面的主体作用。探索在管控中央企业债券占带息负债比重时将科技创新公司债券按一定比例剔除。

中央企业要根据科技创新实际需要，加强融资规划，合理安排债券融资，强化资产负债约束，证监会、国资委对中央企业公司债券融资及资金使用情况加强监督管理。

（九）拓宽科技创新资金供给渠道。鼓励中央企业产业基金和创业投资基金发行科技创新公司债券，募资用于对国家重点支持的科技创新领域企业进行股权投资。鼓励中央企业建设创新要素集聚能力突出的科创孵化园区，发行科技创新公司债券支持园区运营，并通过股权、债权和基金等方式支持园区内科创企业，带动相关产业链向高端转移。

（十）鼓励央企子公司发行科技创新公司债券。子公司作为中央企业在特定细分领域的科技创新实践者，可探索利用资产担保、无形资产质押或者由中央企业集团提供外部增信等方式发行科技创新公司债券，自主筹划科技创新投资资金安排，直接推动核心技术攻关、促进产业转型升级。积极支持符合条件的持续发行科技创新公司债券融资的央企子公司上市融资。

（十一）支持中央企业开展基础设施 REITs 试点。重点支持交通、能源、水利、生态环保及 5G、工业互联网等新型基础设施项目发行 REITs，鼓励回收资金用于科技创新领域投资，拓宽增量资金来源，完善科技创新融资支持。

三、增强促进实体经济创新发展合力

（十二）证监会及派出机构坚持监管与服务并举，密切跟踪中央企业科技创新公司债券发行情况，在依法合规做好监管工作的同时，提高服务供给质量。证券交易所发挥市场组织功能，持续优化中央企业科创融资推进安排和服务效能。证券业协会、基金业协会履行自律规范职责，积极引导证券基金经营机构加大对科技创新公司债券的业务投入。

（十三）国务院国资委进一步落实以管资本为主的要求，加强对中央企业科创融资的政策引导、市场组织、项目推介，不断优化对中央企业创新发展的评价机制，切实提高监管效能。与证监会等金融监管部门加强中央企业科创融资政策协同，支持中央企业利用资本市场实现创新发展。

（十四）建立联络协调机制。加强两部门在中央企业需求调研、业务培训、项目推荐与筛选等方面的合作，联合分解重点任务，明确时间表和路线图，推动各项任务落到实处，为进一步在全部国有企业范围内推动科技创新公司债券融资积累有效经验，创造良好环境。

附录 B　通过审核创投机构名录

安徽鼎信创业投资有限公司
安徽丰创生物技术产业创业投资有限公司
安徽高新金通安益股权投资基金（有限合伙）
安徽国耀创业投资有限公司
安徽合信投资有限公司
安徽汇智富创业投资有限公司
安徽火花科技创业投资有限公司
安徽纪元时代创业投资管理有限公司
安徽省高新创业投资有限责任公司
安徽省科技产业投资有限公司
安徽皖投泰信创业投资基金管理有限公司
安徽云松投资管理有限公司
安徽智鼎创业投资有限公司
安徽中德创新发展基金有限公司
安庆发投创业投资有限公司
蚌埠市天使投资基金（有限合伙）
蚌埠市远大创新创业投资有限公司
蚌埠皖北金牛创业投资有限公司
蚌埠中城创业投资有限公司
合肥高新产业投资有限公司
合肥高新创业投资管理合伙企业（有限合伙）
合肥高新科技创业投资有限公司
合肥赛富合元创业投资中心（有限合伙）
合肥市创新科技风险投资有限公司
合肥市高科技风险投资有限公司
合肥同安创业投资基金行
合肥新兴产业创业投资合伙企业（有限合伙）
合肥兴泰资本管理有限公司
华晟投资管理有限责任公司
淮南市创业风险投资有限公司
建银皖江产业基金管理（安徽）有限公司
六安高科创业投资有限公司
六安中安天使基金合伙企业（有限合伙）
芜湖富海浩研创业投资基金（有限合伙）
芜湖奇瑞科技有限公司
芜湖瑞建汽车产业创业投资有限公司
芜湖市世纪江东创业投资中心（有限合伙）
宣城火花科技创业投资有限公司
福建北辰星投资管理有限公司
福建红桥创业投资管理有限公司
福建省高麦领创科技发展有限公司
福州盈通投资管理有限公司
国兴（厦门）投资管理有限公司
合方创新（厦门）私募基金管理有限公司
弘信创业工场投资集团股份有限公司
罗普特（厦门）投资管理有限公司
厦门爱爱特投资管理合伙企业（有限合伙）
厦门博芮投资股份有限公司
厦门创翼创业投资有限公司
厦门高能海银创业投资管理有限公司
厦门高能投资有限公司
厦门高新技术创业中心有限公司
厦门高新技术风险投资有限公司
厦门高新科创天使创业投资有限公司
厦门国升发展私募基金管理有限责任公司
厦门国升铭道创业投资合伙企业（有限合伙）
厦门国升增长启航蜂巢创业投资合伙企业（有限合伙）
厦门国升增长启航壹号创业投资合伙企业（有限合伙）

厦门海西创业投资有限公司
厦门海峡科技创新股权投资基金管理有限公司
厦门弘信移动互联股权投资合伙企业（有限合伙）
厦门弘信云创业股权投资管理合伙企业（有限合伙）
厦门红土创业投资有限公司
厦门红土投资管理有限公司
厦门华登创业投资有限公司
厦门火炬集团创业投资有限公司
厦门吉相股权投资有限公司
厦门坚果投资管理有限公司
厦门京道产业投资基金管理有限公司
厦门隆领海西创业投资合伙企业（有限合伙）
厦门隆领投资合伙企业（有限合伙）
厦门蜜呆资产管理合伙企业（有限合伙）
厦门铭源红桥投资管理有限公司
厦门青瓦投资管理有限公司
厦门群贤汇富投资管理有限公司
厦门软件产业投资发展有限公司
厦门松涛风险投资股份有限公司
厦门伟泰晟弘股权投资合伙企业（有限合伙）
厦门橡果创业投资管理有限公司
厦门橡树林节能环保创投基金合伙企业（有限合伙）
厦门新格瑞杰投资管理合伙企业（有限合伙）
厦门信诚通创业投资有限公司
厦门英诺嘉业股权投资基金合伙企业（有限合伙）
厦门英特嘉投资管理有限公司
厦门中和元投资管理有限公司
厦门中和致信创业投资合伙企业（有限合伙）
厦门中仑蓝绿色创业投资基金合伙企业（有限合伙）
橡树林一号(厦门)股权投资基金合伙企业(有限合伙)
白银科键创新创业投资基金合伙企业（有限合伙）
甘肃兰白试验区张江创新创业投资基金合伙企业（有限合伙）
甘肃普高创业投资基金（有限合伙）
甘肃省科技风险投资有限公司
甘肃中睿泰德新兴农业投资基金（有限合伙）
兰州高科创业投资担保有限公司
兰州鸿富创业投资基金（有限合伙）
兰州科技产业发展投资基金（有限合伙）
兰州科技创新创业风险投资基金（有限合伙）
兰州重点产业知识产权运营基金（有限合伙）
宸科创业投资（深圳）合伙企业（有限合伙）
诚承投资控股有限公司
东江智胜（东莞市）股权投资合伙企业（有限合伙）
佛山白桦林投资管理有限公司
佛山红土君晟创业投资合伙企业（有限合伙）
佛山吉富投资管理有限公司
佛山市荟金海纳资本管理有限公司
佛山市赛尔米克基金管理有限公司
佛山市顺德区东方晨星基金管理有限公司
佛山市优势集成创业投资管理有限公司
佛山优势资本创业投资管理有限公司
广东宝湾股权投资基金管理有限公司
广东博源创业投资有限公司
广东鼎诺资本管理有限公司
广东动量资本管理有限公司
广东国科创业投资有限公司
广东国科蓝海创业投资企业（有限合伙）
广东海润锦龙资本管理有限公司
广东珩创私募基金管理有限公司
广东弘德恒顺新材料创业投资合伙企业（有限合伙）
广东弘德投资管理有限公司
广东花城十六号创业投资合伙企业（有限合伙）
广东集成富达基金管理中心（有限合伙）
广东金九格私募基金管理有限公司
广东凯鼎投资有限公司
广东凯容胜达投资管理有限公司
广东磊晋同创股权投资基金管理有限公司

广东力合开物创业投资基金合伙企业（有限合伙）
广东力量私募基金管理有限公司
广东猎投创业投资基金合伙企业（有限合伙）
广东猎投基金管理合伙企业（有限合伙）
广东猎投三期创业投资合伙企业（有限合伙）
广东岭鑫私募基金管理有限公司
广东领阳私募基金管理有限公司
广东启真世纪普华创业投资基金合伙（有限合伙）
广东千灯中欣投资管理有限公司
广东瑞邦创业投资有限公司
广东瑞浩股权投资基金管理有限公司
广东瑞信投资有限公司
广东睿和投资管理有限公司
广东省科技创业投资有限公司
广东省科技风险投资有限公司
广东省粤科财政股权投资有限公司
广东省粤科创新创业投资母基金有限公司
广东省粤科大学生创新创业投资有限公司
广东省粤科金融集团有限公司
广东顺德高新创业投资管理有限公司
广东顺德科创基金投资有限公司
广东湘三泽医药创业投资企业（有限合伙）
广东兴邦股权投资基金管理有限公司
广东星域股权投资基金管理有限公司
广东燕缘股权投资基金管理有限公司
广东宜利凯旋股权投资基金管理企业（有限合伙）
广东蚁米创业投资合伙企业（有限合伙）
广东易高智汇股权投资基金管理有限公司
广东优势易盛创业投资管理合伙企业（有限合伙）
广东远智先行股权投资基金管理有限公司
广东粤科白云新材料创业投资有限公司
广东粤科财信创业投资合伙企业（有限合伙）
广东粤科创赛种子一号创业投资有限公司
广东粤科创业投资管理有限公司
广东粤科风险投资管理有限公司
广东粤科格金先进制造投资合伙企业（有限合伙）
广东粤科广永创新投资有限公司
广东粤科泓润创业投资有限公司
广东粤科惠华电子信息产业创业投资有限公司
广东粤科钜华创业投资有限公司
广东粤科润华创业投资有限公司
广东粤科天使一号创业投资有限公司
广东粤科拓思智能装备创业投资有限公司
广东粤科威溶特创业投资合伙企业（有限合伙）
广东粤科新鹤创业投资有限公司
广东粤科昱拓股权投资合伙企业（有限合伙）
广东粤科粤茂创新创业投资基金（有限合伙）
广州安健信医疗健康产业股权投资基金（有限合伙）
广州长策投资管理有限公司
广州辰途八号创业投资合伙企业（有限合伙）
广州辰途国创创业投资合伙企业（有限合伙）
广州辰途华创股权投资合伙企业（有限合伙）
广州辰途华景创业投资基金合伙企业（有限合伙）
广州辰途华迈股权投资基金合伙企业（有限合伙）
广州辰途华明创业投资基金合伙企业（有限合伙）
广州辰途华芯创业投资基金合伙企业（有限合伙）
广州辰途九号创业投资合伙企业（有限合伙）
广州辰途能创股权投资合伙企业（有限合伙）
广州辰途如期芯源创业投资基金合伙企业（有限合伙）
广州辰途十二号创业投资基金合伙企业（有限合伙）
广州辰途十号股权投资合伙企业（有限合伙）
广州辰途十七号创业投资基金合伙企业（有限合伙）
广州辰途十三号创业投资基金合伙企业（有限合伙）
广州辰途十四号创业投资基金合伙企业（有限合伙）
广州辰途十五号创业投资基金合伙企业（有限合伙）
广州辰途十一号创业投资合伙企业（有限合伙）
广州达安京汉投资咨询有限公司
广州达安京汉医疗健康产业投资企业（有限合伙）

广州丹麓创业投资基金合伙企业（有限合伙）
广州广开智行股权投资合伙企业（有限合伙）
广州国聚创业投资有限公司
广州国民凯得创业投资管理有限公司
广州瀚科股权投资合伙企业（有限合伙）
广州花城八号创业投资合伙企业（有限合伙）
广州花城成长创业投资合伙企业（有限合伙）
广州花城创业投资合伙企业（有限合伙）
广州花城三号创业投资合伙企业（有限合伙）
广州佳诚六号创业投资合伙企业（有限合伙）
广州佳诚十号创业投资合伙企业（有限合伙）
广州开发区投资基金管理有限公司
广州凯得创新创业投资基金管理有限公司
广州凯得瞪羚创业投资合伙企业（有限合伙）
广州凯得前润人工智能股权投资合伙企业（有限合伙）
广州凯得投资控股有限公司
广州科学城创业投资管理有限公司
广州力华崇德投资合伙企业（有限合伙）
广州力华投资有限公司
广州萌芽投资企业（有限合伙）
广州前润卓越五号股权投资合伙企业（有限合伙）
广州乾兴引导股权投资合伙企业（有限合伙）
广州勤安投资管理有限公司
广州青锐思远创业投资合伙企业（有限合伙）
广州三美投资管理中心（有限合伙）
广州生物岛产业投资基金合伙企业（有限合伙）
广州市达安资本投资管理有限公司
广州穗开创芯股权投资基金合伙企业（有限合伙）
广州穗开股权投资有限公司
广州穗开新兴壹号股权投资中心（有限合伙）
广州穗开舟汇股权投资合伙企业（有限合伙）
广州万博佳诚创业投资合伙企业（有限合伙）
广州阳和健胜创业投资基金合伙企业（有限合伙）
广州蚁米凯得产业投资基金合伙企业（有限合伙）
广州蚁米凯得股权投资管理合伙企业（有限合伙）
广州蚁米凯得宏景创业投资基金合伙企业（有限合伙）
广州蚁米町丰创业投资合伙企业（有限合伙）
广州蚁米戊星股权投资合伙企业（有限合伙）
广州远见创业投资基金管理有限公司
广州越秀区丹麓创业投资基金合伙企业（有限合伙）
广州正达创业投资合伙企业（有限合伙）
广州中创崔毅天使投资企业（有限合伙）
广州中汽九皋股权投资管理有限公司
广州中以生物产业投资基金合伙企业（有限合伙）
国投（广东）科技成果转化创业投资基金合伙企业（有限合伙）
华玖股权投资（广东）有限公司
君盛投资管理有限公司
朗玛峰创业投资有限公司
朗玛六十四号（深圳）创业投资中心（有限合伙）
朗玛六十五号（深圳）创业投资中心（有限合伙）
朗玛三十八号（深圳）创业投资中心（有限合伙）
朗玛三十九号（深圳）创业投资中心（有限合伙）
朗玛四十号（深圳）创业投资中心（有限合伙）
朗玛四十七号（深圳）创业投资中心（有限合伙）
朗玛四十三号（深圳）创业投资中心（有限合伙）
朗玛四十五号（深圳）创业投资中心（有限合伙）
朗玛五十号（深圳）创业投资中心（有限合伙）
朗玛五十一号（深圳）创业投资中心（有限合伙）
岭南海创创业投资（深圳）合伙企业（有限合伙）
凌群创业投资（深圳）有限公司
前海仁智互联（深圳）股权投资企业（有限合伙）
清远高新区华科创投基金（有限合伙）
人民网创业投资有限公司
深圳澳银创业投资管理企业（有限合伙）
深圳澳银资本管理有限公司
深圳创富成长创业投资有限公司
深圳创客智联股权投资管理有限公司

深圳创维创业投资有限公司
深圳创享恒绽创业投资合伙企业（有限合伙）
深圳创享家赋成长创业投资合伙企业（有限合伙）
深圳创享润祥天使创业投资合伙企业（有限合伙）
深圳创享至灿投资合伙企业（有限合伙）
深圳道鑫创业投资合伙企业（有限合伙）
深圳德威精选股权投资有限公司
深圳冠昱创业投资合伙企业（有限合伙）
深圳国成世纪创业投资有限公司
深圳国中创业投资管理有限公司
深圳海纳挚金创业投资合伙企业（有限合伙）
深圳汇金远通创业投资合伙企业（有限合伙）
深圳吉信启航投资合伙企业（有限合伙）
深圳九畹中创拾陆号科技投资中心（有限合伙）
深圳力合创赢股权投资基金合伙企业（有限合伙）
深圳力合清源创业投资管理有限公司
深圳力合融通创业投资有限公司
深圳力合载物创业投资有限公司
深圳力合智汇创新基金管理有限公司
深圳落基山创业投资合伙企业（有限合伙）
深圳南山上华红土双创股权投资基金合伙企业（有限合伙）
深圳鹏德创业投资有限公司
深圳前海邦勤投资有限公司
深圳前海创享时代投资管理企业（有限合伙）
深圳前海开宇投资合伙企业（有限合伙）
深圳前海申宇投资合伙企业（有限合伙）
深圳前海知宇投资合伙企业（有限合伙）
深圳勤智康宏创业投资合伙企业（有限合伙）
深圳清枫五号创业投资中心（有限合伙）
深圳市澳银成长创业投资企业（有限合伙）
深圳市邦勤兴睿创业投资企业（有限合伙）
深圳市保中太创业投资有限公司
深圳市创东方投资有限公司
深圳市创兴前沿技术股权投资基金合伙企业（有限合伙）
深圳市达晨财智创业投资管理有限公司
深圳市达实股权投资发展有限公司
深圳市大米成长新兴产业股权投资基金合伙企业（有限合伙）
深圳市鼎实创业投资有限公司
深圳市东方汇富创业投资管理有限公司
深圳市东方现代产业投资管理有限公司
深圳市沸腾创业投资有限公司
深圳市分享成长投资管理有限公司
深圳市分享创业投资管理有限公司
深圳市分享投资合伙企业（有限合伙）
深圳市分享择善精准医疗创业投资合伙企业（有限合伙）
深圳市孚威创业投资有限公司
深圳市国成科技投资有限公司
深圳市华扬财智股权投资管理有限公司
深圳市汇金福仁一期医疗产业创业投资合伙企业（有限合伙）
深圳市慧洋二号投资合伙企业（有限合伙）
深圳市加法创业投资有限公司
深圳市加法同和创业投资合伙企业（有限合伙）
深圳市佳利泰创业投资有限公司
深圳市京浦股权投资有限公司
深圳市力合创业投资有限公司
深圳市领沃基石创业投资基金合伙企业（有限合伙）
深圳市落基山医学科技创业投资合伙企业（有限合伙）
深圳市南桥股权投资基金合伙企业（有限合伙）
深圳市南桥资本投资管理合伙企业（有限合伙）
深圳市南山创业投资有限公司
深圳市年利达创业投资有限公司
深圳市朋年投资集团有限公司
深圳市彭年创业投资有限责任公司

深圳市鹏德华芯创业投资企业（有限合伙）
深圳市鹏德新芯创业投资合伙企业（有限合伙）
深圳市普瑞得创业投资合伙企业（有限合伙）
深圳市启迪爱地创业孵化器有限公司
深圳市前海鹏德移动互联网创业投资基金（有限合伙）
深圳市青松智慧投资合伙企业（有限合伙）
深圳市青松中小微企业发展投资合伙企业（有限合伙）
深圳市仁智启航创业投资合伙企业（有限合伙）
深圳市仁智启航二号私募创业投资基金合伙企业（有限合伙）
深圳市仁智启航三号私募创业投资基金合伙企业（有限合伙）
深圳市仁智启航四号私募创业投资基金合伙企业（有限合伙）
深圳市仁智启航一号私募创业投资基金合伙企业（有限合伙）
深圳市深港产学研科技发展有限公司
深圳市时代伯乐创业投资管理有限公司
深圳市时代伯乐领航天使创业投资合伙企业（有限合伙）
深圳市天图创业投资有限公司
深圳市同心文鼎基金管理有限公司
深圳市享融创业投资合伙企业（有限合伙）
深圳市新势能天使创业投资企业（有限合伙）
深圳市亚布力创新股权投资管理有限公司
深圳市亚商天恒创业投资企业（有限合伙）
深圳市阳和生物医药产业投资有限公司
深圳市倚锋创业投资有限公司
深圳市倚锋泰华创业投资合伙企业（有限合伙）
深圳市倚锋投资管理企业（有限合伙）
深圳市盈峰环保产业并购基金合伙企业（有限合伙）
深圳市盈峰环保产业基金管理有限公司
深圳市远联产业投资企业（有限合伙）
深圳市中美创投硅谷行基金管理企业（有限合伙）
深圳市中美创兴资本管理有限公司
深圳新愿景天使创新产业投资企业（有限合伙）
深圳一村淞灵私募创业投资基金管理有限公司
深圳英诺天使投资合伙企业（有限合伙）
深圳智宸十二期创业投资合伙企业（有限合伙）
深圳智宸十期创业投资合伙企业（有限合伙）
深圳中时鼎诚投资管理有限公司
深圳中时谦益资本有限公司
深圳紫荆航信投资合伙企业（有限合伙）
羲智创业投资（深圳）合伙企业（有限合伙）
盈富泰克创业投资有限公司
盈富泰克国家新兴产业创业投资引导基金（有限合伙）
智策创业投资管理（广州）有限公司
中钰贤齐（深圳）投资管理有限公司
珠海港湾达泰股权投资合伙企业（有限合伙）
珠海港湾科宏创业投资有限公司
珠海港湾科睿创业投资有限公司
珠海港湾科睿贰号创业投资基金合伙企业（有限合伙）
珠海港湾科睿叁号创业投资基金合伙企业（有限合伙）
珠海港湾壹号创业投资基金合伙企业（有限合伙）
珠海高科金投创业投资管理有限公司
珠海高新创业投资有限公司
珠海高新港澳青年创新创业投资有限公司
珠海高新技术产业股权投资基金合伙企业（有限合伙）
珠海高新金融投资有限公司
珠海高新区加速基地创业投资基金合伙企业（有限合伙）
珠海高新天使创业投资有限公司
珠海横琴长策二号股权投资企业（有限合伙）
珠海横琴长卓股权投资企业（有限合伙）
珠海横琴西玛斯股权投资合伙企业（有限合伙）
珠海红杉资本股权投资中心（有限合伙）
珠海金控高新产业投资中心（有限合伙）
珠海九控投资有限公司

珠海科创高科创业投资基金合伙企业（有限合伙）
珠海科技创业投资有限公司
珠海力高贰号股权投资基金合伙企业（有限合伙）
珠海力高壹号创业投资基金合伙企业（有限合伙）
珠海领先互联高新技术产业投资中心（有限合伙）
珠海清华科技园创业投资有限公司
珠海市庚通投资合伙企业（有限合伙）
珠海市横琴乾元中鼎股权投资合伙企业（有限合伙）
珠海香洲科滥天使投资合伙企业（有限合伙）
珠海招商银科股权投资中心（有限合伙）
北海万豪铭安投资合伙企业（有限合伙）
广西广投鼎新引导基金运营有限责任公司
广西国富创新股权投资基金管理有限公司
广西国厚资产管理有限公司
广西来宾鑫隆创业基金投资管理有限公司
广西钦州联同众创投资咨询有限公司
广西榕华创业孵化基地有限公司
广西榕华科技投资有限公司
广西新丝路创业投资基金有限责任公司
南宁厚润德基金管理有限公司
南宁市揽胜亿融基金管理有限公司
梧州市引导基金有限责任公司
鼎信博成创业投资有限公司
贵阳博实火炬新兴产业创业投资企业（有限合伙）
贵阳成创合力创业投资管理企业（有限合伙）
贵阳高科创业投资有限责任公司
贵阳工投生物医药产业创业投资有限公司
贵阳观山湖现代服务业发展创业投资基金合伙企业（有限合伙）
贵阳甲秀创业投资中心（有限合伙）
贵阳市创业投资有限公司
贵阳市大数据安全产业创业投资基金有限公司
贵阳市服务外包及呼叫产业创业投资基金有限公司
贵阳市工业发展基金合伙企业（有限合伙）
贵阳市工业和信息化产业发展引导基金有限公司
贵阳市科技创新引导基金创业投资有限公司
贵阳市引凤高技术产业创业投资基金有限公司
贵阳市筑创大数据发展创业投资有限公司
贵阳中小企业发展基金（有限合伙）
贵州创在青春创业投资中心（有限合伙）
贵州得天汇信农业创业股权投资中心（有限合伙）
贵州鼎信卓越创业投资有限公司
贵州贵孵创业孵化投资管理有限公司
贵州贵孵一起创天使基金投资中心（有限合伙）
贵州国喜投资有限公司
贵州红土创新资本管理有限公司
贵州红土创业投资有限公司
贵州金通达投资有限公司
贵州省创新赋能大数据投资基金合伙企业（有限合伙）
贵州省贵鑫瑞和创业投资管理有限责任公司
贵州筑银资本管理有限公司
凯里市合峰投资有限公司
铜仁梵净山科技创业投资有限公司
海南青创投资管理有限公司
海南师范大学科技园管理有限公司
海南众汇资本管理有限公司
保定高新技术创业服务中心
保定市长城创业投资有限公司
保定市创元科技风险投资有限公司
沧州市科技创业中心
国投京津冀科技成果转化创业投资基金（有限合伙）
河北国创创业投资有限公司
河北金冀达创业投资有限公司
河北领创嘉盛创业投资有限公司
河北天鑫创业投资有限公司
河北天煜投资有限公司
河北兴石创业投资有限公司
河北燕郊燕胜创业投资有限公司

廊坊市高科创新创业投资有限公司
秦皇岛市科技创新投资有限公司
荣盛创业投资有限公司
石家庄科技创业投资有限公司
唐山高新创业投资有限公司
唐山科技创业投资管理有限责任公司
安阳惠通高创新材料创业投资合伙企业（有限合伙）
河南汴州基金管理有限公司
河南创业投资股份有限公司
河南德瑞恒通高端装备创业投资基金有限公司
河南高新众创空间有限公司
河南睿达资产管理中心（有限合伙）
河南省国控基金管理有限公司
河南省留学创业投资有限公司
河南信科股权投资基金管理有限公司
河南豫资朴创股权投资基金管理有限公司
河南战兴产业投资基金（有限合伙）
河南智慧和信基金管理有限公司
河南中创信环保产业创业投资基金（有限合伙）
河南中金汇融私募基金管理有限公司
焦作通财创新创业投资基金（有限合伙）
洛阳浩正科技创新投资基金（有限合伙）
洛阳红土创新资本创业投资有限公司
洛阳周山高创科技成果转化创业投资基金（有限合伙）
郑州百瑞创新资本创业投资有限公司
郑州浩海投资发展中心（有限合伙）
郑州企巢资产管理有限公司
郑州乾乾投资管理中心（有限合伙）
郑州易企投资产管理有限公司
郑州优埃富欧投资管理有限公司
郑州郑大眉湖创业投资管理有限公司
郑州中惠融金创业投资管理中心（有限合伙）
大庆市高新技术产业投资企业（有限合伙）
哈尔滨爱立方投资管理有限公司
哈尔滨创新投资有限公司
哈尔滨创业投资集团有限公司
哈尔滨东方汇富创业投资管理有限公司
哈尔滨富德恒创业投资企业（有限合伙）
哈尔滨富德恒利创业投资管理有限公司
哈尔滨富德睿创业投资企业（有限合伙）
哈尔滨华滨创业投资管理有限公司
哈尔滨华滨光辉创业投资企业（有限合伙）
哈尔滨嘉玺创业投资管理有限公司
哈尔滨君丰创业投资企业（有限合伙）
哈尔滨凯致辰风创业投资有限公司
哈尔滨科力创业投资管理有限公司
哈尔滨朗江创新股权投资企业
哈尔滨朗江创新股权投资企业（有限合伙）
哈尔滨朗江创业投资管理有限公司
哈尔滨联创创业投资企业（有限合伙）
哈尔滨市天琪创业投资企业（有限合伙）
哈尔滨市天琪股权投资基金管理企业（有限合伙）
哈尔滨越榕阳光创业投资企业（有限合伙）
哈尔滨云谷创业投资管理有限公司
哈尔滨云谷创业投资企业（有限合伙）
黑龙江辰能工大创业投资有限公司
黑龙江凯致天使创业投资企业（有限合伙）
黑龙江科力北方投资企业（有限合伙）
黑龙江科力天使创业投资有限公司
黑龙江省工研院创业投资管理有限公司
黑龙江省工研院创业投资企业（有限合伙）
黑龙江省科力高科技产业投资有限公司
齐齐哈尔市科技成果转化创业投资合伙企业（有限合伙）
楚商领先（武汉）创业投资基金管理有限公司
楚商先锋（武汉）创业投资中心（有限合伙）
湖北高长信新材料创业投资合伙企业（有限合伙）
湖北高金生物科技创业投资基金合伙企业

湖北高宜产业投资管理有限公司
湖北九派创业投资有限公司
湖北军融高技术服务创业投资基金中心（有限合伙）
湖北量科高投创业投资有限公司
湖北珞珈梧桐创业投资有限公司
湖北农金高投投资管理有限公司
湖北青柠创业投资基金有限公司
湖北盛世高金创业投资有限公司
湖北新能源投资管理有限公司
湖北资环创业投资基金合伙企业（有限合伙）
科华（宜都）科技创业投资基金（有限合伙）
科华银赛创业投资有限公司
武汉布斯投资资讯有限公司
武汉长飞产业基金管理有限公司
武汉达润投资管理有限公司
武汉点亮股权投资管理有限公司
武汉东湖华科创业投资中心（有限合伙）
武汉东湖众合天使基金管理有限公司
武汉东科创星创业投资管理有限公司
武汉光谷人才创业投资合伙企业（有限合伙）
武汉华工瑞源科技创业投资有限公司
武汉普朗克创业投资有限公司
武汉市科创天使投资基金管理有限公司
武汉智启临空智慧城市创业投资基金合伙企业（有限合伙）
武汉中科科源创业投资合伙企业（有限合伙）
长沙鼎钧投资管理有限公司
长沙高新技术创业投资管理有限公司
长沙麓谷创业投资管理有限公司
长沙麓谷高新移动互联网创业投资有限公司
长沙市昭阳资本管理有限公司
长沙天巽投资合伙企业（有限合伙）
长沙通和投资管理咨询有限公司
长沙先导产业投资有限公司
长沙永创草花创业投资基金合伙企业（有限合伙）
长沙钲和启泰股权投资合伙企业（有限合伙）
长沙钲和融兴投资合伙企业（有限合伙）
长沙钲和芯材股权投资合伙企业（有限合伙）
长沙钲和信创投资合伙企业（有限合伙）
常德合金生物科技投资中心（有限合伙）
常德沅澧产业投资控股有限公司
常德智能制造装备产业投资合伙企业（有限合伙）
常德中科芙蓉创业投资有限责任公司
常德中科现代农业投资管理中心（有限合伙）
东方金典商业集团有限公司
哈工成长（岳阳）私募股权基金企业（有限合伙）
衡阳高新南粤基金管理有限公司
湖南财信创新私募股权基金有限公司
湖南财信湘江岳麓山技术孵化转化发展创业投资合伙企业（有限合伙）
湖南达晨文化旅游创业投资管理有限公司
湖南达麟汉森私募股权基金管理有限公司
湖南鼎信泰和股权投资管理有限公司
湖南枫石私募股权投资基金管理有限公司
湖南高创环宇创业投资合伙企业（有限合伙）
湖南高创新时代创业投资合伙企业（有限合伙）
湖南高科发创智能制造装备创业投资有限公司
湖南高新创业投资管理有限公司
湖南高新创业投资集团有限公司
湖南国融大量私募股权基金管理有限公司
湖南国微集成电路创业投资基金合伙企业（有限合伙）
湖南国微投资管理合伙企业（有限合伙）
湖南海捷投资有限公司
湖南海捷先进装备创业投资有限公司
湖南昊辰创业投资有限公司
湖南昊辰一号创业投资合伙企业（有限合伙）
湖南和润产业投资基金管理有限公司
湖南弘高高技术服务创业投资有限公司

湖南湖大海捷津杉创业投资有限公司
湖南华菱津杉投资管理有限公司
湖南汇垠天星股权投资私募基金管理有限公司
湖南玖诚创业投资合伙企业（有限合伙）
湖南君行健创业投资有限公司
湖南浚源鼎立创业投资管理有限公司
湖南昆石私募股权基金管理有限公司
湖南乐华私募股权基金管理有限公司
湖南麓盛产业投资基金管理有限公司
湖南摩根信通投资有限公司
湖南品尚创业投资有限公司
湖南蒲公英私募股权基金管理有限公司
湖南麒源企业管理中心（有限合伙）
湖南轻盐晟富创业投资管理有限公司
湖南瑞世私募股权基金管理有限公司
湖南睿泽创业投资有限公司
湖南润菲创业投资合伙企业（有限合伙）
湖南三一创业投资管理有限公司
湖南三泽生物医药创业投资企业（有限合伙）
湖南省财信精益投资合伙企业（有限合伙）
湖南省中小微企业产业投资基金管理有限公司
湖南晟弘私募基金管理有限公司
湖南天惠投资基金管理有限公司
湖南天巽高端制造产业投资基金合伙企业（有限合伙）
湖南天巽投资管理有限公司
湖南天舟创新投资合伙企业（有限合伙）
湖南天舟创业投资基金管理有限公司
湖南天舟科创创业投资合伙企业（有限合伙）
湖南文化旅游创业投资基金企业（有限合伙）
湖南希言壹号创业投资合伙企业（有限合伙）
湖南湘江三泽创业投资合伙企业（有限合伙）
湖南湘江正和私募股权基金合伙企业（有限合伙）
湖南湘投高科技创业投资有限公司
湖南湘粤私募股权投资基金管理有限公司
湖南潇湘珞珈创业投资有限公司
湖南新能源创业投资基金企业（有限合伙）
湖南兴湘新兴产业投资基金管理有限公司
湖南壹同创业投资基金管理有限公司
湖南颐道方圆私募股权投资基金管理有限公司
湖南永创伟业创业投资企业（有限合伙）
湖南域达企业管理中心（有限合伙）
湖南云发股权投资管理有限公司
湖南泽华私募股权基金管理有限公司
湖南浙商嘉立创业投资有限公司
湖南臻泰股权投资管理合伙企业（有限合伙）
湖南致博股权投资基金管理有限公司
湖南中大联合创业咨询有限公司
华菱津杉（湖南）创业投资有限公司
怀化众益达私募股权基金管理有限公司
津市津鑫投资发展有限公司
涟源市创业投资有限责任公司
三泽创业投资管理有限公司
韶山高新创业投资有限公司
湘潭智造谷产业投资管理有限责任公司
益阳高新产业发展投资集团有限公司
岳阳临港高新技术产业发展有限公司
中创投天使二号（湖南）创业投资股份有限公司
中大联合（长沙）创业投资管理合伙企业（有限合伙）
株洲聚时代私募股权基金合伙企业（有限合伙）
株洲市国投创新创业投资有限公司
株洲市青年创业引导投资合伙企业（有限合伙）
株洲市融创基金管理有限公司
白城市创新能源创业投资基金管理有限公司
摆渡创新工场集团有限公司
长春经开科技风险投资有限公司
长春科技风险投资有限公司
长春市科技发展中心有限公司
吉林省创投基金管理有限公司

吉林省科技投资基金有限公司
长三角创业投资企业
常创（常州）创业投资合伙企业（有限合伙）
常创天使（常州）创业投资中心（有限合伙）
常熟博瀚创业投资有限公司
常熟博融创业投资有限公司
常熟灏瀚投资管理有限公司
常熟金茂创业投资管理有限公司
常熟经济开发区高新技术创业投资有限公司
常熟市国发创业投资有限公司
常熟市瑞特创业发展有限公司
常熟中科东南创业投资有限公司
常州滨创一号创业投资合伙企业（有限合伙）
常州常高新科技创业投资中心（有限合伙）
常州常高新智能制造投资中心（有限合伙）
常州常金创业投资有限公司
常州常以创业投资中心（有限合伙）
常州创业投资集团有限公司
常州德丰杰清洁技术创业投资中心（有限合伙）
常州德丰杰投资管理有限公司
常州德丰杰正道创业投资中心（有限合伙）
常州德丰杰正道投资管理有限公司
常州东方产业引导创业投资有限责任公司
常州丰益投资管理中心（有限合伙）
常州沣时扬创业投资中心（有限合伙）
常州蜂鸟创业投资合伙企业（有限合伙）
常州高睿创业投资管理有限公司
常州高投创业投资有限公司
常州高新创业投资有限公司
常州高新区印刷电子产业创业投资有限公司
常州和嘉资本管理有限公司
常州和泰股权投资有限公司
常州和裕创业投资有限公司
常州红土人才投资合伙企业（有限合伙）
常州汇毅全璟壹号创业投资合伙企业（有限合伙）
常州嘉和达创业投资中心（有限合伙）
常州金茂新兴产业创业投资合伙企业（有限合伙）
常州九洲创星创业投资合伙企业（有限合伙）
常州力合华富创业投资有限公司
常州力合清源投资管理合伙企业（有限合伙）
常州力宽创业投资管理有限公司
常州砺剑创业投资合伙企业（有限合伙）
常州领创创业投资有限公司
常州牡丹江南创业投资有限责任公司
常州启泰二号创业投资合伙企业（有限合伙）
常州启泰三号创业投资合伙企业（有限合伙）
常州启泰四号创业投资合伙企业（有限合伙）
常州青枫伙伴创业投资合伙企业（有限合伙）
常州青枫云港投资中心（有限合伙）
常州青年创业投资中心（有限合伙）
常州青企联合创业投资合伙企业（有限合伙）
常州清源创新投资管理合伙企业（有限合伙）
常州清源东方投资管理合伙企业（有限合伙）
常州睿泰捌号创业投资中心（有限合伙）
常州睿泰创业投资管理有限公司
常州睿泰创业投资中心（有限合伙）
常州睿泰贰号创业投资中心（有限合伙）
常州睿泰玖号创业投资中心（有限合伙）
常州睿泰陆号创业投资中心（有限合伙）
常州睿泰叁号创业投资中心（有限合伙）
常州睿泰十二号创业投资中心（有限合伙）
常州睿泰拾号创业投资中心（有限合伙）
常州赛富高新创业投资管理有限公司
常州赛富高新创业投资中心（有限合伙）
常州市滨城投资管理集团有限公司
常州市久益股权投资中心（有限合伙）
常州市政府投资基金管理有限公司
常州市智义兴秦创业投资合伙企业（有限合伙）

常州松子易元壹号创业投资合伙企业（有限合伙）
常州天创股权投资中心（有限合伙）
常州天崑股权投资中心（有限合伙）
常州天融股权投资中心（有限合伙）
常州新北区和嘉上市后备创业投资中心（有限合伙）
常州鑫宸创业投资合伙企业（有限合伙）
常州信辉创业投资有限公司
常州悦石科泰思投资合伙企业（有限合伙）
常州正赛联创业投资管理有限公司
常州正赛联创业投资合伙企业（有限合伙）
丹阳盛宇鸿图创业投资合伙企业（有限合伙）
丹阳市高新技术创业投资有限公司
东吴创业投资有限公司
高投名力成长创业投资有限公司
高新区大学创业园科技企业孵化器
光控（海门）创业投资有限公司
国科瑞祺物联网创业投资有限公司
国仟创业投资管理（苏州）有限公司
海安峰融创业投资有限公司
海安峰融投资管理有限公司
海安嘉和投资有限公司
海安锦润投资管理有限公司
海安昆鹏投资有限公司
海安千石投资管理有限公司
海安青蓝创业投资有限公司
海安双惠创业投资有限公司
海安向嵘投资合伙企业（有限合伙）
海门时代伯乐创富股权投资合伙企业（有限合伙）
杭州盛维股权投资合伙企业（有限合伙）
红塔创新（昆山）创业投资有限公司
华软创业投资宜兴合伙企业（有限合伙）
淮安市创业投资有限公司
淮安市淮上英才创业投资有限公司
淮安市金控创业投资有限公司
江苏产才融合创业投资五期基金（有限合伙）
江苏常州武商创业投资合伙企业（有限合伙）
江苏大丰众成科技创业投资有限公司
江苏大生文化产业发展有限公司
江苏大运河星轩创业投资基金（有限合伙）
江苏鼎信资本管理有限公司
江苏风行天下创业投资有限公司
江苏高鼎科技创业投资有限公司
江苏高弘投资管理有限公司
江苏高晋创业投资有限公司
江苏高科技投资集团有限公司
江苏高投成长价值股权投资合伙企业（有限合伙）
江苏高投创新科技创业投资合伙企业（有限合伙）
江苏高投创新天使创业投资合伙企业（有限合伙）
江苏高投创业投资管理有限公司
江苏高投发展创业投资有限公司
江苏高投科贷创业投资企业（有限合伙）
江苏高投宁泰创业投资合伙企业（有限合伙）
江苏高投中小企业创业投资有限公司
江苏高新创业投资管理有限公司
江苏高新创业投资有限公司
江苏汍渡投资有限公司
江苏昊海投资发展集团有限公司
江苏恒凯投资有限公司
江苏弘瑞科技创业投资有限公司
江苏红黄蓝创业投资有限公司
江苏华控创业投资有限公司
江苏华控投资管理有限公司
江苏华全创业投资有限公司
江苏华睿投资管理有限公司
江苏汇鸿创业投资有限公司
江苏金茂低碳产业创业投资有限公司
江苏金茂环保产业创业投资有限公司
江苏金炻创业投资有限公司

江苏九洲创业投资管理有限公司
江苏九洲投资集团创业投资有限公司
江苏聚融创业投资有限公司
江苏科泉高新创业投资有限公司
江苏昆山高特佳创业投资有限公司
江苏连拓投资管理有限公司
江苏隆鑫创业投资有限公司
江苏民营投资控股有限公司
江苏铭旺投资基金管理有限公司
江苏南通沿海创业投资基金（有限合伙）
江苏企智资本投资管理有限公司
江苏人才创新创业投资二期基金（有限合伙）
江苏人才创新创业投资合伙企业（有限合伙）
江苏如东高新创业投资有限公司
江苏瑞明创业投资管理有限公司
江苏瑞庭投资管理有限公司
江苏桑夏投资有限公司
江苏省大运河（扬州）文化旅游发展基金（有限合伙）
江苏省高科技产业投资股份有限公司
江苏省苏高新风险投资股份有限公司
江苏省现代服务业发展创业投资基金（有限合伙）
江苏盛宇丹昇创业投资有限公司
江苏苏控创业投资有限公司
江苏天氏创业投资有限公司
江苏万硕投资有限公司
江苏橡树资本投资有限公司
江苏新创投资有限公司
江苏新顶旭科技创业投资有限公司
江苏新天地投资集团有限公司
江苏信泉创业投资管理有限公司
江苏兴科创业投资有限公司
江苏盐城龙湖文化产业发展有限公司
江苏以诺投资管理有限公司
江苏毅达成果创新创业投资基金（有限合伙）
江苏毅达股权投资基金管理有限公司
江苏智光创业投资有限公司
江苏中科物联网科技创业投资有限公司
江苏紫金文化产业二期创业投资基金（有限合伙）
江苏紫金文化产业发展基金（有限合伙）
江苏紫金文化创业投资合伙企业（有限合伙）
走泉（扬州）创业创新基金（有限合伙）
金雨茂物投资管理股份有限公司
句容市高新创业投资有限公司
昆山高特佳创业投资管理有限公司
昆山红土创业投资管理有限公司
昆山红土高新创业投资有限公司
昆山市工研院创业投资有限公司
昆山市国科创业投资有限公司
昆山中科昆开创业投资有限公司
连云港高投毅达科技创业投资合伙企业（有限合伙）
连云港海客瀛洲投资有限公司
连云港金海创业投资有限公司
连云港市润财创业投资发展有限公司
南京创熠鼓楼高投毅达天使创业投资基金（有限合伙）
南京创熠信安呈益科技股权投资基金（有限合伙）
南京创熠中南投资基金合伙企业（有限合伙）
南京恩然瑞光投资管理中心（有限合伙）
南京高新创业投资有限公司
南京国信金智创业投资中心（有限合伙）
南京红土创业投资有限公司
南京捷源投资管理合伙企业（有限合伙）
南京科源私募基金管理有限公司
南京栖霞科技发展投资有限公司
南京瑞明博创业投资有限公司
南京盛宇投资管理有限公司
南京市鼓楼科技创新投资发展有限公司
南京市栖霞区科技创业投资有限公司
南京市秦淮产业发展基金有限公司

南京文化创业投资有限公司
南京协立创业投资有限公司
南京信安呈益股权投资基金（有限合伙）
南京毅达股权投资管理企业（有限合伙）
南京中成创业投资有限公司
南通邦融二期股权投资基金中心（有限合伙）
南通产控邦盛创业投资管理有限公司
南通成为常青股权投资合伙企业（有限合伙）
南通创源科技园发展有限公司
南通创源投资有限公司
南通得一投资中心（有限合伙）
南通国泰创业投资有限公司
南通恒富创业投资合伙企业（有限合伙）
南通衡盛股权投资基金中心（有限合伙）
南通红土伟达创业投资管理有限公司
南通红土伟达创业投资有限公司
南通金玖锐信投资管理有限公司
南通金源汇富创业投资合伙企业（有限合伙）
南通康成亨重点成长型企业股权投资合伙企业（有限合伙）
南通科创创业投资管理有限公司
南通科技创业投资有限公司
南通蓝海投资有限公司
南通蓝湾壹号创业投资合伙企业（有限合伙）
南通磊泽投资有限公司
南通鲤鱼高新技术创业服务有限公司
南通玲珑湾天使投资基金合伙企业（有限合伙）
南通懋德股权投资中心（有限合伙）
南通平衡创业投资基金中心（有限合伙）
南通启华生物医疗产业基金合伙企业（有限合伙）
南通赛东风创业服务有限公司
南通神辉广厦投资中心（有限合伙）
南通时代伯乐创业投资合伙企业（有限合伙）
南通时代伯乐汇邦股权投资合伙企业（有限合伙）
南通时代伯乐一期股权投资合伙企业（有限合伙）
南通松禾创业投资合伙企业（有限合伙）
南通松禾资本管理有限公司
南通新源投资发展有限公司
南通信创酷信息科技有限公司
南通迅和投资有限公司
南通元创科技投资有限公司
南通紫琅私募基金管理有限公司
宁波弘晟致和投资管理合伙企业（有限合伙）
邳州市博睿投资管理有限公司
邳州市高新区科创园企业管理有限公司
启东皓玺创业投资合伙企业（有限合伙）
启东金北翼母基金投资合伙企业（有限合伙）
启东金浦贰号私募投资基金合伙企业（有限合伙）
启东天择产业投资合伙企业（有限合伙）
启赋安泰（常州）新材料产业基金合伙企业（有限合伙）
清川私募基金管理（无锡）有限公司
人保（苏州）科技保险创业投资企业（有限合伙）
苏州博彦嘉铭创业投资中心（有限合伙）
苏州创禾创业投资管理有限公司
苏州创元高投创业投资管理有限公司
苏州创元高新创业投资有限公司
苏州创元高新生物制药创业投资企业（有限合伙）
苏州丛蓉私募基金管理合伙企业（有限合伙）
苏州德睿亨风创业投资有限公司
苏州德晟亨风创业投资合伙企业（有限合伙）
苏州荻溪数字经济产业创业投资中心（有限合伙）
苏州荻溪文化创意产业投资中心（有限合伙）
苏州敦行价值创业投资合伙企业（有限合伙）
苏州敦行投资管理有限公司
苏州高创天使电子商务产业投资合伙企业（有限合伙）
苏州高创天使二号投资合伙企业（有限合伙）
苏州高创天使三号投资合伙企业（有限合伙）
苏州高创天使一号投资合伙企业（有限合伙）

苏州高锦创业投资有限公司
苏州高铨创业投资企业（有限合伙）
苏州高新创业投资集团清源新麟创业投资管理有限公司
苏州高新创业投资集团融联管理有限公司
苏州高新创业投资集团融晟投资管理有限公司
苏州高新创业投资集团太湖金谷资本管理有限公司
苏州高新创业投资集团新麟管理有限公司
苏州高新创业投资集团有限公司
苏州高新创业投资集团中小企业发展管理有限公司
苏州高新创业投资集团中小企业天使投资有限公司
苏州高新风投创业投资管理有限公司
苏州高新富德投资企业（有限合伙）
苏州高新华富创业投资企业
苏州高新明鑫创业投资管理有限公司
苏州高新启源创业投资有限公司
苏州高新区创业科技投资管理有限公司
苏州高新友利创业投资有限公司
苏州工业园区领军创业投资有限公司
苏州工业园区钦辰浩海投资管理有限公司
苏州工业园区睿灿投资企业（有限合伙）
苏州工业园区太浩成长二期创业投资合伙企业（有限合伙）
苏州工业园区元禾顺风股权投资企业（有限合伙）
苏州贡湖创业投资中心（有限合伙）
苏州光点未来创业投资管理有限公司
苏州国发创富创业投资企业（有限合伙）
苏州国发创业投资控股有限公司
苏州国发东方创业投资管理有限公司
苏州国发服务业创业投资企业（有限合伙）
苏州国发高铁文化创业投资管理有限公司
苏州国发高铁文化创业投资中心（有限合伙）
苏州国发高新创业投资管理有限公司
苏州国发股权投资基金管理有限公司
苏州国发恒润创业投资合伙企业（有限合伙）
苏州国发建富创业投资企业（有限合伙）
苏州国发融富创业投资管理企业（有限合伙）
苏州国发融富创业投资企业（有限合伙）
苏州国发天使创业投资企业（有限合伙）
苏州国发添富创业投资企业（有限合伙）
苏州国发文化产业创业投资企业（有限合伙）
苏州国发新创捌号创业投资合伙企业（有限合伙）
苏州国发源富创业投资企业（有限合伙）
苏州国发智富创业投资企业（有限合伙）
苏州国发卓越创业投资合伙企业（有限合伙）
苏州国嘉创业投资有限公司
苏州国仟医疗创业投资企业（有限合伙）
苏州国仟医械二期创业投资企业（有限合伙）
苏州红土大数据创业投资有限公司
苏州宏正创业投资管理有限公司
苏州华创赢达创业投资基金企业（有限合伙）
苏州环秀湖创业投资中心（有限合伙）
苏州汇利华创业投资有限公司
苏州集萃华财创业投资管理中心（有限合伙）
苏州佳晋创业投资有限公司
苏州嘉睿万杉创业投资合伙企业（有限合伙）
苏州聚瀚创业投资合伙企业（有限合伙）
苏州聚新中小科技创业投资企业（有限合伙）
苏州聚展创业投资企业（有限合伙）
苏州君实协立创业投资有限公司
苏州康博沿江创业投资中心（有限合伙）
苏州科技城创业投资有限公司
苏州蓝贰创业投资有限公司
苏州蓝壹创业投资有限公司
苏州两仪幂方医药创业投资合伙企业（有限合伙）
苏州龙驹创合创业投资合伙企业（有限合伙）
苏州龙驹创联创业投资企业（有限合伙）
苏州龙驹东方投资管理企业（有限合伙）

苏州龙驹铁鑫创业投资合伙企业（有限合伙）
苏州龙驹智芯创业投资合伙企业（有限合伙）
苏州麦创投资管理有限公司
苏州麦创正信创业投资中心（有限合伙）
苏州孟溪创业投资中心（有限合伙）
苏州名优新能创业投资合伙企业（有限合伙）
苏州明善嘉德创业投资合伙企业（有限合伙）
苏州明鑫高投创业投资有限公司
苏州启程金禾创业投资合伙企业（有限合伙）
苏州启源添润创业投资合伙企业（有限合伙）
苏州启源添硕创业投资合伙企业（有限合伙）
苏州启源添泽创业投资合伙企业（有限合伙）
苏州清睿华赢创业投资合伙企业（有限合伙）
苏州清研汽车产业创业投资企业（有限合伙）
苏州清研资本管理企业（有限合伙）
苏州融联创业投资企业（有限合伙）
苏州瑞华投资合伙企业（有限合伙）
苏州瑞通龙熙新兴创业投资企业（有限合伙）
苏州生茂创业投资合伙企业（有限合伙）
苏州盛泉百涛创业投资管理有限公司
苏州盛泉海成创业投资合伙企业（有限合伙）
苏州盛泉万泽创业投资合伙企业（有限合伙）
苏州市科技创新创业投资有限公司
苏州市千苏创业投资合伙企业（有限合伙）
苏州市苏信创业投资有限公司
苏州市吴江创迅创业投资有限公司
苏州市吴江创业投资有限公司
苏州市吴中创业投资有限公司
苏州市吴中科技创业园管理有限公司
苏州市相城创新产业创业投资中心（有限合伙）
苏州市相城创业投资有限责任公司
苏州市相城埭溪创业投资有限责任公司
苏州市相城埭溪二期创业投资中心（有限合伙）
苏州市相城二期新兴产业创业投资中心（有限合伙）
苏州市相城高新创业投资有限责任公司
苏州市相城基金管理有限公司
苏州市相城蠡溪创业投资中心（有限合伙）
苏州市相城区澄悦创业投资有限责任公司
苏州市相城区相聚工业互联网产业创业投资中心（有限合伙）
苏州市相城区相聚区块链产业创业投资中心（有限合伙）
苏州市相城区相聚生物医药产业创业投资中心（有限合伙）
苏州市相城区相聚数字金融产业创业投资中心（有限合伙）
苏州市相城区相聚先进材料产业创业投资中心（有限合伙）
苏州市相城区相聚智能车联网产业创业投资中心（有限合伙）
苏州市相城区相行创业投资中心（有限合伙）
苏州市相城区湘溪创业投资有限公司
苏州顺融创业投资管理合伙企业（有限合伙）
苏州顺融进取创业投资合伙企业（有限合伙）
苏州顺融进取二期创业投资合伙企业（有限合伙）
苏州顺融瑞腾创业投资合伙企业（有限合伙）
苏州顺融天使二期创业投资合伙企业（有限合伙）
苏州顺融天使三期创业投资合伙企业（有限合伙）
苏州顺融天使四期创业投资合伙企业（有限合伙）
苏州顺融投资管理有限公司
苏州顺融拓合创业投资合伙企业（有限合伙）
苏州顺融泽实创业投资合伙企业（有限合伙）
苏州苏科创投资管理有限公司
苏州苏信宜和投资管理有限公司
苏州太浩成长创业投资合伙企业（有限合伙）
苏州太浩创业投资管理合伙企业（普通合伙）
苏州蔚蓝投资管理有限公司
苏州吴中国发创业投资管理有限公司

苏州吴中国发创业投资有限公司
苏州吴中科技创业投资有限公司
苏州相渭汽车产业投资中心（有限合伙）
苏州香柏泓石创业投资合伙企业（有限合伙）
苏州协立创业投资有限公司
苏州协立宽禁带创业投资中心（有限合伙）
苏州新麟创业投资有限公司
苏州新麟二期创业投资企业（有限合伙）
苏州新麟三期创业投资企业（有限合伙）
苏州新麟四期创业投资合伙企业（有限合伙）
苏州新晟信息产业投资企业（有限合伙）
苏州信慧成创业投资管理有限公司
苏州旭融股权投资基金管理有限公司
苏州亚米新力科技创业投资合伙企业（有限合伙）
苏州衍盈投资管理有限公司
苏州亿崇创业投资合伙企业（有限合伙）
苏州亿和创业投资有限公司
苏州亿文创新资本管理有限公司
苏州亿新熠合投资企业（有限合伙）
苏州茵联启程创业投资合伙企业（有限合伙）
苏州银基创业投资有限公司
苏州永溪创业投资中心（有限合伙）
苏州涌智投资管理有限公司
苏州元禾控股股份有限公司
苏州元泰华实创业投资合伙企业（有限合伙）
苏州中鑫创新投资管理有限公司
苏州卓璞永赢创业投资合伙企业（有限合伙）
苏州紫荆华创创业投资合伙企业（有限合伙）
宿迁国发创业投资企业（有限合伙）
宿迁科技创业投资有限公司
宿迁市开创创业投资有限公司
宿迁毅达新兴创业投资合伙企业（有限合伙）
太仓市科技产业投资有限公司
太仓市科技创业投资有限公司
太仓衍盈壹号投资管理中心（有限合伙）
泰兴润创新材料创业投资合伙企业（有限合伙）
泰州华诚高新技术投资发展有限公司
泰州华健创业投资有限公司
泰州金高创业投资合伙企业（有限合伙）
泰州市高港高新区开发投资有限责任公司
泰州市高港区凯璞庭产业投资基金合伙企业（有限合伙）
泰州市盛鑫创业投资管理有限公司
无锡 TCL 爱思开半导体产业投资基金合伙企业（有限合伙）
无锡 TCL 创业投资合伙企业（有限合伙）
无锡宝捷会沐山创业投资合伙企业（有限合伙）
无锡宝捷会专丽创业投资合伙企业（有限合伙）
无锡滨湖科技创业投资有限责任公司
无锡产发骞创创业投资合伙企业（有限合伙）
无锡创微创业投资合伙企业（有限合伙）
无锡鼎祺中肃成果转化投资合伙企业（有限合伙）
无锡复星奥来德创业投资合伙企业（有限合伙）
无锡高创创业投资合伙企业（有限合伙）
无锡高软创业投资合伙企业（有限合伙）
无锡高投毅达鼎祺人才创业投资合伙企业（有限合伙）
无锡高新创友创业投资合伙企业（有限合伙）
无锡高新集电创业投资合作企业（有限合伙）
无锡高新技术创业投资股份有限公司
无锡国联厚泽创业投资企业（有限合伙）
无锡国联浚源创业投资中心（有限合伙）
无锡国联卓成创业投资有限公司
无锡红杉恒业股权投资合伙企业（有限合伙）
无锡红杉兴业股权投资合伙企业（有限合伙）
无锡厚泽成长创业投资企业（有限合伙）
无锡厚泽创新创业投资企业（有限合伙）
无锡惠开正合投资管理有限公司
无锡江南仁和新能源产业投资中心（有限合伙）

无锡金茂二号新兴产业创业投资企业（有限合伙）
无锡金浦璞芯创业投资合伙企业（有限合伙）
无锡金投资本私募基金管理有限公司
无锡钧溪股权投资合伙企业（有限合伙）
无锡力合清源创业投资合伙企业（有限合伙）
无锡七酷投资管理有限公司
无锡启越创业投资合伙企业（有限合伙）
无锡清研投资有限公司
无锡润创投资管理有限公司
无锡圣丰联创业投资合伙企业（有限合伙）
无锡市创新投资集团有限公司
无锡市金程高新创业投资管理有限公司
无锡市金惠创业投资有限责任公司
无锡市锡山创业投资有限公司
无锡市新达创投合伙企业（有限合伙）
无锡市新区科技金融创业投资集团有限公司
无锡市新吴区新投金硕创投合伙企业（有限合伙）
无锡市新吴区新投领硕创业投资合伙企业（有限合伙）
无锡市新吴区新投融智创业投资合伙企业（有限合伙）
无锡势红创业投资合伙企业（有限合伙）
无锡太湖云和正奇科技成果转化创业投资企业（有限合伙）
无锡泰晟创业投资合伙企业（有限合伙）
无锡锡山科技创业园有限公司
无锡芯和私募基金管理有限公司
无锡新创联芯股权投资合伙企业（有限合伙）
无锡新区领航创业投资有限公司
无锡新投丰源创业投资合伙企业（有限合伙）
无锡新投领庆创业投资合伙企业（有限合伙）
无锡信润合创创业投资合伙企业（有限合伙）
无锡一奇碳鸿数联产业投资基金合伙企业（有限合伙）
无锡源清创业投资有限公司
无锡源清盛华创业投资有限公司
无锡源鑫创业投资企业（有限合伙）
无锡耘杉创业投资中心（有限合伙）
无锡正海联云创业投资合伙企业（有限合伙）
无锡正基鼎翔三期创业投资合伙企业（有限合伙）
无锡中电海康慧海产业投资合伙企业（有限合伙）
无锡中科汇盈二期实业投资有限责任公司
无锡中科赛新投资合伙企业（有限合伙）
无锡众合投资发展有限公司
吴江东方国发创业投资有限公司
吴江东方融富创业投资管理企业（有限合伙）
吴江东运创业投资有限公司
吴江华业创业投资管理中心（有限合伙）
厦门高铖私募基金管理有限公司
响水县东大至善创业投资合伙企业（有限合伙）
徐州博灏创业投资管理有限公司
徐州瀚举创业投资合伙企业（有限合伙）
徐州淮海医药孵化器
徐州开宏创业投资有限公司
徐州市科创创业投资基金（有限合伙）
徐州市盛汇科技小额贷款有限公司
徐州天禹辰熙资产管理有限公司
徐州中金创业投资有限公司
盐城创业投资有限公司
盐城创咏新能源投资有限公司
盐城高创投资发展有限公司
盐城高新区创业投资有限公司
盐城高新区投资集团有限公司
盐城高新区咏信融资租赁有限公司
盐城恒远投资发展有限公司
盐城市亭湖区财裕创业投资有限公司
盐城新咏投资发展有限公司
盐城盐高教育投资有限公司
盐城咏恒投资发展有限公司
盐城元创投资发展有限公司
盐城智能终端产业园区开发运营有限公司

盐城中小企业创业投资实业有限公司
盐城中咏投资发展有限公司
扬中市创新投资有限公司
扬中市金融控股集团有限公司
扬州保盈投资基金合伙企业（有限合伙）
扬州长晟安众创业投资基金合伙企业（有限合伙）
扬州长晟创业投资基金合伙企业（有限合伙）
扬州长晟创业投资有限公司
扬州富海和创企业服务创业投资基金（有限合伙）
扬州富海三七互联网文化投资中心（有限合伙）
扬州富海扬帆互联网文化投资中心（有限合伙）
扬州海圣创业投资中心（有限合伙）
扬州邗江高新创业投资有限公司
扬州汇泽源建设投资基金合伙企业（有限合伙）
扬州经信新兴产业创业投资中心（有限合伙）
扬州平衡数字文化产业发展基金（有限合伙）
扬州平衡宜创创业投资基金中心（有限合伙）
扬州润宝投资基金合伙企业（有限合伙）
扬州神居客众创空间管理有限公司
扬州市创业投资有限公司
扬州市富海永成股权投资合伙企业（有限合伙）
扬州市教投科技股权投资基金合伙企业（有限合伙）
扬州市金创京杭创业投资基金中心（有限合伙）
扬州市金创邮城创业投资基金中心（有限合伙）
扬州万福星城创业投资基金中心（有限合伙）
扬州运河之帆投资基金中心（有限合伙）
宜兴环保科技创新创业投资有限公司
宜兴江南天源创业投资企业（有限合伙）
宜兴杰宜私募基金管理有限公司
怡和联创（无锡）创业投资企业（有限合伙）
张家港产业投资管理有限公司
张家港市金茂创业投资有限公司
张家港以诺创业投资企业（有限合伙）
镇江高科创业投资有限公司
镇江高投创业投资有限公司
镇江高新创业投资有限公司
镇江国投创业投资有限公司
镇江嘉瑞彤泰投资中心（有限合伙）
镇江君鼎协立创业投资有限公司
镇江君舜协立创业投资中心（有限合伙）
镇江康成亨创业投资合伙企业（有限合伙）
镇江力合天使创业投资企业（有限合伙）
镇江临创半导体产业投资基金合伙企业（有限合伙）
镇江领军人才创新创业股权投资有限公司
镇江磐云投资管理合伙企业（有限合伙）
镇江朴卓瑞诚投资中心（有限合伙）
镇江乾鹏创业投资基金企业（有限合伙）
镇江银河创业投资有限公司
镇江盈地投资管理合伙企业（有限合伙）
镇江中科金山创业投资企业（有限合伙）
中保投京杭大运河（扬州）生态基金合伙企业（有限合伙）
中航联创信科（无锡）股权投资中心（有限合伙）
紫荆清转投资管理（苏州）有限公司
安义瑞吉八期股权投资合伙企业（有限合伙）
赣州中科融合创业投资基金管理有限公司
共青城宝盛智行创业投资中心（有限合伙）
共青城博源欣禾创业投资合伙企业（有限合伙）
共青城畅联创业投资合伙企业（有限合伙）
共青城创徒丛林创业投资合伙企业（有限合伙）
共青城创徒芯钬创业投资合伙企业（有限合伙）
共青城禾健赢创业投资中心（有限合伙）
共青城华拓至盈玖号投资合伙企业（有限合伙）
共青城锦益三号创业投资合伙企业（有限合伙）
共青城聚变一号创业投资合伙企业（有限合伙）
共青城兰石创业投资合伙企业（有限合伙）
共青城联安创业投资中心（有限合伙）
共青城明善源泰创业投资合伙企业（有限合伙）

共青城睿和爱凯创业投资合伙企业（有限合伙）
共青城睿和华旭创业投资合伙企业（有限合伙）
共青城睿和菁英创业投资合伙企业（有限合伙）
共青城睿和致能创业投资合伙企业（有限合伙）
共青城睿和智控创业投资合伙企业（有限合伙）
共青城睿芯五号创业投资合伙企业（有限合伙）
共青城森林湖一号创业投资合伙企业（有限合伙）
共青城胜道七期创业投资合伙企业（有限合伙）
共青城天启宜通创业投资合伙企业（有限合伙）
共青城欣睿创业投资合伙企业（有限合伙）
共青城欣兴创业投资合伙企业（有限合伙）
共青城壹德尚智创业投资合伙企业（有限合伙）
共青城中文壹号创业投资合伙企业（有限合伙）
江西高技术产业投资股份有限公司
江西立达新材料产业创业投资中心（有限合伙）
江西省创东方科技创业投资中心（有限合伙）
景德镇市昌江区创富创业投资合伙企业（有限合伙）
新余方略德睦创业投资管理中心（有限合伙）
新余纳新紫薇创业投资合伙企业（有限合伙）
鞍山激光产业股权投资基金合伙企业中心（有限合伙）
大连昂石私募基金管理有限公司
大连海融高新创业投资管理有限公司
大连海融高新创业投资基金有限公司
大连航天半岛创业投资基金合伙企业（有限合伙）
大连万融天使投资有限公司
大连银信创业投资有限公司
辽宁诚泰投资有限公司
辽宁科发实业有限公司
辽宁科技创业投资有限责任公司
辽宁联盟中资创业投资企业（有限合伙）
沈阳禾诚科技项目投资合伙企业（有限合伙）
沈阳恒信安泰股权投资基金管理有限公司
沈阳锦绣中和资本管理有限公司
沈阳景秀源环保科技创业投资基金（有限合伙）
沈阳科技风险投资有限公司
沈阳盛京天使私募基金管理有限公司
沈阳盛京天使投资基金合伙企业（有限合伙）
沈阳星科汇创业投资有限公司
沈阳约印鼎泰股权投资管理中心（有限合伙）
内蒙古生产力促进中心有限公司
宁夏谷旺投资管理有限公司
宁夏正方私募基金管理有限公司
宁夏挚信资产管理有限公司
宁夏中财高新投资管理有限公司
银川凤凰展翼创业投资基金管理合伙企业（有限合伙）
银川融嘉投资基金管理有限公司
青海国科创业投资基金（有限合伙）
青海汇富科技成果转化投资基金（有限合伙）
奥古智零碳（枣庄）股权投资基金合伙企业（有限合伙）
滨州北海创业投资有限公司
滨州高新技术创业投资有限公司
滨州市创业发展投资有限公司
滨州市慧立创业投资有限公司
城发集团（青岛）产业资本管理有限公司
德州财金基金管理有限公司
德州市创业投资有限公司
广饶观由金元创业投资中心（有限合伙）
海邦创智碳中和（枣庄）股权投资合伙企业（有限合伙）
黄河三角洲产业投资基金管理有限公司
黄河三角洲投资管理有限公司
济南华科创业投资合伙企业（有限合伙）
济南江豪投资有限公司
济南科技创业投资集团有限公司
济南政商创业投资中心（有限合伙）
坤元智金（山东）投资有限公司
莱芜科融投资管理合伙企业（有限合伙）
莱芜瑞德投资有限公司
蓝海（青岛）私募基金管理有限公司

聊城国泰创业投资有限公司
临沂经开创业投资有限公司
临沂市青年创业投资有限公司
临沂市中海汇银创业投资合伙企业（有限合伙）
青岛创盈股权投资基金管理有限公司
青岛大有私募基金管理有限公司
青岛迪凯投资管理有限公司
青岛高创澳海股权投资管理有限公司
青岛高创投资管理有限公司
青岛高新创业投资有限公司
青岛光控低碳新能股权投资有限公司
青岛国铸资产管理有限公司
青岛海创汇创业投资有限公司
青岛海尔创业投资有限责任公司
青岛红土创业投资有限公司
青岛红土资本管理有限公司
青岛华仁创业投资有限公司
青岛华商汇通资本管理有限公司
青岛华通创业投资有限责任公司
青岛华耀资本创业投资企业（有限合伙）
青岛华耀资本管理中心（有限合伙）
青岛吉鸿志新一号创业投资中心（有限合伙）
青岛金达岭私募基金管理有限公司
青岛金水投资控股有限公司
青岛京铭资产管理有限公司
青岛静远创业投资有限公司
青岛巨峰创盈股权投资有限公司
青岛凯尔特豪斯投资合伙企业（有限合伙）
青岛蓝色海洋新兴产业创业投资管理有限公司
青岛乐通合创股权投资有限公司
青岛里程碑创业投资管理有限公司
青岛里程碑砥砺创业投资中心（有限合伙）
青岛里程碑人才创业投资企业（有限合伙）
青岛砺丰海盈投资管理合伙企业（有限合伙）
青岛迈通创业投资管理有限公司
青岛普维均和创业投资基金合伙企业（有限合伙）
青岛融誉资本管理有限公司
青岛如星创业投资有限公司
青岛少海高创天地投资管理有限公司
青岛少海金香投资管理有限公司
青岛生命树投资管理有限公司
青岛十方智汇投资管理有限公司
青岛市科技风险投资有限公司
青岛双星投资管理有限公司
青岛同歌创业投资管理有限公司
青岛葳尔资产管理有限公司
青岛韦斯特希尔基金管理有限公司
青岛信中利少海汇高创投资管理有限公司
青岛英飞中润投资管理有限公司
青岛拥湾私募基金管理集团股份有限公司
青岛源创节能环保创业投资基金合伙企业（有限合伙）
青岛中科汇金创业投资有限公司
青岛中科育成投资管理有限公司
日照蓝海创投科技服务有限公司
山东昌润创业投资股份有限公司
山东方舟财富资产管理有限公司
山东府新创业投资有限公司
山东高速（青岛）私募基金管理有限公司
山东国信嘉海私募基金管理有限公司
山东恒发创业投资有限公司
山东弘利创业投资有限公司
山东红桥创业投资有限公司
山东红桥股权投资管理有限公司
山东黄河三角洲创业发展集团有限公司
山东黄金创业投资有限公司
山东嘉华盛裕创业投资股份有限公司
山东嘉瑞创业投资集团有限公司
山东江诣创业投资有限公司

山东矜浩股权投资基金管理有限公司
山东君联创业投资有限公司
山东开来资本管理股份有限公司
山东康大恒远投资管理股份有限公司
山东科融天使创业投资合伙企业（有限合伙）
山东磐玉创业投资管理有限责任公司
山东旗城科技创业投资股份有限公司
山东启荣创业投资管理有限公司
山东融裕金谷创业投资有限公司
山东润富股权投资管理有限公司
山东省方正创业投资有限责任公司
山东毅达创业投资基金合伙企业（有限合伙）
山东智邦创业投资有限公司
山东中泰天使创业投资基金企业（有限合伙）
盛禾佳成创业投资（枣庄）合伙企业（有限合伙）
泰安开发区泰山创业投资有限公司
威海北创投资管理有限公司
威海创新投资有限公司
威海红土创业投资合伙企业（有限合伙）
威海威高股权投资管理有限公司
潍坊红土资本管理有限公司
潍坊鲁信厚源创业投资中心（有限合伙）
潍坊齐风文化发展投资基金合伙企业（有限合伙）
潍坊市国维创业投资有限公司
潍坊万通创业投资有限公司
烟台安芙兰创业投资中心（有限合伙）
烟台创新创业投资有限公司
烟台恒启达投资合伙企业（有限合伙）
烟台红土创业投资管理有限公司
烟台市蓝海创业投资有限公司
烟台市双兴创业投资有限公司
烟台思惟创业投资有限公司
烟台泰达创业投资管理有限公司
烟台泰达生物及新医药产业创业投资中心（有限合伙）
烟台天使大学生创业投资中心
烟台文化发展创业投资基金有限公司
烟台盈智创业投资有限公司
烟台源禾股权投资基金管理有限公司
烟台昭宣元泰九鼎创业投资中心（有限合伙）
烟台正海投资管理有限公司
烟台佐海创业投资合伙企业（有限合伙）
倚锋睿华（枣庄）创业投资中心（有限合伙）
倚锋十四期（枣庄）创业投资中心（有限合伙）
亿能新动创业投资（枣庄）合伙企业（有限合伙）
元芯创业投资（枣庄）合伙企业（有限合伙）
枣庄川商兴伍号创业投资合伙企业（有限合伙）
枣庄和达兴坤创业投资合伙企业（有限合伙）
枣庄和达兴云创业投资合伙企业（有限合伙）
枣庄和达兴尊创业投资合伙企业（有限合伙）
枣庄红崖信如创业投资管理中心（有限合伙）
枣庄金点八号创业投资合伙企业（有限合伙）
枣庄金点五号创业投资合伙企业（有限合伙）
枣庄景和创业投资合伙企业（有限合伙）
枣庄可乾溪创业投资合伙企业（有限合伙）
枣庄领航一号创业投资中心（有限合伙）
枣庄欣旺达创业投资合伙企业（有限合伙）
枣庄煜华沐创业投资合伙企业（有限合伙）
中泽远信私募基金管理（青岛）有限公司
淄博鉴睿创业投资中心（有限合伙）
淄博经济开发区盈科金梧桐创业投资合伙企业（有限合伙）
淄博隽赋创业投资合伙企业（有限合伙）
淄博隽融创业投资合伙企业（有限合伙）
淄博隽杉创业投资合伙企业（有限合伙）
淄博隽晟创业投资合伙企业（有限合伙）
淄博隽逸创业投资合伙企业（有限合伙）
淄博隽盈创业投资合伙企业（有限合伙）
淄博盛世九号创业投资合伙企业（有限合伙）

淄博市高新技术创业投资有限公司
淄博盈科阳光蓝一号创业投资合伙企业（有限合伙）
淄博昭峰创业投资合伙企业（有限合伙）
长治市财通惠股权投资管理有限公司
大同市财汇基金管理有限公司
晋城市创业投资基金管理有限公司
晋中创业投资基金管理有限公司
临汾市创业投资基金管理有限公司
山西百川兴晋私募基金有限公司
山西大友私募基金管理有限公司
山西光信基金管理有限公司
山西国电创业投资有限公司
山西国盈富通股权投资管理有限公司
山西佳信德股权投资管理有限公司
山西龙城燕园创业投资管理有限公司
山西省产业基金管理有限公司
山西省创业投资基金管理集团有限公司
山西省科技基金发展有限公司
太原晋阳私募股权投资基金管理有限公司
太原龙城私募基金管理有限公司
天安地恒资产管理有限公司
忻州市涌鑫股权投资管理有限公司
长安汇通私募基金管理有限公司
汉中投资基金管理有限公司
汉中众合创业投资管理有限公司
和翎同行（西安）私募基金有限公司
锦汇天成私募基金管理（西安）有限公司
陕西半导体先导基金管理有限公司
陕西创文投资管理有限公司
陕西德同福方投资管理有限公司
陕西德同投资管理有限公司
陕西电子信息产业投资管理有限公司
陕西敦敏投资合伙企业（有限合伙）
陕西高校科技创新种子创业投资基金合伙企业（有限合伙）
陕西关天资本管理有限公司
陕西国开旅游产业基金管理有限公司
陕西和灵投资管理有限公司
陕西宏信创业投资有限公司
陕西鸿创投资管理有限公司
陕西鸿德源创私募投资管理有限公司
陕西华秦永和投资管理有限公司
陕西金河科技创业投资有限责任公司
陕西金控知守基金管理有限公司
陕西金资基金管理有限公司
陕西久毅投资管理有限公司
陕西科技创业投资管理有限公司
陕西科控启元创业投资管理合伙企业（有限合伙）
陕西科控协同创业投资管理合伙企业（有限合伙）
陕西科迈投资管理合伙企业（有限合伙）
陕西空港金控资产管理有限公司
陕西空港临空产业投资管理有限公司
陕西空天宏远创业投资管理有限公司
陕西凌翔创业投资有限公司
陕西秦商投资管理有限公司
陕西青年创业投资管理有限公司
陕西荣厚源创业投资有限公司
陕西融媒投资管理有限公司
陕西陕核泰康基金管理有限公司
陕西省产业投资有限公司
陕西省成长性企业引导基金管理有限公司
陕西省创业投资引导基金管理中心
陕西铜川飞龙资本投资管理有限公司
陕西西咸沣东产业投资管理有限公司
陕西希达大同创业投资有限公司
陕西新时代资本管理有限公司
陕西义禧投资管理有限公司
陕西永安信私募基金管理有限公司

陕西中海创业投资有限公司
陕西中盛创业投资股份有限公司
神木金益基金管理有限公司
唐兴天下投资管理（西安）有限责任公司
西安安元投资管理有限公司
西安浐灞基金管理有限公司
西安常青资本管理有限公司
西安敦成投资管理有限公司
西安高科投资有限责任公司
西安高新技术产业风险投资有限责任公司
西安高新盈峰创业投资管理有限公司
西安关天创新投资管理有限公司
西安国海景恒创业投资有限公司
西安航创基金管理有限公司
西安航空城产业基金管理有限公司
西安航天基地创新投资有限公司
西安恒信资本管理有限公司
西安环大学创新创业投资有限公司
西安科睿投资管理有限公司
西安镭融私募基金管理有限公司
西安霖禾创业投资管理合伙企业（有限合伙）
西安龙鼎投资管理有限公司
西安鲁信股权投资管理有限公司
西安迈朴资本管理有限公司
西安青实资本管理有限公司
西安曲江唐人文化科技创业投资有限公司
西安曲江文化产业风险投资有限公司
西安瑞鹏明德基金管理合伙企业（有限合伙）
西安睿银投资管理有限公司
西安润沣资本管理有限公司
西安善美基金管理有限公司
西安上恩创业投资管理有限公司
西安同创博润创业投资管理中心（有限合伙企业）
西安同创熙成投资管理有限公司
西安同泽投资有限公司
西安微纳点石投资管理有限公司
西安未来宇航资产管理有限公司
西安西交科创股权投资合伙企业（有限合伙）
西安西交一八九六资本管理有限公司
西安欣柯致远创业投资有限公司
西安云杉私募基金管理有限公司
西安韵杰投资管理有限公司
西安知守创业投资管理有限公司
西安知行投资管理有限公司
西安智信投资管理有限公司
西安中辰伟业投资有限公司
西部优势资本投资有限公司
西咸新区沣西新城基金管理有限公司
西咸新区金控资本资产管理有限公司
西咸新区泾河新城泾石私募基金管理有限公司
亚联民加（西安）股权投资有限公司
杨凌农科股权投资基金有限合伙企业
杨凌众创田园天使企业管理有限合伙企业
榆林高新科技成果转化创业投资管理合伙企业（有限合伙）
榆林能源产业基金管理有限公司
榆林市煤炭转化基金投资管理有限公司
中大兴业投资有限公司
中科创星科技投资有限公司
中兴众创（西安）投资管理有限公司
戈壁创赢（上海）创业投资管理有限公司
戈壁盈智（上海）创业投资合伙企业（有限合伙）
上海百晨创业投资中心（有限合伙）
上海贝琛创业投资管理有限公司
上海碧水泉私募基金管理有限公司
上海成为创伴创业投资合伙企业（有限合伙）
上海创伴创业投资合伙企业（有限合伙）
上海创伴投资管理有限公司

上海创业接力泰礼创业投资中心（有限合伙）
上海创业投资有限公司
上海德丰杰龙升创业投资合伙企业（有限合伙）
上海德丰杰龙升私募基金管理中心（有限合伙）
上海复旦医疗产业创业投资有限公司
上海富欣创业投资有限公司
上海戈壁企灵创业投资合伙企业（有限合伙）
上海国际创投股权投资基金管理有限公司
上海含泰创业投资合伙企业（有限合伙）
上海韩吾纪创业投资管理有限公司
上海韩吾纪创业投资合伙企业（有限合伙）
上海洪峰创业投资合伙企业（有限合伙）
上海惠畅投资管理合伙企业（有限合伙）
上海嘉定创业投资管理有限公司
上海鲸吉创业投资中心（有限合伙）
上海景嘉创业接力创业投资中心（有限合伙）
上海科技创业投资股份有限公司
上海科技创业投资有限公司
上海力合清源创业投资管理合伙企业（有限合伙）
上海力合清源创业投资合伙企业（有限合伙）
上海领中龙智创业投资中心（有限合伙）
上海米聚资产管理有限公司
上海菩扬股权投资管理有限公司
上海浦软汇智创业投资合伙企业（有限合伙）
上海千骥创业投资管理有限公司
上海千骥创业投资中心（有限合伙）
上海千骥诺格医药创业投资管理有限公司
上海千骥生物医药创业投资有限公司
上海千骥星鹤创业投资管理有限公司
上海千骥星鹤创业投资中心（有限合伙）
上海乾莳资产管理有限公司
上海青之锐博智创业投资合伙企业（有限合伙）
上海瑞经达创业投资有限公司
上海上实创业投资有限公司
上海盛今创业投资有限公司
上海市北科技创业投资有限公司
上海斯考安集创业投资中心（有限合伙）
上海泰礼创业投资管理有限公司
上海星湾创业投资合伙企业（有限合伙）
上海星中如意智能科技集团有限公司
上海徐汇科技创业投资有限公司
上海杨浦创业投资有限公司
上海溢禾创业投资管理有限公司
上海悦盟投资管理中心（有限合伙）
上海云天使初成创业投资合伙企业（有限合伙）
上海张江浩成创业投资有限公司
上海张科领弋升帆创业投资中心（有限合伙）
上海真金创业投资管理有限公司
上海真金高技术服务业创业投资中心（有限合伙）
上海正海聚弘创业投资中心（有限合伙）
上海正海资产管理有限公司
上海正赛联创业投资有限公司
上海中卫创业投资中心
中小浙普（上海）创业投资合伙企业（有限合伙）
成都博源投资管理有限公司
成都春垒科技创业投资合伙企业（有限合伙）
成都德盛创元创业投资合伙企业（有限合伙）
成都鼎祥创业投资合伙企业（有限合伙）
成都禾睿创业投资有限公司
成都合力蓉信股权投资基金管理有限公司
成都技转智达创业投资基金合伙企业（有限合伙）
成都技转智石股权投资基金管理有限公司
成都阶梯创业投资合伙企业（有限合伙）
成都阶梯创业投资有限公司
成都科创动力投资发展有限公司
成都空港创新创业投资有限公司
成都晟华创合投资管理合伙企业（有限合伙）
成都同德创客投资管理合伙企业（有限合伙）

成都温江新兴产业创业投资基金合伙企业（有限合伙）
成都盈创德弘股权投资基金管理有限公司
成都盈创动力投资管理有限公司
成都盈创世纪股权投资基金管理有限公司
成都盈创泰富股权投资基金管理有限公司
成都盈创兴科股权投资基金管理有限公司
东方江峡产业投资私募基金管理（成都）有限公司
合之力蓉盛成都创业投资中心（有限合伙）
洪泰天创投成都创业投资中心（有限合伙）
四川创新发展投资管理有限公司
四川鼎祥股权投资基金有限公司
四川天河生物医药产业创业投资基金合伙企业（有限合伙）
英诺成都科技创业投资中心（有限合伙）
真友成都股权投资基金管理企业（有限合伙）
中小企业发展基金（成都）交子创业投资合伙企业（有限合伙）
华控（天津）投资管理有限公司
加华裕丰（天津）股权投资管理合伙企业（有限合伙）
嘉华铭德（天津）创业投资合伙企业（有限合伙）
嘉华天明（天津）创业投资合伙企业（有限合伙）
菁英汇投资管理（天津）有限责任公司
日亚（天津）创业投资管理有限公司
日亚（天津）创业投资企业
上创普盛（天津）创业投资管理有限公司
天创博盛（天津）股权投资基金合伙企业（有限合伙）
天津滨海财富股权投资基金有限公司
天津滨海创投投资管理有限公司
天津滨海高新技术产业开发区科鑫创业投资有限公司
天津滨海天创众鑫股权投资基金有限公司
天津滨海新区创业风险投资引导基金有限公司
天津财富嘉绩投资合伙企业（有限合伙）
天津陈塘海天创业投资合伙企业（有限合伙）
天津酬勤天成创业投资合伙企业（有限合伙）
天津创业投资管理有限公司
天津创业投资有限公司
天津德人天使创业投资有限公司
天津东虹科技创业投资发展有限公司
天津方皋创业投资有限公司
天津翡璋创业投资中心（有限合伙）
天津蜂巢投资管理合伙企业（有限合伙）
天津海达创业投资管理有限公司
天津海量重度大数据企业孵化器有限公司
天津海泰戈壁创业投资管理有限公司
天津海泰资本投资管理有限公司
天津和煦谷雨投资合伙企业（有限合伙）
天津虹桥天使投资有限公司
天津汇鑫创富股权投资基金管理有限公司
天津嘉成创业投资中心（有限合伙）
天津金星创业投资有限公司
天津君正创业投资合伙企业（有限合伙）
天津科创天使投资有限公司
天津陆石华屹创业投资中心（有限合伙）
天津陆石昱航股权投资中心（有限合伙）
天津满盈创业投资合伙企业（有限合伙）
天津南开区苑鑫创业投资有限公司
天津普银创业投资合伙企业（有限合伙）
天津普银天使创业投资有限公司
天津奇安菁英创业投资合伙企业（有限合伙）
天津清研陆石投资管理有限公司
天津市武清区信邦科技创业投资发展有限公司
天津泰达恒鼎创业投资合伙企业（有限合伙）
天津泰达科技投资股份有限公司
天津天宝创业投资有限公司
天津天创华鑫现代服务产业创业投资合伙企业（有限合伙）
天津天创荣鑫创业投资合伙企业（有限合伙）
天津天创盈鑫创业投资合伙企业（有限合伙）

天津天地酬勤创业投资合伙企业（有限合伙）
天津天地酬勤股权投资管理有限公司
天津天地酬勤天使创业投资有限公司
天津天富创业投资有限公司
天津天开发展集团有限公司
天津天以生物医药股权投资基金有限公司
天津天英创业投资管理有限公司
天津天雨满盈股权投资基金管理有限公司
天津浔渡创业投资合伙企业（有限合伙）
天津燕山航空创业投资有限公司
天津宜科天创智能制造产业创业投资合伙企业（有限合伙）
天津沅渡创业投资合伙企业（有限合伙）
天津源渡创业投资合伙企业（有限合伙）
天津远为创业投资合伙企业（有限合伙）
天津智选创业投资有限公司
天津中关村磐谷图灵股权投资基金合伙企业（有限合伙）
天津中科达创业投资管理有限公司
天津中汽瑷睿创业投资有限公司
天津中知创富创业投资合伙企业（有限合伙）
万联道一（天津）创业投资合伙企业（有限合伙）
中丽（天津）产城融合发展基金管理有限公司
中投财富辛卯（天津）创业投资合伙企业（有限合伙）
中知厚德知识产权投资管理（天津）有限公司
霍尔果斯嘉泽创业投资有限公司
喀什新昆创业投资有限公司
乌鲁木齐新奇康医药健康产业股权投资有限合伙企业
新疆创投资本管理有限责任公司
新疆红山私募基金管理股份有限公司
新疆火炬创业投资有限公司
新疆融汇鑫创业投资管理有限公司
新疆新科源科技风险投资管理有限公司
新疆中科援疆创新创业私募基金管理有限公司
红塔创新投资股份有限公司
云南金产股权投资基金合伙企业（有限合伙）
云南金种子股权投资基金合伙企业（有限合伙）
安丰创业投资有限公司
安吉久伏股权投资合伙企业（有限合伙）
安吉普华国诚创业投资合伙企业（有限合伙）
安吉普华延康创业投资合伙企业（有限合伙）
安吉启真丰实股权投资合伙企业（有限合伙）
安吉求创起源股权投资合伙企业（有限合伙）
苍南国投清创投资合伙企业（有限合伙）
长兴贝达股权投资合伙企业（有限合伙）
长兴大象投资管理中心（有限合伙）
长兴迭代股权投资合伙企业（有限合伙）
长兴君盈股权投资合伙企业（有限合伙）
长兴科商创业投资合伙企业（有限合伙）
长兴科威创业投资合伙企业（有限合伙）
长兴小野常新股权投资合伙企业（有限合伙）
长兴新兹股权投资管理合伙企业（有限合伙）
长兴兴部股权投资合伙企业（有限合伙）
淳安三仁腾兴股权投资合伙企业（有限合伙）
淳安三仁望岳股权投资合伙企业（有限合伙）
淳安途壹股权投资合伙企业（有限合伙）
德清奇锦股权投资合伙企业（有限合伙）
鄂尔多斯市嘉富泽力绿色发展基金合伙企业（有限合伙）
富浙探索（诸暨）股权投资合伙企业（有限合伙）
国振资产管理（杭州）有限公司
海南嘉富泽至私募股权投资基金合伙企业（有限合伙）
海宁高质创拓股权投资合伙企业（有限合伙）
海宁力合天使创业投资合伙企业（有限合伙）
海宁普华友创股权投资管理合伙企业（有限合伙）
海宁启真毓金创业投资合伙企业（有限合伙）
海宁庆能创业投资合伙企业（有限合伙）
海宁实业产业股权投资合伙企业（有限合伙）

海宁芯潮股权投资合伙企业（有限合伙）
杭实资产管理（杭州）有限公司
杭州安丰创健创业投资合伙企业（有限合伙）
杭州安丰富盛创业投资合伙企业（有限合伙）
杭州安丰杭盈创业投资合伙企业（有限合伙）
杭州安丰慧元创业投资合伙企业（有限合伙）
杭州安丰玖号创业投资合伙企业（有限合伙）
杭州安丰上盈创业投资合伙企业（有限合伙）
杭州安丰盛科创业投资合伙企业（有限合伙）
杭州安丰新干投创业投资合伙企业（有限合伙）
杭州安丰鑫元创业投资合伙企业（有限合伙）
杭州翱波股权投资合伙企业（有限合伙）
杭州翱鹏投资管理有限公司
杭州翱谱投资合伙企业（有限合伙）
杭州帮创投资合伙企业（有限合伙）
杭州帮实投资管理有限公司
杭州葆光投资管理有限公司
杭州贝达投资管理有限公司
杭州倍达广聚创业投资合伙企业（有限合伙）
杭州倍达广顺创业投资合伙企业（有限合伙）
杭州滨江众创投资合伙企业（有限合伙）
杭州伯翰资产管理有限公司
杭州伯乐圣赢股权投资合伙企业（有限合伙）
杭州博观丰年投资合伙企业（有限合伙）
杭州畅知投资管理合伙企业（有限合伙）
杭州丞富股权投资合伙企业（有限合伙）
杭州承富投资管理合伙企业（有限合伙）
杭州诚和创业投资有限公司
杭州诚和鸿熙股权投资合伙企业（有限合伙）
杭州诚和西元投资合伙企业（有限合伙）
杭州驰富投资管理合伙企业（有限合伙）
杭州崇石投资合伙企业（有限合伙）
杭州穿越投资合伙企业（有限合伙）
杭州大头投资管理有限公司
杭州道生初阳科创股权投资基金合伙企业（有限合伙）
杭州道生灵境股权投资基金合伙企业（有限合伙）
杭州道生投资管理有限公司
杭州道生元力投资合伙企业（有限合伙）
杭州道昇投资合伙企业（有限合伙）
杭州德石联动股权投资合伙企业（有限合伙）
杭州德石灵动投资合伙企业（有限合伙）
杭州德石驱动投资合伙企业（有限合伙）
杭州德石速动投资合伙企业（有限合伙）
杭州德石欣动创业投资合伙企业（有限合伙）
杭州德石悦动投资合伙企业（有限合伙）
杭州德同创业投资合伙企业（有限合伙）
杭州迭代创氪投资管理合伙企业（有限合伙）
杭州迭代夸克投资管理合伙企业（有限合伙）
杭州迭代升集投资管理合伙企业（有限合伙）
杭州迭代投资管理有限公司
杭州鼎聚芥园创业投资合伙企业（有限合伙）
杭州鼎聚景成创业投资合伙企业（有限合伙）
杭州鼎聚景盛创业投资合伙企业（有限合伙）
杭州鼎聚景远创业投资合伙企业（有限合伙）
杭州鼎聚坤华创业投资合伙企业（有限合伙）
杭州鼎聚茂华创业投资合伙企业（有限合伙）
杭州鼎聚投资管理有限公司
杭州鼎霖投资合伙企业（有限合伙）
杭州东创汇富投资合伙企业（有限合伙）
杭州东方嘉富资产管理有限公司
杭州东方嘉奇投资合伙企业（有限合伙）
杭州东汇创智投资合伙企业（有限合伙）
杭州敦钧资产管理有限公司
杭州敦骏股权投资合伙企业（有限合伙）
杭州敦泰阳能股权投资合伙企业（有限合伙）
杭州多隆股权投资合伙企业（有限合伙）
杭州枫惠投资管理有限公司
杭州福生创业投资管理有限公司

杭州附加值投资管理有限公司
杭州复朴共创私募管理有限公司
杭州复朴共进投资合伙企业（有限合伙）
杭州复朴康临股权投资合伙企业（有限合伙）
杭州复朴投资管理有限公司
杭州富阳产业基金投资管理有限公司
杭州富阳泽直股权投资合伙企业（有限合伙）
杭州赋实投资管理合伙企业（有限合伙）
杭州高科技创业投资管理有限公司
杭州高特佳睿安投资合伙企业（有限合伙）
杭州高特佳睿海投资合伙企业（有限合伙）
杭州高新金投控股集团有限公司
杭州庚富股权投资合伙企业（有限合伙）
杭州工创股权投资基金合伙企业（有限合伙）
杭州固海投资合伙企业（有限合伙）
杭州冠丰投资合伙企业（有限合伙）
杭州光福股权投资合伙企业（有限合伙）
杭州广润创业投资有限公司
杭州广赢投资管理有限公司
杭州硅谷真石资产管理有限公司
杭州贵巨创业投资合伙企业（有限合伙）
杭州海邦博源创业投资合伙企业（有限合伙）
杭州海邦沣华数智股权投资合伙企业（有限合伙）
杭州海邦沣华投资管理有限公司
杭州海邦巨擎创业投资合伙企业（有限合伙）
杭州海邦数瑞股权投资合伙企业（有限合伙）
杭州海邦投资管理有限公司
杭州海邦新湖人才创业投资合伙企业（有限合伙）
杭州海邦药谷从正创业投资合伙企业（有限合伙）
杭州海邦羿谷创业投资合伙企业（有限合伙）
杭州海邦引智投资管理有限公司
杭州汉洋友创投资合伙企业（有限合伙）
杭州翰风股权投资合伙企业（有限合伙）
杭州瀚臻投资管理有限公司
杭州杭商大承投资管理合伙企业（有限合伙）
杭州杭实创汇股权投资合伙企业（有限合伙）
杭州杭实格林达股权投资合伙企业（有限合伙）
杭州杭实进取股权投资合伙企业（有限合伙）
杭州杭实赛谨投资合伙企业（有限合伙）
杭州杭实友创九智创业投资合伙企业（有限合伙）
杭州好望角车航投资合伙企业（有限合伙）
杭州好望角奇点投资合伙企业（普通合伙）
杭州好望角启航投资合伙企业（有限合伙）
杭州好望角投资管理有限公司
杭州好望角苇航投资合伙企业（有限合伙）
杭州好望角引航投资合伙企业（有限合伙）
杭州好望角越航投资合伙企业（有限合伙）
杭州浩瀚星空股权投资合伙企业（有限合伙）
杭州河创投资合伙企业（有限合伙）
杭州弘翔金投投资合伙企业（有限合伙）
杭州鸿富股权投资合伙企业（有限合伙）
杭州厚初创业投资合伙企业（有限合伙）
杭州厚达茂硕股权投资合伙企业（有限合伙）
杭州厚达瑞择投资合伙企业（有限合伙）
杭州厚达顺网股权投资合伙企业（有限合伙）
杭州厚达元奥股权投资合伙企业（有限合伙）
杭州湖畔山南资本管理有限公司
杭州湖畔英汇股权投资合伙企业（有限合伙）
杭州虎跃永沃投资管理合伙企业（有限合伙）
杭州虎跃悦夏投资管理合伙企业（有限合伙）
杭州花贝投资管理合伙企业（有限合伙）
杭州花云股权投资合伙企业（有限合伙）
杭州华旦丹阳投资管理有限公司
杭州华旦投资管理合伙企业（有限合伙）
杭州华方柏晟投资管理合伙企业（有限合伙）
杭州华方创量投资管理有限公司
杭州华方丰柏投资管理合伙企业（有限合伙）
杭州华方丰洲投资管理合伙企业（有限合伙）

杭州华方和颐投资管理合伙企业（有限合伙）
杭州华媒泽商创业投资合伙企业（有限合伙）
杭州华睿富华企业管理合伙企业（有限合伙）
杭州华睿嘉银股权投资合伙企业（有限合伙）
杭州华薇创业投资合伙企业（有限合伙）
杭州华夏八维股权投资合伙企业（有限合伙）
杭州华夏创盈股权投资合伙企业（有限合伙）
杭州华夏科发股权投资合伙企业（有限合伙）
杭州华夏绿合股权投资合伙企业（有限合伙）
杭州华夏粟捷股权投资合伙企业（有限合伙）
杭州华夏云亿投资管理合伙企业（有限合伙）
杭州怀济私募基金管理有限公司
杭州汇孚智创投资合伙企业（有限合伙）
杭州汇翮聚融创业投资合伙企业（有限合伙）
杭州汇翮投资管理有限公司
杭州汇鑫城股权投资基金有限公司
杭州慧全投资管理有限公司
杭州慧逸投资合伙企业（有限合伙）
杭州慧涌投资合伙企业（有限合伙）
杭州基实股权投资合伙企业（有限合伙）
杭州绩优汀兰股权投资合伙企业（有限合伙）
杭州绩优投资管理有限公司
杭州绩优悦泉创业投资合伙企业（有限合伙）
杭州绩优卓源创业投资合伙企业（有限合伙）
杭州吉年投资合伙企业（有限合伙）
杭州济实生物医药股权投资合伙企业（有限合伙）
杭州嘉富天堂硅谷二号股权投资合伙企业（有限合伙）
杭州嘉富泽君投资管理合伙企业（有限合伙）
杭州嘉富泽涞股权投资合伙企业（有限合伙）
杭州嘉富泽枢股权投资合伙企业（有限合伙）
杭州嘉富泽易股权投资合伙企业（有限合伙）
杭州嘉富泽甬投资合伙企业（有限合伙）
杭州嘉富泽玉股权投资合伙企业（有限合伙）
杭州见和投资管理合伙企业（有限合伙）
杭州戒和投资管理合伙企业（有限合伙）
杭州金投智和创业投资合伙企业（有限合伙）
杭州金投智恒创业投资合伙企业（有限合伙）
杭州金投智业创业投资合伙企业（有限合伙）
杭州金投智远创业投资合伙企业（有限合伙）
杭州谨诺股权投资合伙企业（有限合伙）
杭州锦聚投资管理有限公司
杭州锦聚新能源壹号投资合伙企业（有限合伙）
杭州锦薇股权投资合伙企业（有限合伙）
杭州锦杏谷创业投资合伙企业（有限合伙）
杭州锦杏海创业投资合伙企业（有限合伙）
杭州锦杏云创业投资合伙企业（有限合伙）
杭州锦元资产管理有限公司
杭州劲健投资合伙企业（有限合伙）
杭州经济技术开发区创业投资有限公司
杭州景程钠电股权投资合伙企业（有限合伙）
杭州玖华弘盛私募基金管理有限公司
杭州君富股权投资合伙企业（有限合伙）
杭州君汇创业投资合伙企业（有限合伙）
杭州君品科技有限公司
杭州君青投资合伙企业（有限合伙）
杭州君远投资管理合伙企业（有限合伙）
杭州君知投资合伙企业（有限合伙）
杭州君志投资合伙企业（有限合伙）
杭州铠鹏投资合伙企业（有限合伙）
杭州科道股权投资合伙企业（有限合伙）
杭州科发创业投资合伙企业（有限合伙）
杭州科发金鼎创业投资合伙企业（有限合伙）
杭州科发康鼎创业投资合伙企业（有限合伙）
杭州科发天使投资合伙企业（有限合伙）
杭州科发相湖创业投资合伙企业（有限合伙）
杭州叩问股权投资合伙企业（有限合伙）
杭州岚创投资合伙企业（有限合伙）
杭州蓝贝壳帮实创业投资合伙企业（有限合伙）

杭州澜拓投资合伙企业（有限合伙）
杭州朗健投资合伙企业（有限合伙）
杭州朗月照人股权投资合伙企业（有限合伙）
杭州立晟佳悦创业投资合伙企业（有限合伙）
杭州立晟投资管理有限公司
杭州立元宸皓投资合伙企业（有限合伙）
杭州立元创业投资股份有限公司
杭州立元熙茂投资合伙企业（有限合伙）
杭州立元熙润投资合伙企业（有限合伙）
杭州利海互联创业投资合伙企业（有限合伙）
杭州利和临卓天使创业投资合伙企业（有限合伙）
杭州联创投资管理有限公司
杭州联创永津创业投资合伙企业（有限合伙）
杭州联创永荣股权投资合伙企业（有限合伙）
杭州联创永溢创业投资合伙企业（有限合伙）
杭州联创永源股权投资合伙企业（有限合伙）
杭州链反应投资合伙企业（有限合伙）
杭州凌赛投资合伙企业（有限合伙）
杭州龙庆长阜股权投资合伙企业（有限合伙）
杭州龙庆长泰智慧产业投资管理有限公司
杭州龙庆地信股权投资合伙企业（有限合伙）
杭州隆启浩宇股权投资合伙企业（有限合伙）
杭州隆启天际股权投资基金合伙企业（有限合伙）
杭州隆启投资管理有限公司
杭州隆启云辰股权投资基金合伙企业（有限合伙）
杭州马不停蹄股权投资合伙企业（有限合伙）
杭州秘银奥美股权投资基金合伙企业（有限合伙）
杭州秘银成高投资合伙企业（有限合伙）
杭州秘银拂晓投资合伙企业（有限合伙）
杭州秘银康林创业投资基金合伙企业（有限合伙）
杭州秘银明曜投资合伙企业（有限合伙）
杭州秘银默晓投资合伙企业（有限合伙）
杭州秘银宜可股权投资基金合伙企业（有限合伙）
杭州珉澜股权投资基金合伙企业（有限合伙）
杭州明巍股权投资合伙企业（有限合伙）
杭州明烨资产管理有限公司
杭州鸣弦投资管理有限公司
杭州平博投资合伙企业（有限合伙）
杭州普华博帆投资合伙企业（有限合伙）
杭州普华博谊投资合伙企业（有限合伙）
杭州普华帆顺投资合伙企业（有限合伙）
杭州普华锐昆创业投资合伙企业（有限合伙）
杭州普华顺程投资合伙企业（有限合伙）
杭州普华硕阳春日股权投资合伙企业（有限合伙）
杭州普华硕阳股权投资合伙企业（有限合伙）
杭州普华韬辰创业投资合伙企业（有限合伙）
杭州普华天勤私募基金管理有限公司
杭州普华昱辰股权投资合伙企业（有限合伙）
杭州普华泽同股权投资合伙企业（有限合伙）
杭州普华智顺投资合伙企业（有限合伙）
杭州普阳投资管理有限公司
杭州启翰股权投资合伙企业（有限合伙）
杭州启势私募基金管理有限公司
杭州启真未来创新股权投资合伙企业（有限合伙）
杭州启真友智创业投资合伙企业（有限合伙）
杭州启真毓安股权投资合伙企业（有限合伙）
杭州启真毓星股权投资合伙企业（有限合伙）
杭州启征投资管理合伙企业（有限合伙）
杭州牵海创业投资合伙企业（有限合伙）
杭州钱江浙商创业投资合伙企业（有限合伙）
杭州钱塘创业投资合伙企业（有限合伙）
杭州钱塘和港创业投资合伙企业（有限合伙）
杭州钱投产融股权投资合伙企业（有限合伙）
杭州乾曜投资合伙企业（有限合伙）
杭州青创投股权投资基金合伙企业（有限合伙）
杭州倾力助合创业投资合伙企业（有限合伙）
杭州擎葭股权投资合伙企业（有限合伙）
杭州擎名股权投资合伙企业（有限合伙）

杭州擎同股权投资合伙企业（有限合伙）
杭州擎耀股权投资合伙企业（有限合伙）
杭州擎熠股权投资合伙企业（有限合伙）
杭州擎宇股权投资基金合伙企业（有限合伙）
杭州擎蕴股权投资合伙企业（有限合伙）
杭州擎在股权投资基金合伙企业（有限合伙）
杭州庆诚投资合伙企业（有限合伙）
杭州求创凤栖谷股权投资合伙企业（有限合伙）
杭州求创天使股权投资基金合伙企业（有限合伙）
杭州仁财创业投资合伙企业（有限合伙）
杭州戎富投资管理合伙企业（有限合伙）
杭州容胜投资合伙企业（有限合伙）
杭州榕环股权投资基金合伙企业（有限合伙）
杭州睿泓投资合伙企业（有限合伙）
杭州睿沃企业管理咨询合伙企业（有限合伙）
杭州赛滨投资管理合伙企业（有限合伙）
杭州赛伯乐伽利略投资合伙企业（有限合伙）
杭州赛伯乐瓦特投资合伙企业（有限合伙）
杭州赛宸吉盛投资合伙企业（有限合伙）
杭州赛德智云投资合伙企业（有限合伙）
杭州赛硅银投资合伙企业（有限合伙）
杭州赛航投资合伙企业（有限合伙）
杭州赛久投资合伙企业（有限合伙）
杭州赛连贰期投资合伙企业（有限合伙）
杭州赛智珩科投资合伙企业（有限合伙）
杭州赛智君锐投资合伙企业（有限合伙）
杭州赛智网科投资合伙企业（有限合伙）
杭州赛智云昇投资合伙企业（有限合伙）
杭州三花弘道创业投资合伙企业（有限合伙）
杭州三花弘道二号创业投资合伙企业（有限合伙）
杭州山丰股权投资合伙企业（有限合伙）
杭州上马台股权投资合伙企业（有限合伙）
杭州深改哲新企业管理合伙企业（有限合伙）
杭州昇远投资合伙企业（有限合伙）
杭州盛元茗溪投资合伙企业（有限合伙）
杭州盛元行稳股权投资合伙企业（有限合伙）
杭州十棱投资管理有限公司
杭州十维创业投资合伙企业（有限合伙）
杭州十维天使股权投资基金合伙企业（有限合伙）
杭州实硕股权投资合伙企业（有限合伙）
杭州市高科技投资有限公司
杭州树兰俊杰医景创业投资有限公司
杭州数创创业投资合伙企业（有限合伙）
杭州水木丰华创业投资合伙企业（有限合伙）
杭州水木泽华创业投资合伙企业（有限合伙）
杭州硕石投资合伙企业（有限合伙）
杭州泰恒投资管理有限公司
杭州滕华卓睿股权投资合伙企业（有限合伙）
杭州滕华卓优股权投资合伙企业（有限合伙）
杭州滕华卓越股权投资合伙企业（有限合伙）
杭州媞文投资管理合伙企业（有限合伙）
杭州天帮投资合伙企业（有限合伙）
杭州天联投资管理合伙企业（有限合伙）
杭州天璞创业投资合伙企业（有限合伙）
杭州天使湾投资管理股份有限公司
杭州天堂硅谷长实股权投资合伙企业（有限合伙）
杭州天堂硅谷杭实股权投资合伙企业（有限合伙）
杭州天堂硅谷嘉富一号股权投资合伙企业（有限合伙）
杭州天堂硅谷领创股权投资合伙企业（有限合伙）
杭州天堂硅谷新弈股权投资合伙企业（有限合伙）
杭州天堂硅谷云沛股权投资合伙企业（有限合伙）
杭州天堂硅谷贞吉企业管理咨询合伙企业（有限合伙）
杭州天堂硅谷智新股权投资合伙企业（有限合伙）
杭州同创叩问进取股权投资合伙企业（有限合伙）
杭州同创伟业资产管理有限公司
杭州同辉股权投资合伙企业（有限合伙）
杭州同心众创投资合伙企业（有限合伙）
杭州头头是道投资合伙企业（有限合伙）

杭州万豪碧扬投资合伙企业（有限合伙）
杭州万豪投资管理有限公司
杭州文辰友创投资合伙企业（有限合伙）
杭州矽芯股权投资有限公司
杭州羲合股权投资合伙企业（有限合伙）
杭州祥晖翎裕股权投资基金合伙企业（有限合伙）
杭州祥晖深富股权投资基金合伙企业（有限合伙）
杭州祥晖佑芯股权投资合伙企业（有限合伙）
杭州萧山熙泽创业投资合伙企业（有限合伙）
杭州小兄第投资管理合伙企业（有限合伙）
杭州晓月投资合伙企业（有限合伙）
杭州协同创新投资合伙企业（有限合伙）
杭州芯成微股权投资合伙企业（有限合伙）
杭州芯富微股权投资合伙企业（有限合伙）
杭州芯集微股权投资合伙企业（有限合伙）
杭州芯岚微创业投资合伙企业（有限合伙）
杭州芯睿微股权投资合伙企业（有限合伙）
杭州芯盛微股权投资合伙企业（有限合伙）
杭州芯宇微股权投资合伙企业（有限合伙）
杭州新筹投资合伙企业（有限合伙）
杭州信倍股权投资合伙企业（有限合伙）
杭州信得宝投资管理有限公司
杭州信德丰企业管理有限公司
杭州信玥股权投资合伙企业（有限合伙）
杭州兴富投资管理合伙企业（有限合伙）
杭州兴绎投资合伙企业（有限合伙）
杭州星榕湾股权投资合伙企业（有限合伙）
杭州雄健投资合伙企业（有限合伙）
杭州璿石投资合伙企业（有限合伙）
杭州言和投资管理合伙企业（有限合伙）
杭州仰健投资合伙企业（有限合伙）
杭州一公医正创业投资合伙企业（有限合伙）
杭州一起创资本管理有限公司
杭州以弘投资合伙企业（有限合伙）
杭州倚胜春祺投资合伙企业（有限合伙）
杭州逸岩股权投资基金合伙企业（有限合伙）
杭州银瀚创业投资合伙企业（有限合伙）
杭州银江智慧产业创业投资合伙企业（有限合伙）
杭州银杏堡股权投资合伙企业（有限合伙）
杭州银杏橙股权投资合伙企业（有限合伙）
杭州银杏果股权投资合伙企业（有限合伙）
杭州银杏海创业投资合伙企业（有限合伙）
杭州银杏湖股权投资合伙企业（有限合伙）
杭州银杏坚股权投资合伙企业（有限合伙）
杭州银杏仁创业投资合伙企业（有限合伙）
杭州银杏山创业投资合伙企业（有限合伙）
杭州银杏数股权投资合伙企业（有限合伙）
杭州银杏烨股权投资合伙企业（有限合伙）
杭州银杏源股权投资合伙企业（有限合伙）
杭州银章天悦创业投资合伙企业（有限合伙）
杭州英选投资合伙企业（有限合伙）
杭州盈动投资管理有限公司
杭州盈动悦创创业投资合伙企业（有限合伙）
杭州赢欣谷投资合伙企业（有限合伙）
杭州硬科股权投资合伙企业（有限合伙）
杭州永宣永铭股权投资合伙企业（有限合伙）
杭州友创启真钟毓创业投资合伙企业（有限合伙）
杭州友创天辰投资合伙企业（有限合伙）
杭州友创天晟股权投资合伙企业（有限合伙）
杭州友创天使投资合伙企业（有限合伙）
杭州友创新润股权投资合伙企业（有限合伙）
杭州余汐金股权投资合伙企业（有限合伙）
杭州虞顺创业投资合伙企业（有限合伙）
杭州元弘投资管理有限公司
杭州元弈投资合伙企业（有限合伙）
杭州原质连客创业投资合伙企业（有限合伙）
杭州原质投资管理有限公司
杭州源聚丰创业投资合伙企业（有限合伙）

杭州远实股权投资合伙企业（有限合伙）
杭州远瞩股权投资合伙企业（有限合伙）
杭州越骏股权投资合伙企业（有限合伙）
杭州云博丰创业投资合伙企业（有限合伙）
杭州云创创业投资合伙企业（有限合伙）
杭州云达丰创业投资合伙企业（有限合伙）
杭州云栖创投股权投资合伙企业（有限合伙）
杭州云祥创新投资合伙企业（有限合伙）
杭州云卓二期投资合伙企业（有限合伙）
杭州云卓投资合伙企业（有限合伙）
杭州韵云创业投资合伙企业（有限合伙）
杭州凿凿股权投资合伙企业（有限合伙）
杭州早月投资合伙企业（有限合伙）
杭州兆恒投资管理有限公司
杭州浙创春晓创业投资合伙企业（有限合伙）
杭州浙创宏悦创业投资合伙企业（有限合伙）
杭州浙创启慧新兴产业股权投资合伙企业（有限合伙）
杭州浙创启智新兴产业股权投资合伙企业（有限合伙）
杭州浙创秋丰股权投资合伙企业（有限合伙）
杭州浙创夏繁股权投资合伙企业（有限合伙）
杭州浙创中能股权投资合伙企业（有限合伙）
杭州浙发秋实股权投资合伙企业（有限合伙）
杭州浙丰宏胜创业投资合伙企业（有限合伙）
杭州浙丰悦享创业投资合伙企业（有限合伙）
杭州浙科厚合创业投资合伙企业（有限合伙）
杭州浙科汇福创业投资合伙企业（有限合伙）
杭州浙科汇经股权投资合伙企业（有限合伙）
杭州浙科汇庆企业管理咨询合伙企业（有限合伙）
杭州浙科汇涛创业投资合伙企业（有限合伙）
杭州浙科美而林企业管理咨询有限公司
杭州浙科盛元创业投资合伙企业（有限合伙）
杭州浙里金通股权投资合伙企业（有限合伙）
杭州浙农科业投资管理有限公司
杭州浙农科众创业投资合伙企业（有限合伙）
杭州浙农鑫科创业投资合伙企业（有限合伙）
杭州浙农鑫翔创业投资合伙企业（有限合伙）
杭州浙欣投资合伙企业（有限合伙）
杭州真和投资管理合伙企业（有限合伙）
杭州臻农股权投资合伙企业（有限合伙）
杭州正前方投资有限公司
杭州志云创业投资合伙企业（有限合伙）
杭州智特股权投资合伙企业（有限合伙）
杭州中寰领创投资管理合伙企业（有限合伙）
杭州中寰领鑫投资管理合伙企业（有限合伙）
杭州中寰投资管理有限公司
杭州中寰梓恩股权投资合伙企业（有限合伙）
杭州中寰梓焜股权投资合伙企业（有限合伙）
杭州中来锦聚投资管理有限公司
杭州中来锦聚新能源合伙企业（有限合伙）
杭州中赢复朴仁股权投资合伙企业（有限合伙）
杭州中赢复朴投资管理有限公司
杭州助创天使创业投资合伙企业（普通合伙）
杭州紫金港未来创新投资合伙企业（有限合伙）
红榕创业投资股份有限公司
湖州翱鹏泉安股权投资合伙企业（有限合伙）
湖州翱鹏仁安股权投资合伙企业（有限合伙）
湖州翱鹏志安股权投资合伙企业（有限合伙）
湖州翱信股权投资合伙企业（有限合伙）
湖州倍安股权投资合伙企业（有限合伙）
湖州铖祥股权投资合伙企业（有限合伙）
湖州海邦数湖创业投资合伙企业（有限合伙）
湖州河安股权投资合伙企业（有限合伙）
湖州华睿未来之星股权投资合伙企业（有限合伙）
湖州嘉豪铭泰科技投资合伙企业（有限合伙）
湖州健沣股权投资合伙企业（有限合伙）
湖州健宜股权投资合伙企业（有限合伙）
湖州聚呈鼎钧股权投资合伙企业（有限合伙）
湖州聚大鼎华股权投资合伙企业（有限合伙）

湖州聚纳鼎睿股权投资合伙企业（有限合伙）
湖州力申股权投资合伙企业（有限合伙）
湖州企兴投资管理合伙企业（有限合伙）
湖州润安股权投资合伙企业（有限合伙）
湖州晟裕元启股权投资合伙企业（有限合伙）
湖州盛元兰芯股权投资合伙企业（有限合伙）
湖州盛元宁化股权投资合伙企业（有限合伙）
湖州盛元腾越股权投资合伙企业（有限合伙）
湖州盛元兴汇股权投资合伙企业（有限合伙）
湖州盛元酉鹏股权投资合伙企业（有限合伙）
湖州市鑫农股权投资合伙企业（有限合伙）
湖州滕华晖泰创业投资合伙企业（有限合伙）
湖州滕华源鸿创业投资合伙企业（有限合伙）
湖州银江智慧产业投资合伙企业（有限合伙）
湖州源来科技产业投资合伙企业（有限合伙）
湖州泽安股权投资合伙企业（有限合伙）
湖州泽源投资合伙企业（有限合伙）
华夏恒天资本管理有限公司
嘉善浙股优企股权投资合伙企业（有限合伙）
嘉兴翱鹏和济股权投资合伙企业（合伙企业）
嘉兴翱鹏仁誉股权投资合伙企业（有限合伙）
嘉兴伯翰成德股权投资合伙企业（有限合伙）
嘉兴伯翰果毅股权投资合伙企业（有限合伙）
嘉兴伯翰经略股权投资合伙企业（有限合伙）
嘉兴伯翰赛伯股权投资合伙企业（有限合伙）
嘉兴崇山投资合伙企业（有限合伙）
嘉兴得月投资合伙企业（有限合伙）
嘉兴斐昱永淳投资管理合伙企业（有限合伙）
嘉兴斐昱悦柏投资管理合伙企业（有限合伙）
嘉兴蜂巢创业投资合伙企业（有限合伙）
嘉兴福宝股权投资合伙企业（有限合伙）
嘉兴福多股权投资合伙企业（有限合伙）
嘉兴福锐股权投资合伙企业（有限合伙）
嘉兴福余股权投资合伙企业（有限合伙）
嘉兴福云股权投资合伙企业（有限合伙）
嘉兴附加值青山投资合伙企业（有限合伙）
嘉兴高昇股权投资合伙企业（有限合伙）
嘉兴观江投资合伙企业（有限合伙）
嘉兴硅谷天堂辉正投资管理合伙企业（有限合伙）
嘉兴杭实毓澄创业投资合伙企业（有限合伙）
嘉兴禾焕投资合伙企业（有限合伙）
嘉兴和实康普股权投资合伙企业（有限合伙）
嘉兴鸿御股权投资合伙企业（有限合伙）
嘉兴华睿布谷鸟创业投资合伙企业（有限合伙）
嘉兴华睿盛银创业投资合伙企业（有限合伙）
嘉兴华睿志德股权投资合伙企业（有限合伙）
嘉兴华腾华宇股权投资合伙企业（有限合伙）
嘉兴绩优投资合伙企业（有限合伙）
嘉兴嘉创昊瑞股权投资合伙企业（有限合伙）
嘉兴嘉睿未来之星股权投资合伙企业（有限合伙）
嘉兴锦舟投资合伙企业（有限合伙）
嘉兴凯山投资合伙企业（有限合伙）
嘉兴康晶半导体产业投资合伙企业（有限合伙）
嘉兴岚江投资合伙企业（有限合伙）
嘉兴揽月投资合伙企业（有限合伙）
嘉兴立鼎通承股权投资合伙企业（有限合伙）
嘉兴联创汉德投资合伙企业（有限合伙）
嘉兴龙庆股权投资管理有限公司
嘉兴绿合创业投资有限公司
嘉兴米硕股权投资基金合伙企业（有限合伙）
嘉兴秘银晓风股权投资合伙企业（有限合伙）
嘉兴秘银泽钥股权投资合伙企业（有限合伙）
嘉兴秘银哲宇股权投资合伙企业（有限合伙）
嘉兴敏实定向股权投资合伙企业（有限合伙）
嘉兴明免投资合伙企业（有限合伙）
嘉兴普华叁皓股权投资合伙企业（有限合伙）
嘉兴普华五浩创业投资合伙企业（有限合伙）
嘉兴普华壹灏创业投资合伙企业（有限合伙）

嘉兴楪盛安家股权投资合伙企业（有限合伙）
嘉兴楪盛乐意股权投资合伙企业（有限合伙）
嘉兴楪盛罗丰股权投资合伙企业（有限合伙）
嘉兴青莲乡村振兴股权投资合伙企业（有限合伙）
嘉兴盛眸股权投资合伙企业（有限合伙）
嘉兴盛壮股权投资合伙企业（有限合伙）
嘉兴十棱创业投资合伙企业（有限合伙）
嘉兴十维启航创业投资合伙企业（有限合伙）
嘉兴泰如股权投资合伙企业（有限合伙）
嘉兴武岳峰投资管理有限公司
嘉兴阎江投资合伙企业（有限合伙）
嘉兴依山投资合伙企业（有限合伙）
嘉兴友创启真创业投资合伙企业（有限合伙）
嘉兴元亚创业投资合伙企业（有限合伙）
嘉兴早月投资合伙企业（有限合伙）
嘉兴正也股权投资合伙企业（有限合伙）
嘉兴致海投资合伙企业（有限合伙）
江山市恒创投资合伙企业（有限合伙）
金华普华君跻投资合伙企业（有限合伙）
金华普华天勤股权投资基金合伙企业（有限合伙）
金华市博观科华股权投资合伙企业（有限合伙）
金华市普华海纳股权投资合伙企业（有限合伙）
金华市普华济帆股权投资合伙企业（有限合伙）
金华市普华济兴股权投资合伙企业（有限合伙）
金华市天勤科华股权投资合伙企业（有限合伙）
金控天勤（杭州）创业投资合伙企业（有限合伙）
缙云县睿创股权投资基金有限公司
景宁银杏谷壹号创业投资合伙企业（有限合伙）
开化硅谷天堂鲲裕股权投资基金合伙企业（有限合伙）
兰溪怀泽鼎泰创业投资合伙企业（有限合伙）
兰溪立鼎辉耀创业投资合伙企业（有限合伙）
兰溪宁宏泰鼎创业投资合伙企业（有限合伙）
兰溪普华创荟创业投资合伙企业（有限合伙）
兰溪普华灏阳股权投资合伙企业（有限合伙）
兰溪普华晖阳投资合伙企业（有限合伙）
兰溪普华晖赢投资合伙企业（有限合伙）
兰溪普华聚力股权投资合伙企业（有限合伙）
兰溪普华凌聚创业投资合伙企业（有限合伙）
兰溪普华普曜股权投资合伙企业（有限合伙）
兰溪普华硕阳夏星创业投资合伙企业（有限合伙）
兰溪普华硕阳煦涵创业投资合伙企业（有限合伙）
兰溪普华同润创业投资合伙企业（有限合伙）
兰溪普华欣盛创业投资合伙企业（有限合伙）
兰溪普华壹晖投资合伙企业（有限合伙）
兰溪普华亦行创业投资合伙企业（有限合伙）
兰溪普华屹润创业投资合伙企业（有限合伙）
兰溪普华臻宜股权投资合伙企业（有限合伙）
兰溪新能鼎华创业投资合伙企业（有限合伙）
兰溪哲铎投资合伙企业（有限合伙）
丽水诚和维佳股权投资合伙企业（有限合伙）
丽水金钛创业投资合伙企业（有限合伙）
丽水久兴股权投资合伙企业（有限合伙）
丽水久元股权投资合伙企业（有限合伙）
丽水乐盈股权投资合伙企业（有限合伙）
丽水龙庆长旭股权投资合伙企业（有限合伙）
丽水绿谷信息产业投资合伙企业（有限合伙）
丽水仁海股权投资合伙企业（有限合伙）
丽水天机股权投资合伙企业（有限合伙）
临安绩优青岚创业投资合伙企业（有限合伙）
临海市乾珩股权投资合伙企业（有限合伙）
龙泉市科技创投基金合伙企业（有限合伙）
龙岩市普华睿智投资合伙企业（有限合伙）
隆启同盛（杭州）投资管理合伙企业（有限合伙）
隆启星路（杭州）投资管理合伙企业（有限合伙）
隆启轩成（杭州）投资管理合伙企业（有限合伙）
宁波安丰领先创业投资合伙企业（有限合伙）
宁波安丰添富创业投资合伙企业（有限合伙）
宁波安丰众盈创业投资合伙企业（有限合伙）

宁波邦柯创业投资合伙企业（有限合伙）
宁波北岸智谷海邦创业投资合伙企业（有限合伙）
宁波北远创业投资中心（有限合伙）
宁波草稚星道流创业投资合伙企业（有限合伙）
宁波草稚星霖衍创业投资合伙企业（有限合伙）
宁波创典投资管理合伙企业（有限合伙）
宁波东元创业投资有限公司
宁波复旦创新中心有限公司
宁波富国金源创业投资合伙企业（有限合伙）
宁波海邦人才创业投资合伙企业（有限合伙）
宁波海邦星材创业投资合伙企业（有限合伙）
宁波海达鼎兴投资管理有限公司
宁波海达睿盈股权投资管理有限公司
宁波瀚臻绿伏创业投资合伙企业（有限合伙）
宁波华桐创业投资管理有限公司
宁波金硕投资有限公司
宁波君润恒众创业投资合伙企业（有限合伙）
宁波开云融汇创业投资合伙企业（有限合伙）
宁波锎诚股权投资有限公司
宁波科发宝鼎创业投资合伙企业（有限合伙）
宁波科发富鼎创业投资合伙企业（有限合伙）
宁波科发海鼎创业投资合伙企业（有限合伙）
宁波联合创新新能源投资管理合伙企业（有限合伙）
宁波联利共达投资管理合伙企业（有限合伙）
宁波联利中芯投资管理合伙企业（有限合伙）
宁波梅山保税港区道通好合股权投资合伙企业（有限合伙）
宁波梅山保税港区敦钧万乘洪武投资合伙企业（有限合伙）
宁波梅山保税港区敦骏香叶天宝投资合伙企业（有限合伙）
宁波梅山保税港区海健瑞投资合伙企业（有限合伙）
宁波梅山保税港区华旦碧峰投资管理合伙企业（有限合伙）
宁波梅山保税港区慧泉投资管理合伙企业（有限合伙）
宁波梅山保税港区兰石投资合伙企业（有限合伙）
宁波梅山保税港区普华至晖投资合伙企业（有限合伙）
宁波梅山保税港区普续润鑫投资合伙企业（有限合伙）
宁波梅山保税港区万乘轻勇骑投资合伙企业（有限合伙）
宁波梅山保税港区万乘游骑兵投资合伙企业（有限合伙）
宁波梅山保税港区苑博惠丰投资合伙企业（有限合伙）
宁波梅山保税港区苑博融亨投资合伙企业（有限合伙）
宁波梅山保税港区苑博新启航投资合伙企业（有限合伙）
宁波梅山保税港区苑博哲源投资合伙企业（有限合伙）
宁波梅山保税港区苑博智富投资合伙企业（有限合伙）
宁波铭韬投资合伙企业（有限合伙）
宁波鹏源东方创业投资合伙企业（有限合伙）
宁波鹏源青年创业投资合伙企业（有限合伙）
宁波普华友实股权投资合伙企业（有限合伙）
宁波普华元顺股权投资合伙企业（有限合伙）
宁波杉杉望新科技创业投资有限公司
宁波盛世鸿元投资管理有限公司
宁波市伯乐开图创业投资合伙企业（有限合伙）
宁波市科发二号股权投资基金合伙企业（有限合伙）
宁波市科发股权投资基金合伙企业（有限合伙）
宁波市鹏源青芯创业投资合伙企业（有限合伙）
宁波市天使投资引导基金有限公司
宁波思得安维创业投资合伙企业（有限合伙）
宁波思得成长创业投资合伙企业（有限合伙）
宁波思得投资管理有限公司
宁波天骥赢和股权投资管理有限公司
宁波天堂硅谷和慧创业投资合伙企业（有限合伙）
宁波天堂硅谷科创股权投资合伙企业（有限合伙）
宁波天堂硅谷融创股权投资合伙企业（有限合伙）
宁波天堂硅谷融合股权投资合伙企业（有限合伙）

宁波天堂硅谷融龙股权投资合伙企业（有限合伙）
宁波天堂硅谷融正股权投资合伙企业（有限合伙）
宁波天堂硅谷新风股权投资合伙企业（有限合伙）
宁波天堂硅谷新健股权投资合伙企业（有限合伙）
宁波天堂硅谷新力股权投资合伙企业（有限合伙）
宁波天堂硅谷元德股权投资合伙企业（有限合伙）
宁波天堂硅谷元丰股权投资合伙企业（有限合伙）
宁波天堂硅谷元正股权投资合伙企业（有限合伙）
宁波天堂硅谷云成企业管理咨询合伙企业（有限合伙）
宁波天堂硅谷贞兆企业管理咨询合伙企业（有限合伙）
宁波天堂硅谷正汇股权投资合伙企业（有限合伙）
宁波万豪铭辉投资合伙企业（有限合伙）
宁波万豪铭锐投资合伙企业（有限合伙）
宁波万豪铭山投资合伙企业（有限合伙）
宁波万豪铭轩投资合伙企业（有限合伙）
宁波新以创业投资管理有限公司
宁波新以创业投资合伙企业（有限合伙）
宁波银流创业投资合伙企业（有限合伙）
宁波英飞伯乐创业投资管理有限公司
宁波英飞伯乐创业投资合伙企业（有限合伙）
宁波浙科汇聚创业投资合伙企业（有限合伙）
宁波浙科永强创业投资合伙企业（有限合伙）
宁波浙鑫博远股权投资合伙企业（有限合伙）
宁波宙石股权投资有限公司
平湖华睿嘉银创业投资合伙企业（有限合伙）
平湖嘉创智谷一号创业投资合伙企业（有限合伙）
平湖绿合股权投资基金合伙企业（有限合伙）
平湖绿合金凰展平二号创业投资合伙企业（有限合伙）
平湖绿合金凰展平一号创业投资合伙企业（有限合伙）
平阳凯星股权投资合伙企业（有限合伙）
平阳启园股权投资合伙企业（有限合伙）
平阳启众股权投资合伙企业（有限合伙）
平阳维度军科股权投资基金中心（有限合伙）
平阳维度中唐投资中心（有限合伙）
平阳维度中夏投资中心（有限合伙）
平阳熙宁股权投资合伙企业（有限合伙）
平阳研几股权投资合伙企业（有限合伙）
平阳友创九禧创业投资合伙企业（有限合伙）
平阳友创友科创业投资合伙企业（有限合伙）
平阳友创友新创业投资合伙企业（有限合伙）
衢州氟达股权投资合伙企业（有限合伙）
衢州康合股权投资合伙企业（有限合伙）
衢州立元天投壹号投资合伙企业（有限合伙）
衢州翎翔股权投资合伙企业（有限合伙）
衢州隆启润泽股权投资合伙企业（有限合伙）
衢州清创生态产业股权投资合伙企业（有限合伙）
衢州仁安股权投资合伙企业
衢州润哲涵夏股权投资合伙企业（有限合伙）
衢州润哲九域股权投资合伙企业（有限合伙）
衢州润哲吴越股权投资合伙企业（有限合伙）
衢州润哲诸华股权投资合伙企业（有限合伙）
衢州友创天泰股权投资合伙企业（有限合伙）
衢州宙石天启股权投资合伙企业（有限合伙）
瑞安市嘉富双招双引股权投资合伙企业（有限合伙）
三亚磐数科新投资合伙企业（有限合伙）
三亚磐越科新投资合伙企业（有限合伙）
绍兴翱瑞股权投资合伙企业（有限合伙）
绍兴海邦才智创业投资合伙企业（有限合伙）
绍兴海邦人才创业投资合伙企业（有限合伙）
绍兴凯泰投资管理有限公司
绍兴柯桥翱鹏投资中心（有限合伙）
绍兴柯桥宸鹏投资合伙企业（有限合伙）
绍兴柯桥锦聚创业投资合伙企业（有限合伙）
绍兴柯桥普华引领创业投资合伙企业（有限合伙）
绍兴柯桥天堂硅谷领新股权投资合伙企业（有限合伙）
绍兴柯桥天堂硅谷远光股权投资合伙企业（有限合伙）
绍兴柯桥天堂硅谷云创股权投资合伙企业（有限合伙）
绍兴普华震元创业投资合伙企业（有限合伙）

绍兴上虞和丰企业管理咨询合伙企业（有限合伙）
绍兴上虞乾力创业投资合伙企业（有限合伙）
绍兴上虞乾信股权投资合伙企业（有限合伙）
绍兴市柯桥区天堂硅谷先进制造产业投资合伙企业（有限合伙）
绍兴市上虞区安丰康元创业投资合伙企业（有限合伙）
绍兴市上虞区安丰盈元创业投资合伙企业（有限合伙）
绍兴天堂硅谷恒煜股权投资合伙企业（有限合伙）
绍兴天堂硅谷新材料产业投资合伙企业（有限合伙）
深圳市帮而为实天使投资企业（有限合伙）
遂昌县科技创新创业投资基金合伙企业（有限合伙）
遂昌壹佰科二期股权投资合伙企业（有限合伙）
遂昌壹佰科一期股权投资合伙企业（有限合伙）
台州华睿沣收股权投资合伙企业（有限合伙）
台州华睿石药丰收股权投资合伙企业（有限合伙）
台州华睿新能创业投资合伙企业（有限合伙）
台州汇明股权投资合伙企业（有限合伙）
台州乾宏股权投资合伙企业（有限合伙）
台州市耀涨股权投资合伙企业（有限合伙）
台州银章瑜沅投资合伙企业（有限合伙）
桐庐富嘉产业发展股权投资合伙企业（有限合伙）
桐庐富嘉泽汇股权投资合伙企业（有限合伙）
桐庐富嘉泽越股权投资合伙企业（有限合伙）
桐庐浙富桐君股权投资基金合伙企业（有限合伙）
桐乡普华凤栖创业投资合伙企业（有限合伙）
桐乡市新豪投资合伙企业（有限合伙）
桐乡浙商乌镇壹号互联网产业投资合伙企业（有限合伙）
万向创业投资股份公司
温州汉铭极动股权投资合伙企业（有限合伙）
温州红榕博越创业投资基金合伙企业（有限合伙）
温州健朔股权投资合伙企业（有限合伙）
温州联创永润创业投资合伙企业（有限合伙）
温州瓯瑞股权投资合伙企业（有限合伙）
温州瓯泰投资企业（有限合伙）
温州市科技创业投资有限公司
温州市青峰创业投资合伙企业（有限合伙）
温州维度科创股权投资基金合伙企业（有限合伙）
温州维度投资管理有限公司
温州维度维壹投资中心（有限合伙）
温州维度智联投资中心（有限合伙）
温州维盛投资中心（有限合伙）
温州源大创业服务股份有限公司
温州泽鹿创业投资合伙企业（有限合伙）
温州逐陆投资管理合伙企业（有限合伙）
武义农升产业投资合伙企业（有限合伙）
西湖创新（杭州）产业投资基金合伙企业（有限合伙）
西湖创新（杭州）私募基金管理有限公司
新昌华宇浙鑫博远人才创业投资合伙企业（有限合伙）
新昌普华京新固周健康管理合伙企业（有限合伙）
新昌三花弘道一号股权投资合伙企业（有限合伙）
新昌新能普华创业投资合伙企业（有限合伙）
新昌鑫远创业投资合伙企业（有限合伙）
新昌浙鑫睿博创新创业投资合伙企业（有限合伙）
新昌浙鑫睿远创业投资合伙企业（有限合伙）
新昌浙鑫远博创业投资合伙企业（有限合伙）
兴产汇孚君凌（湖州）创业投资合伙企业（有限合伙）
兴产逐鹿（湖州）创业投资合伙企业（有限合伙）
义乌弘坤德胜创业投资合伙企业（有限合伙）
义乌惠商紫荆资本管理有限公司
义乌科发创业投资合伙企业（有限合伙）
义乌钱塘体育文化投资合伙企业（有限合伙）
义乌浙科汇富企业管理咨询合伙企业（有限合伙）
永康市天堂硅谷智能制造投资合伙企业（有限合伙）
浙大未来创新（杭州）私募基金管理有限公司
浙大友创（杭州）私募基金管理有限公司
浙股山石（嘉善）股权投资合伙企业（有限合伙）
浙江安丰进取创业投资有限公司

浙江澳兴投资管理有限公司
浙江贝达乾嘉投资合伙企业（有限合伙）
浙江春晖创业投资有限公司
浙江大晶创业投资有限公司
浙江大学科技创业投资有限公司
浙江德石投资管理有限公司
浙江鼎鸿股权投资基金管理有限公司
浙江东翰高投长三角投资合伙企业（有限合伙）
浙江菲达股权投资基金合伙企业（有限合伙）
浙江沣华投资管理有限公司
浙江富国创新投资有限公司
浙江富华睿银投资管理有限公司
浙江富浙战配股权投资合伙企业（有限合伙）
浙江海邦创智投资管理有限公司
浙江海邦人才创业投资合伙企业（有限合伙）
浙江海邦投资管理有限公司
浙江海洋经济创业投资有限公司
浙江浩誉创业投资有限公司
浙江合力创业投资有限公司
浙江和实私募基金管理有限公司
浙江恒晋同盛创业投资合伙企业（有限合伙）
浙江恒晋投资管理有限公司
浙江弘日宝玺创新投资管理有限公司
浙江弘翔创业投资有限公司
浙江红石创业投资有限公司
浙江红土创业投资有限公司
浙江宏城创业投资有限公司
浙江厚达股权投资基金管理有限公司
浙江华瓯创业投资有限公司
浙江华瓯股权投资管理有限公司
浙江华睿北信源数据信息产业投资合伙企业（有限合伙）
浙江华睿布谷鸟创业投资合伙企业（有限合伙）
浙江华睿产业互联网股权投资合伙企业（有限合伙）
浙江华睿德银创业投资有限公司
浙江华睿点石投资管理有限公司
浙江华睿富华创业投资合伙企业（有限合伙）
浙江华睿海越现代服务业创业投资有限公司
浙江华睿弘源智能产业创业投资有限公司
浙江华睿胡庆余堂健康产业投资基金合伙企业（有限合伙）
浙江华睿火炬创业投资合伙企业（有限合伙）
浙江华睿控股有限公司
浙江华睿蓝石投资有限公司
浙江华睿庆余投资有限公司
浙江华睿如山创业投资有限公司
浙江华睿睿银创业投资有限公司
浙江华睿盛银创业投资有限公司
浙江华睿泰信创业投资有限公司
浙江华睿泰银投资有限公司
浙江华睿祥生环境产业创业投资有限公司
浙江华睿兴华股权投资合伙企业（有限合伙）
浙江华睿医疗创业投资有限公司
浙江华睿中科创业投资有限公司
浙江汇孚资本管理有限公司
浙江嘉海创业投资有限公司
浙江嘉豪铭泰投资管理有限公司
浙江嘉庆投资有限公司
浙江金控创业投资合伙企业（有限合伙）
浙江金控资本管理有限公司
浙江军合投资管理有限公司
浙江科发资本管理有限公司
浙江坤鑫投资管理有限公司
浙江蓝源投资管理有限公司
浙江联盛创业投资有限公司
浙江临海永强股权并购投资中心（有限合伙）
浙江领庆创业投资有限公司
浙江秘银投资管理有限公司

浙江明圣龙庆股权投资管理有限公司
浙江瓯联创业投资有限公司
浙江瓯盛创业投资有限公司
浙江樸盛樸华投资管理有限公司
浙江乾正资产管理合伙企业（有限合伙）
浙江求是共创投资管理有限公司
浙江如山成长创业投资有限公司
浙江如山高新创业投资有限公司
浙江如山汇金私募基金管理有限公司
浙江如山汇鑫创业投资合伙企业（有限合伙）
浙江如山新兴创业投资有限公司
浙江赛伯乐科创股权投资管理有限公司
浙江赛伯乐投资管理有限公司
浙江赛珩投资合伙企业（有限合伙）
浙江赛盛投资合伙企业（有限合伙）
浙江赛智伯乐股权投资管理有限公司
浙江绍兴普华兰桥文化投资合伙企业（有限合伙）
浙江绍兴普华兰亭文化投资合伙企业（有限合伙）
浙江省创业投资集团有限公司
浙江省科技风险投资有限公司
浙江省浙创启元创业投资有限公司
浙江盛元股权投资基金管理有限公司
浙江泰银创业投资有限公司
浙江滕华资产管理有限公司
浙江天使湾创业投资有限公司
浙江天堂硅谷晨曦创业投资有限公司
浙江天堂硅谷合丰创业投资有限公司
浙江天堂硅谷合胜创业投资有限公司
浙江天堂硅谷合顺股权投资合伙企业（有限合伙）
浙江天堂硅谷合众创业投资有限公司
浙江天堂硅谷和翔股权投资合伙企业（有限合伙）
浙江天堂硅谷久和股权投资合伙企业（有限合伙）
浙江天堂硅谷久盈至臻股权投资合伙企业（有限合伙）
浙江天堂硅谷鲲诚创业投资有限公司
浙江天堂硅谷乐通至臻股权投资合伙企业（有限合伙）
浙江天堂硅谷七弦股权投资合伙企业（有限合伙）
浙江天堂硅谷台州合盈股权投资有限公司
浙江天堂硅谷天晟股权投资合伙企业（有限合伙）
浙江天堂硅谷阳光创业投资有限公司
浙江天堂硅谷盈丰股权投资合伙企业（有限合伙）
浙江天堂硅谷盈通创业投资有限公司
浙江天堂硅谷众实股权投资合伙企业（有限合伙）
浙江天堂硅谷资产管理集团有限公司
浙江万安投资管理有限公司
浙江悟源股权投资合伙企业（有限合伙）
浙江祥晖资产管理有限公司
浙江协同创新投资管理有限公司
浙江新安创业投资有限公司
浙江新干世业投资管理有限公司
浙江鑫海资产管理有限公司
浙江信海创业投资合伙企业（有限合伙）
浙江兴华鼎立私募基金管理有限公司
浙江亿诚创业投资有限公司
浙江亿品创业投资有限公司
浙江银江股权投资管理有限公司
浙江银江辉皓创业投资合伙企业（有限合伙）
浙江银杏谷投资有限公司
浙江盈瓯创业投资有限公司
浙江玉泉正合创业投资合伙企业（有限合伙）
浙江苑博投资管理有限公司
浙江浙创好雨新兴产业股权投资合伙企业（有限合伙）
浙江浙大联合创新投资管理合伙企业
浙江浙大联合创新投资管理合伙企业（有限合伙）
浙江浙大正合股权投资管理有限公司
浙江浙富资本管理有限公司
浙江浙科汇利创业投资有限公司
浙江浙科汇盈创业投资有限公司
浙江浙科投资管理有限公司

浙江浙科银江创业投资有限公司
浙江浙农产融投资管理有限公司
浙江浙商长海创业投资合伙企业（有限合伙）
浙江浙商创业投资股份有限公司
浙江浙商海鹏创业投资合伙企业（有限合伙）
浙江浙商利海创业投资合伙企业（有限合伙）
浙江浙商诺海创业投资合伙企业（有限合伙）
浙江中简尚略股权投资管理有限公司
浙江中科和银创业投资有限公司
浙江舟洋创业投资有限公司
浙江诸暨惠风创业投资有限公司
浙江诸暨头头是道投资合伙企业（有限合伙）
浙江诸暨万泽股权投资基金合伙企业（有限合伙）
浙江自贸区伟成创业投资合伙企业（有限合伙）
浙商创投股份有限公司
浙银鸿绅（杭州）资产管理有限公司
镇江汇富股权投资合伙企业（有限合伙）
中简尚材股权投资（杭州）合伙企业（有限合伙）
中简尚壹股权投资（杭州）合伙企业（有限合伙）
中小企业发展基金普华（杭州）创业投资合伙企业（有限合伙）
舟山浙科东港创业投资合伙企业（有限合伙）
诸暨大联股权投资合伙企业（有限合伙）
诸暨富华产业转型升级基金合伙企业（有限合伙）
诸暨富华睿银投资管理有限公司
诸暨高特佳瑞程投资合伙企业（有限合伙）
诸暨高特佳睿安投资合伙企业（有限合伙）
诸暨贵银投资有限公司
诸暨恒晋融汇创业投资合伙企业（有限合伙）
诸暨鸿启股权投资合伙企业（有限合伙）
诸暨鸿睿股权投资合伙企业（有限合伙）
诸暨鸿旺股权投资合伙企业（有限合伙）
诸暨鸿毓股权投资合伙企业（有限合伙）
诸暨华睿金钻股权投资合伙企业（有限合伙）
诸暨华睿聚智股权投资合伙企业（有限合伙）
诸暨华睿庆丰创业投资合伙企业（有限合伙）
诸暨华睿同道股权投资合伙企业（有限合伙）
诸暨华睿文华股权投资合伙企业（有限合伙）
诸暨华睿新锐投资合伙企业（有限合伙）
诸暨华睿信汇股权投资合伙企业（有限合伙）
诸暨华夏赢科投资合伙企业（有限合伙）
诸暨华越投资有限公司
诸暨华越一期创业投资合伙企业（有限合伙）
诸暨嘉维创业投资合伙企业（有限合伙）
诸暨磐合银科创业投资合伙企业（有限合伙）
诸暨磐沃创业投资合伙企业（有限合伙）
诸暨普华安盛股权投资合伙企业（有限合伙）
诸暨普华荣拓创业投资合伙企业（有限合伙）
诸暨普华信泰创业投资合伙企业（有限合伙）
诸暨千荷创业投资合伙企业（有限合伙）
诸暨如山汇安创业投资合伙企业（有限合伙）
诸暨如山汇盈创业投资合伙企业（有限合伙）
诸暨市暨阳高层次人才创业投资合伙企业（有限合伙）
诸暨市普特创业投资合伙企业（有限合伙）
诸暨市文晨股权投资合伙企业（有限合伙）
诸暨天虫富华股权投资合伙企业（有限合伙）
诸暨同君投资管理有限公司
诸暨万安智行创业投资合伙企业（有限合伙）
诸暨万微进芯创业投资合伙企业（有限合伙）
诸暨鑫石股权投资合伙企业（有限合伙）
诸暨浙科乐英创业投资合伙企业（有限合伙）
诸暨浙银鸿绅股权投资合伙企业（有限合伙）
诸暨中寰梓焜股权投资合伙企业（有限合伙）
国本股权投资基金管理（重庆）有限公司
洪泰嘉创（重庆）股权投资基金管理中心（有限合伙）
民商（重庆）股权投资基金管理有限公司
西证重庆股权投资基金管理有限公司
圆基（重庆）股权投资基金管理有限公司

中新互联互通投资基金管理有限公司
重庆北斗卫星导航投资管理有限公司
重庆贝信投资有限公司
重庆渤溢股权投资基金管理有限公司
重庆达达股权投资基金管理有限公司
重庆德同创业投资中心（有限合伙）
重庆德同股权投资基金管理有限公司
重庆德同领航创业投资中心（有限合伙）
重庆东方恒益股权投资基金管理有限公司
重庆富坤创业投资中心（有限合伙）
重庆富坤新智能交通投资合伙企业（有限合伙）
重庆富坤智通投资管理有限公司
重庆高技术创业中心
重庆高新创投红马资本管理有限公司
重庆汉能科技创业投资中心（有限合伙）
重庆华犇创业投资管理有限公司
重庆华夏博大股权投资基金管理有限公司
重庆皇极股权投资基金管理有限公司
重庆汇涌金股权投资基金管理有限公司
重庆九方股权投资基金管理中心（有限合伙）
重庆巨鹏股权投资基金管理有限公司
重庆开创高新技术创业投资有限公司
重庆科技风险投资有限公司
重庆科兴股权投资管理有限公司
重庆科兴乾健创业投资有限公司
重庆临云股权投资基金管理有限公司
重庆清研股权投资基金管理中心（有限合伙）
重庆瑞利丰股权投资基金管理有限公司
重庆三屋领行投资有限公司
重庆三屋领秀创业投资有限公司
重庆市大渡口区科技产业创业投资有限公司
重庆市虹陶投资股份有限公司
重庆天使科技创业投资有限公司
重庆同趣控股有限公司
重庆万业美科股权投资基金管理有限公司
重庆西证渝富股权投资基金管理有限公司
重庆兴农股权投资基金管理有限公司
重庆兴农资产经营管理有限公司
重庆英飞尼迪创业投资中心（有限合伙）
重庆英飞尼迪投资管理有限公司
重庆盈科股权投资基金管理有限公司
重庆圆基新能源创业投资基金合伙企业（有限合伙）
重庆中冶泊达股权投资基金管理有限公司
北京秉鸿嘉辰创业投资管理有限公司
北京晨光创业投资有限公司
北京晨光宏盛中小企业创业投资有限公司
北京成就和合创业投资有限公司
北京高新成长创业投资管理有限公司
北京墨池山创业投资管理中心（有限合伙）
北京赛迪创业投资有限公司
北京盛元丰亨创业投资有限公司
北京世纪方舟资本管理中心（有限合伙）
北京首创创业投资有限公司
北京同方以衡资产管理有限公司
北京新安财富创业投资有限责任公司
北京浙商海鹰创业投资有限公司
北京中关村创业投资发展有限公司
北京中海创业投资有限公司
富汇创新创业投资管理有限公司
华夏世纪创业投资有限公司
四川辰鳗科技有限公司
天裕创业投资有限公司
新开发创业投资管理有限责任公司
中关村兴业（北京）投资管理有限公司
IDG 创业投资（北京）有限公司
爱康创业投资有限公司
北极光投资顾问（北京）有限公司
北极光早期创业投资企业

北京安芙兰创业投资有限公司
北京安芙兰国泰创业投资有限公司
北京安芙兰国泰天使创业投资有限公司
北京安龙创业投资基金（有限合伙）
北京安盛投资管理有限公司
北京邦易成长股权投资合伙企业（有限合伙）
北京宝盛智能创业投资中心（有限合伙）
北京北斗融创投资管理有限公司
北京北方华城创业投资有限公司
北京北科创新投资中心（有限合伙）
北京秉鸿创业投资管理有限公司
北京秉鸿嘉盛创业投资有限公司
北京秉原创业投资有限责任公司
北京博观创业投资管理顾问有限公司
北京博鸿达投资中心（有限合伙）
北京博派擎天创投管理顾问有限公司
北京博派擎天创业投资中心（有限合伙）
北京昌科知衡一号创业投资合伙企业（有限合伙）
北京昌平中小微企业双创发展基金有限公司
北京宸星创业投资中心（有限合伙）
北京晨晖创新投资管理有限公司
北京晨山创业投资基金合伙企业（有限合伙）
北京崇德弘信创业投资中心（有限合伙）
北京崇德英盛创业投资有限公司
北京创动创业投资中心（有限合伙）
北京创动投资咨询有限公司
北京创势成长投资中心（有限合伙）
北京创势资本管理有限公司
北京创新工场创业投资中心（有限合伙）
北京创新工场智创股权投资合伙企业（有限合伙）
北京创新壹舟投资管理有限公司
北京春晓京诚创业投资有限公司
北京葱青创业投资有限公司
北京大河融科创业投资有限公司
北京大清创业投资有限公司
北京道合天下创业投资有限公司
北京德源盛通创业投资合伙企业（有限合伙）
北京电控产业投资有限公司
北京电控创业投资管理有限公司
北京鼎峰新材料创业投资合伙企业（有限合伙）
北京鼎和高达投资管理有限公司
北京鼎晖维森创业投资中心（有限合伙）
北京鼎晖维鑫创业投资中心（有限合伙）
北京鼎兴创业投资有限公司
北京东方博智创业投资中心（有限合伙）
北京东方华盖创业投资有限公司
北京东方华盖文化创业投资有限公司
北京东方汇富创业投资中心（有限合伙）
北京东方云鼎投资管理有限公司
北京二期中科创星硬科技创业投资合伙企业（有限合伙）
北京方信资本管理有限公司
北京芳晟创业投资中心（有限合伙）
北京芳晟投资基金中心（有限合伙）
北京飞马旅企业管理有限公司
北京丰泽久源创业投资有限责任公司
北京风云昆仑气象产业投资管理有限公司
北京富汇合创创业投资管理中心（有限合伙）
北京富汇合力投资中心（有限合伙）
北京富汇科丰创业投资中心（有限合伙）
北京富汇科技成果转化创业投资有限公司
北京富汇科联创业投资中心（有限合伙）
北京富汇科源创业投资中心（有限合伙）
北京富汇科众创业投资中心（有限合伙）
北京富汇理化科技投资合伙企业（有限合伙）
北京富汇天使高技术创业投资有限公司
北京富汇中科创业投资中心（有限合伙）
北京高榕四期康腾股权投资合伙企业（有限合伙）

北京高新技术创业投资有限公司
北京高远裕强创业投资有限公司
北京戈壁绿洲天使投资中心（有限合伙）
北京工道创新投资有限公司
北京谷银羲和创业投资企业（有限合伙）
北京国鼎实创投资管理有限公司
北京国宏金桥财星创业投资中心（有限合伙）
北京国巨创业投资有限公司
北京国君力鼎创业投资有限公司
北京国科正道投资中心（有限合伙）
北京国仟共赢创业投资中心（有限合伙）
北京国润创业投资有限公司
北京国润和丰创业投资中心（有限合伙）
北京国泰创业投资基金管理有限公司
北京国泰创业投资集团有限公司
北京国泰嘉泽创业投资中心（有限合伙）
北京国同清源创业投资管理合伙企业（有限合伙）
北京国投汇成创业投资管理有限公司
北京国新卓越创业投资有限公司
北京海岸淘金创业投资有限公司
北京海贝启航创业投资管理有限公司
北京海贝远航创业投资中心（有限合伙）
北京海创百川一期创业投资管理中心（有限合伙）
北京海聚助力创业投资中心（有限合伙）
北京海聚助力投资管理有限公司
北京海洋基石创业投资管理有限公司
北京海豫祺创业投资管理有限公司
北京海资联动创新股权投资管理中心（有限合伙）
北京汉铎白泽创业投资中心（有限合伙）
北京汉康创业投资管理有限公司
北京航科创业投资中心（有限合伙）
北京航天二期产业投资基金（有限合伙）
北京航天国调创业投资基金（有限合伙）
北京航天科工军民融合科技成果转化创业投资基金（有限合伙）
北京禾益汇创业投资中心（有限合伙）
北京禾益汇投资管理有限公司
北京禾裕创业投资中心（有限合伙）
北京和悟创业投资中心（有限合伙）
北京和谐创新投资中心（有限合伙）
北京和信金创投资管理有限公司
北京荷塘国际健康创业投资管理有限公司
北京荷塘国际健康创业投资合伙企业（有限合伙）
北京荷塘生命科学原始创新基金（有限合伙）
北京荷塘探索创业投资有限公司
北京黑马拓新创业投资中心（有限合伙）
北京恒牛创业投资管理有限公司
北京恒资时代创业投资股份有限公司
北京弘毅远方投资顾问有限公司
北京红杉坤德投资管理中心（有限合伙）
北京红土嘉辉创业投资有限公司
北京红土科技创业投资中心（有限合伙）
北京红土鑫洲创业投资中心（有限合伙）
北京红土优势产业投资基金中心（有限合伙）
北京宏泰中汇创业投资有限公司
北京洪泰启航创业投资中心（有限合伙）
北京洪泰同创投资管理有限公司
北京洪泰助力创业投资中心（有限合伙）
北京鸿鹄致远创业投资有限公司
北京厚持创业投资中心（有限合伙）
北京互联创新工场投资管理有限公司
北京互联创业投资合伙企业（有限合伙）
北京互联愿景创业投资中心（有限合伙）
北京华创策联创业投资中心（有限合伙）
北京华创融金投资管理有限公司
北京华创盛景创业投资中心（有限合伙）
北京华创盛景天使投资中心（有限合伙）
北京华创天使股权投资中心（有限合伙）

北京华创智业投资有限公司
北京华盖回家创业投资合伙企业（有限合伙）
北京华汇通创业投资管理有限公司
北京华清博远创业投资有限公司
北京华睿互联创业投资中心（有限合伙）
北京华胜天成低碳产业创业投资中心（有限合伙）
北京华胜天成能源投资发展有限公司
北京华宇科创投资有限公司
北京华致投资管理有限公司
北京华卓投资管理有限公司
北京汇江华盛创业投资有限公司
北京汇知合富创业投资有限公司
北京基石创业投资管理中心（有限合伙）
北京基石创业投资基金（有限合伙）
北京基石创盈投资中心（有限合伙）
北京基石慧盈创业投资中心（有限合伙）
北京基石信安创业投资管理中心（有限合伙）
北京基石信创创业投资中心（有限合伙）
北京基石仲盈创业投资中心（有限合伙）
北京吉力创业投资合伙企业（有限合伙）
北京极客帮创业投资合伙企业（有限合伙）
北京极客天使投资合伙企业（有限合伙）
北京佳禾金辉创业投资有限公司
北京嘉华创业投资有限公司
北京嘉捷企业汇股权投资合伙企业（有限合伙）
北京嘉木英实创业投资管理中心（有限合伙）
北京建华创业投资有限公司
北京将门成长创业投资中心（有限合伙）
北京将门创业投资中心（有限合伙）
北京金惠友创业投资管理中心（有限合伙）
北京金科汇晟创业投资合伙企业（有限合伙）
北京金科汇鑫创业投资中心（有限合伙）
北京金科君创投资管理有限公司
北京金科同盛创业投资有限公司
北京金桥鹰石创业投资中心（有限合伙）
北京金沙江创业投资管理有限公司
北京金水泉创业投资中心（有限合伙）
北京金吾创业投资中心（有限合伙）
北京金业润泽投资合伙企业（有限合伙）
北京晋商联盟投资管理有限公司
北京京北天使投资中心（有限合伙）
北京京东世航卓能众创投资基金管理中心（有限合伙）
北京京工弘元创业投资中心（有限合伙）
北京京工弘元投资管理有限公司
北京京西创业投资基金管理有限公司
北京晶创合创业投资有限公司
北京晶微晶创业投资有限责任公司
北京九合锐致投资合伙企业（有限合伙）
北京九龙博爱创业投资中心（有限合伙）
北京聚霖投资管理中心（有限合伙）
北京君利联合创业投资合伙企业（有限合伙）
北京君联创业投资中心（有限合伙）
北京君联同道投资管理合伙企业（有限合伙）
北京君卿创业投资有限公司
北京君盛泰石股权投资中心（有限合伙）
北京开物昌盛投资管理有限公司
北京开元弘道创业投资中心（有限合伙）
北京开元正道创业投资中心（有限合伙）
北京康拓成长创业投资中心（有限合伙）
北京考拉昆仑投资管理有限公司
北京科创博睿投资管理有限公司
北京科慧创业投资基金管理有限公司
北京科技创新投资管理有限公司
北京科桥成长创业投资中心（有限合伙）
北京科桥嘉永创业投资中心（有限合伙）
北京科微创业投资合伙企业（有限合伙）
北京蓝天丝路创业投资中心（有限合伙）
北京朗玛峰创业投资管理有限公司

北京理想国青年创客投资中心（有限合伙）
北京力鼎富盛创业投资有限公司
北京立达高新创业投资中心（有限合伙）
北京利盈广富创业投资中心（有限合伙）
北京砺明创业投资有限公司
北京联创新投资中心（有限合伙）
北京良誉投资有限公司
北京林楠投资有限公司
北京临空创业投资有限公司
北京领泽财富创业投资管理有限公司
北京龙磐创业投资中心（有限合伙）
北京龙磐生物医药创业投资中心（有限合伙）
北京马力天使投资中心（有限合伙）
北京梅花天使成长创新创业投资有限公司
北京明物新源创业投资合伙企业（有限合伙）
北京南车华盛创业投资企业（有限合伙）
北京诺华资本投资管理有限公司
北京磐谷创业投资有限责任公司
北京苹果天使二期投资中心（有限合伙）
北京苹果天使投资中心（有限合伙）
北京普丰云华新兴产业创业投资中心（有限合伙）
北京奇安创业投资合伙企业（有限合伙）
北京奇绩创坛一期创业投资中心（有限合伙）
北京奇伦天佑创业投资有限公司
北京启创科远股权投资基金合伙企业（有限合伙）
北京启迪博识创业投资管理中心（有限合伙）
北京启迪博远创业投资管理中心（有限合伙）
北京启迪创业孵化器有限公司
北京启迪创源创业投资中心（有限合伙）
北京启迪汇德创业投资有限公司
北京启迪金信创业投资管理有限公司
北京启迪明德创业投资有限公司
北京启迪日新创业投资有限公司
北京启迪腾瑞创业投资中心（有限合伙）
北京启迪银杏天使投资中心（有限合伙）
北京启赋创业投资中心（有限合伙）
北京启航创业投资管理有限公司
北京启航投资管理有限公司
北京启明创科创业投资中心（有限合伙）
北京启明融新股权投资合伙企业（有限合伙）
北京启沃博观投资管理合伙企业（有限合伙）
北京千舟清源投资基金管理有限公司
北京乾景嘉信创业投资中心（有限合伙）
北京乾元盛创业投资有限责任公司
北京青创伯乐投资有限公司
北京青年创业投资有限公司
北京青山同创投资有限公司
北京轻舟互联投资中心（有限合伙）
北京清芯华创投资管理有限公司
北京融胜同创投资有限公司
北京融通高科创业投资有限公司
北京融拓伟业创业投资有限公司
北京融溢投资管理有限公司
北京瑞邦贝特创业投资中心（有限合伙）
北京瑞尔德嘉创业投资管理有限公司
北京瑞鑫安泰创业投资中心（有限合伙）
北京睿嘉资产管理有限公司
北京润信新材智创业投资基金合伙企业（有限合伙）
北京赛伯乐创科投资管理有限公司
北京赛伯乐创业投资有限公司
北京三行资本管理有限责任公司
北京三益投资管理有限公司
北京杉杉创业投资有限公司
北京尚融资本管理有限公司
北京生命科学园创新投资基金（有限合伙）
北京盛达瑞丰投资管理有限公司
北京盛景加成投资管理有限公司
北京盛景嘉成创业投资中心（有限合伙）

北京盛景嘉成投资管理有限公司
北京盛信润诚创业投资有限公司
北京施拉特创业投资管理有限公司
北京十方天地创业投资中心（有限合伙）
北京实地创业投资有限公司
北京世纪泓慧投资中心（有限合伙）
北京市程铂瀚创业投资管理中心（有限合伙）
北京市东方成长创业投资管理有限公司
北京市富汇创业投资管理有限公司
北京市久盛立德创业投资管理中心（有限合伙）
北京市龙柏翌明创业投资管理中心（有限合伙）
北京市元亨盈盛创业投资管理中心（有限合伙）
北京市元生天使创业投资合伙企业（有限合伙）
北京视记云科技创业投资有限公司
北京首都科技发展集团投资管理有限公司
北京首发展天玑创业投资中心（有限合伙）
北京首科创业投资有限公司
北京首科开阳创业投资中心（有限合伙）
北京水木创融信裕投资中心（有限合伙）
北京水木国鼎投资管理有限公司
北京水木华清投资中心（有限合伙）
北京水木领航创业投资中心（有限合伙）
北京水木启程创业投资中心（有限合伙）
北京水木梧桐创业投资管理有限公司
北京水木扬帆创业投资中心（有限合伙）
北京松源闻涛创业投资合伙企业（有限合伙）
北京速普创新投资管理有限公司
北京太和大业创业投资合伙企业（有限合伙）
北京泰有创业投资合伙企业（有限合伙）
北京泰岳梧桐创业投资中心（有限合伙）
北京腾业长青创业投资有限公司
北京腾业创新投资管理中心（有限合伙）
北京腾业创业投资管理有限公司
北京腾业创智创业投资中心（有限合伙）
北京天博创业投资有限责任公司
北京天地融创创业投资有限公司
北京天峰汇泉投资管理有限公司
北京天使共赢投资中心（有限合伙）
北京同创共享创业投资中心（有限合伙）
北京同创共享医疗股权投资基金合伙企业（有限合伙）
北京同创金鼎投资管理有限公司
北京同渡信成创业投资合伙企业（有限合伙）
北京同方以衡创业投资中心（有限合伙）
北京万银乾通创业投资中心（有限合伙）
北京微创投创业投资中心（有限合伙）
北京微梦创科创业投资管理有限公司
北京伟豪元和贰投资管理中心（有限合伙）
北京未名雅集燕园创业投资中心（有限合伙）
北京梧桐金石投资管理有限公司
北京五岳青云创业投资合伙企业（有限合伙）
北京仙瞳芳晟创业投资企业（有限合伙）
北京险峰长青投资咨询有限公司
北京翔瑞思科技创业投资有限公司
北京协同创新投资管理有限公司
北京协同科创创业投资管理中心（有限合伙）
北京新地阜通创业投资有限公司
北京新光创业投资有限公司
北京新建创业投资有限公司
北京薪火科创投资中心（有限合伙）
北京信利佳苑股权投资中心（有限合伙）
北京信怡成长投资中心（有限合伙）
北京信中达创业投资有限公司
北京信中利投资股份有限公司
北京信中瑞创业投资有限公司
北京星麟创业投资合伙企业（有限合伙）
北京雅惠资产管理有限公司
北京亚信众合投资中心（有限合伙）
北京阳光融汇医疗健康产业成长投资管理中心

（有限合伙）
北京一八九八创业投资基金管理中心（有限合伙）
北京一八九八友创投资中心（有限合伙）
北京壹壹天使资产管理有限公司
北京义云清洁技术创业投资有限公司
北京亿联投资中心（有限合伙）
北京亿润创业投资有限公司
北京亦庄二期生物医药产业投资基金（有限合伙）
北京亦庄国际产业投资管理有限公司
北京亦庄互联创业投资中心（有限合伙）
北京亦庄普丰创业投资中心（有限合伙）
北京亦庄普丰国际创业投资管理有限公司
北京屹唐长厚创业投资基金管理有限公司
北京屹唐创欣创业投资中心（有限合伙）
北京益帆泰和创业投资中心（有限合伙）
北京益丰润勤信创业投资中心（有限合伙）
北京银德创业投资中心（有限合伙）
北京银汉创业投资有限公司
北京银河鼎发创业投资有限公司
北京银河吉星创业投资有限责任公司
北京银基伟业股权投资基金管理中心（有限合伙）
北京银杏博清创业投资合伙企业（有限合伙）
北京银杏天使投资中心（有限合伙）
北京引航创业投资有限公司
北京英飞海林创业投资管理有限公司
北京英诺昌盛投资管理有限公司
北京英诺创易佳科技创业投资中心（有限合伙）
北京英诺大河创业投资有限公司
北京英诺融科创业投资有限公司
北京赢家瑞乾创业投资中心（有限合伙）
北京用友幸福投资管理有限公司
北京用友幸福云创创业投资中心（有限合伙）
北京元航投资管理有限公司
北京元航硬科技创业投资基金（有限合伙）
北京元禾原点创业投资管理有限公司
北京元培科技创新投资中心（有限合伙）
北京元清本草股权投资中心（有限合伙）
北京元卓创业投资企业（有限合伙）
北京源慧睿泽创业投资中心（有限合伙）
北京源码资本投资有限公司
北京源星图创业投资有限公司
北京远京投资基金中心（有限合伙）
北京远望创业投资有限公司
北京兆星创业投资有限公司
北京浙控金诚资产管理有限公司
北京真格天成投资管理有限公司
北京真格天投股权投资中心（有限合伙）
北京臻迪智能创业投资有限公司
北京臻云智能创业投资有限公司
北京执一创业投资中心（有限合伙）
北京至善缘创业投资有限公司
北京挚盈投资管理有限公司
北京智源创业投资基金管理有限公司
北京中伯创科投资中心（有限合伙）
北京中财创业投资有限公司
北京中财龙马资本投资有限公司
北京中车创业投资有限公司
北京中创鸿星投资管理有限公司
北京中发前沿投资管理有限公司
北京中发展金种子创业投资中心（有限合伙）
北京中关村瞪羚创业投资中心（有限合伙）
北京中关村瞪羚投资基金管理有限公司
北京中关村国盛创业投资中心（有限合伙）
北京中关村科技创业金融服务集团有限公司
北京中关村协同创新投资基金管理有限公司
北京中关村延庆园投资发展有限公司
北京中关村远见认股权创业投资中心（有限合伙）
北京中关村智友投资合伙企业（有限合伙）

北京中关村资本基金管理有限公司
北京中关动力创业投资有限公司
北京中海金岳投资管理有限公司
北京中海腾飞军融创业投资管理中心（有限合伙）
北京中技富坤创业投资中心（有限合伙）
北京中技天博创业投资有限公司
北京中经瑞益投资管理有限公司
北京中科创星创业投资管理合伙企业（有限合伙）
北京中科富汇创业投资管理有限公司
北京中科前沿创业投资管理中心（有限合伙）
北京中科润创业投资中心（有限合伙）
北京中科图灵基金管理有限公司
北京中科先行创业投资管理有限公司
北京中科智盈创业投资有限公司
北京中岭燕园创业投资中心（有限合伙）
北京中企华商创业投资管理有限公司
北京中搜搜悦创业投资中心（有限合伙）
北京中泽沃德创业投资中心（有限合伙）
北京中自创新人工智能创投一期基金（有限合伙）
北京众联投资有限公司
北京追远创业投资有限公司
北京紫东创业投资有限公司
北京紫荆创业投资基金管理有限公司
北京紫马投资基金管理有限公司
北青科创投资管理（北京）有限公司
巢生（北京）创业投资管理有限公司
晨山（北京）投资管理有限公司
春华景智（北京）股权投资合伙企业（有限合伙）
达晨银雷高新（北京）创业投资有限公司
大唐高新创业投资有限公司
丹晟创业投资管理（北京）有限公司
德同（北京）投资管理股份有限公司
德同（上海）私募基金管理股份有限公司
鼎峰资本管理有限公司
鼎晖华泰投资管理（北京）有限公司
东方邦信创业投资有限公司
东信汇智（北京）创业投资有限公司
二十一世纪天使创业投资有限公司
飞图创业投资（北京）有限公司
高能天汇创业投资有限公司
高新投资发展有限公司
谷银国际投资基金管理（北京）有限公司
光大三山创业投资管理有限公司
光大新产业创业投资有限公司
国创基金管理有限公司
国开科技创业投资有限责任公司
国科嘉和（北京）投资管理有限公司
国科科传（北京）创业投资管理有限公司
国同汇智创业投资（北京）有限公司
国投创合国家新兴产业创业投资引导基金（有限合伙）
国投创合基金管理有限公司
国投创业投资管理有限公司
国投高科技投资有限公司
海风联投资顾问（北京）有限责任公司
海高基金投资管理（北京）有限公司
汉世纪国际投资管理（北京）有限公司
航发基金管理有限公司
航天科工创业投资有限责任公司
和谐爱奇投资管理（北京）有限公司
核建产业基金管理有限公司
荷塘创业投资管理（北京）有限公司
红杉资本顾问咨询（北京）有限公司
宏源汇富创业投资有限公司
华德诚志重科股权投资（北京）合伙企业（有限合伙）
华盖创业投资管理（北京）有限公司
华夏汇丰创业投资管理（北京）有限公司
华夏信诺创业投资管理（北京）有限公司
华泽方圆创业投资管理（北京）有限公司

吉视传媒创业投资有限公司
建银金辰创业投资有限公司
将门投资管理顾问（北京）有限公司
金沙汇金投资基金管理（北京）有限公司
九州华伟创业投资有限公司
君联资本管理股份有限公司
钧天创业投资有限公司
开信创业投资有限公司
凯联（北京）投资基金管理有限公司
昆吾九鼎（北京）医药投资管理有限公司
昆吾九鼎投资管理有限公司
拉萨源驰投资管理有限公司
乐顺创业投资有限公司
理工创动（北京）投资管理有限公司
联创业（北京）资本管理有限公司
联想创新（北京）投资管理有限公司
鲁证新天使投资有限公司
马力创业投资有限公司
暖流嘉信创业投资（北京）有限责任公司
盘古创富（北京）创业投资管理有限公司
奇绩创坛（北京）投资管理有限责任公司
启迪银杏投资管理（北京）有限公司
启迪之星（北京）投资管理有限公司
启明维创创业投资管理（北京）有限公司
清控银杏创业投资管理（北京）有限公司
仁和金砂（北京）投资基金管理有限公司
融银资本投资管理有限公司
赛伯乐投资集团有限公司
上海旌卓投资管理有限公司
圣康世纪投资控股（北京）有限公司
首建投资本管理（北京）股份有限公司
丝路华创投资管理（北京）有限公司
太和梦想（北京）创业投资有限公司
腾飞天使（北京）投资管理有限公司
通用技术创业投资有限公司
同冀华成创业投资（北京）有限公司
万里锦程创业投资有限公司
维多利安创业投资管理有限公司
西门子创业投资有限公司
先锋天使（北京）投资管理有限公司
亚杰天使投资管理（北京）有限公司
央广创业投资有限公司
央广文资（北京）创业投资有限公司
意谷（北京）投资管理有限公司
银港创业投资有限责任公司
银杏华清投资基金管理（北京）有限公司
优埃富欧创业投资管理（北京）有限公司
浙商万嘉（北京）创业投资管理有限公司
真为投资基金管理有限公司
之路创业投资管理（北京）有限公司
中电科核心技术研发股权投资基金（北京）合伙企业（有限合伙）
中孵高科创业投资管理（北京）有限公司
中关村三川（北京）股权投资管理有限公司
中国风险投资有限公司
中国科技产业投资管理有限公司
中海同创投资有限公司
中航联创创业投资发展有限公司
中吉融通创业投资有限公司
中金甲子（北京）私募投资基金管理有限公司
中科智能（北京）投资管理有限公司
中能华启创业投资有限公司
中农京港创业投资有限公司
中通融金基金管理（北京）有限责任公司
中英低碳创业投资有限公司
北京高特佳资产管理有限公司
北京科桥创业投资中心（有限合伙）
中鼎开源创业投资管理有限公司